La revue PRISME

Volume 8, no 2 ● Été 1998

Fille, garçon
quelle différence?

Rédactrice en chef *Patricia Garel*

Secrétaire de rédaction *Denise Marchand*

Comité de direction *Jocelyn Aubut, Patricia Garel,*
Marc Girard, Claude Marquette,
Martin St-André

Comité de rédaction *Lucie Caron, Louisiane Gauthier,*
Jean-Marc Guilé, Michèle Lambin,
Marc Laporta, Lee Tidmarsh

Comité consultatif

Pierre Asselin, Louise Baillargeon, Luc Blanchet, Louise Boisjoly, Geneviève Diorio, Yvon Gauthier, Gloria Jeliu, Louise Lafleur, Alain Lebel, Michel Lemay, Alain Lévesque, Klaus Minde, Hélène Normand, Sylvain Palardy, Jean-Pierre Pépin, Sylvie Rhéaume, Philippe Robaey, Maryse St-Onge, Jean-François Saucier, Pierre H. Tremblay

Correspondants

A. Abraham (Israël), J. Boucharlat (Grenoble), M. Boulanger (Aix-en-Provence), N. Carrey (Ottawa), M. Elkaïm (Bruxelles), B. Golse (Paris), M.O. Goubier-Boula (Neuchâtel), A. Guédeney (Paris), F. Molénat (Montpellier)

Adresse de la rédaction :

Revue P R I S M E
Département de psychiatrie
Hôpital Sainte-Justine
3100, rue Ellendale
Montréal (Québec) H3S 1W3
Téléphone : (514) 345-4931 poste 5701
Télécopieur : (514) 345-4635

Sommaire

Dossier : **Fille, garçon : *quelle différence ?***

Coordination : *Martin Saint-André, Lee Tidmarsh*

La boîte de Pandore

Le monde de la mythologie grecque était, lors de sa création, un monde d'hommes. La première femme y fut Pandore, créée par Zeus dans un moment de colère contre la race humaine trop bien traitée par Prométhée. Ce Titan sage et prévoyant avait été chargé de la création de l'homme avec son frère, l'écervelé Épiméthée. Voulant rattraper les erreurs de ce dernier, Prométhée déroba le feu pour le ramener sur terre et, pire encore, prit des dispositions pour que les meilleures parties des animaux offerts en sacrifice aux dieux fussent réservées à ses protégés. Zeus découvrit qu'on l'avait trompé et jura de se venger.

Il fit forger par Vulcain une créature douce et ravissante ayant l'apparence d'une vierge qu'il appela Pandore et la présenta solennellement aux dieux et aux hommes qui furent tous saisis d'admiration. De cette première femme naquit l'espèce féminine, punition de Zeus à l'égard des hommes trop ambitieux.

Effectivement, les ennuis commencèrent. Les dieux avaient offert à Pandore une boîte dans laquelle chacun avait placé une *«nuisance»* tout en lui recommandant de ne l'ouvrir sous aucun prétexte. Mais la curiosité de Pandore eut raison de leurs conseils et, un jour, n'y tenant plus, elle souleva le couvercle : tous les maux, crimes et chagrins s'échappèrent et en affligent depuis l'humanité. Terrorisée, Pandore rabattit le couvercle. Seule restait dans la boîte l'Espérance qui demeure jusqu'à ce jour le réconfort de l'humanité en détresse.[1]

---

[1] Edith Hamilton *La mythologie, ses dieux, ses lois, ses légendes*. Paris : Ed. Marabout Histoire, 1978, p. 69-79.

Dans notre patrimoine imaginaire et mythique, les rapports entre l'homme et la femme débutent ainsi douloureusement sous le sceau du danger et du piège, de la faute et de la punition. Ève ne désavoue pas Pandore!

Différenciation hiérarchique de l'humanité

Depuis les temps les plus reculés, les collectivités humaines sont organisées par la division sociale des rôles attribués à l'homme et à la femme. Cette répartition des fonctions varie d'une société à l'autre mais le principe du partage et de l'attribution des activités selon le sexe est constant. Ce principe universel de différenciation sexuelle structurant une société se double d'un corollaire presque aussi universel : celui de la domination sociale du masculin sur le féminin.

Cette hiérarchie des sexes a semblé être au cours des millénaires une donnée immuable justifiée par «l'ordre naturel», la culture ne venant que confirmer et ordonner les faits biologiques pour le bien et la survie de l'espèce. L'homme possédait la force, la puissance, le goût du risque et de la conquête, un esprit compétitif et rationnel... qualités le poussant «naturellement» à la défense et à l'expansion de son territoire, à la protection de son groupe familial et de sa descendance dont il devait également assurer la subsistance. Ces responsabilités allaient de pair avec son autorité décisionnelle.

La femme détenait le pouvoir de donner la vie, fonction essentielle s'il en est! La maternité s'accompagnait d'un cortège de tâches familiales et domestiques inhérentes à l'«élevage» des petits d'homme. Un certain nombre de qualités dites féminines comme l'altruisme, le respect de la vie, la patience, la tolérance, l'intuition, la sensibilité... permettaient «naturellement» aux femmes d'assurer le rôle de gardienne du foyer et de l'humanité et de libérer l'homme de toutes les contraintes matérielles quotidiennes afin qu'il puisse se consacrer à ses propres fonctions.

Malgré l'importance majeure de la procréation, les activités valorisées ont toujours été celles exercées par les hommes. Partout, mythes, récits et discours évoquent la nature inférieure des femmes. Partout, le masculin est doté de valeurs positives et le féminin de valeurs négatives. La suprématie du sexe masculin s'impose, le sexe féminin lui étant assujetti implicitement.

Mises à l'écart des charges les plus élevées – politiques, militaires, sacerdotales – et exclues des fonctions source de gloire et de renommée, les femmes n'en détiennent pas moins d'indéniables pouvoirs. Charmes obscurs, ruses et séduction, forces magiques de la sorcellerie lui confèrent une puissance mystérieuse au delà de laquelle elles exercent aussi une influence non négligeable dans différents domaines comme l'éducation, la gestion domestique, la communication, la transmission des traditions... mais ce pouvoir est souterrain, privé, latéral.

La longue histoire féminine marquée de mépris, mêlée de peurs troubles est pourtant jalonnée ici et là de louanges et d'honneurs. Depuis l'Antiquité, la femme est à la fois sorcière et déesse, vierge et catin, terrifiante et adulée. Mais c'est surtout à la fin du Moyen Âge et à la Renaissance que sa beauté, ses mérites et sa vertu sont célébrés. Son influence obscure se transforme en influence bénéfique sur les mœurs et l'art de vivre. On la gratifie du pouvoir d'élever l'homme - *«l'éternel féminin nous entraîne vers le haut»*, écrit Goethe, à la fin du XVIIIe siècle -, on admire l'épouse et la mère. Son image sort de l'ombre, le féminin devient sacré.

Cette idéalisation nouvelle n'abolit aucunement la hiérarchie sociale des sexes. La femme doit obéissance à son mari, son indépendance économique et intellectuelle est impensable. Les décisions importantes restent l'affaire des hommes.[2]

Quelles que soient les raisons de la dominance sociale, politique et symbolique masculine, elle était néanmoins légitimée par

---

[2] Gilles Lipovetsky *La troisième femme. Permanence et révolution du féminin.* Paris: Gallimard, 1997, p. 232-236.

la solidité de civilisations profondément enracinées sur la séparation codifiée et hiérarchisée des sexes, sur le primat des valeurs guerrières garantissant l'ordre social et la pérennité de son fonctionnement. La subordination des femmes dans la famille a toujours fait partie des conditions nécessaires à la construction de ces communautés traditionnelles.

La peur de voir s'effondrer cette organisation explique la très longue résistance à l'égalité politique des femmes : leur donner le droit de vote, c'était diviser la famille et soustraire la femme citoyenne à l'autorité du mari. L'idée émise en 1846 et reprise en 1901 par le député français Jean Gautheret de ne concéder le droit de vote qu'aux célibataires et aux veuves illustre bien ces craintes.[3]

Le XXᵉ siècle en Occident : la révolution féminine

Le XXᵉ siècle est le grand siècle des femmes, celui qui a révolutionné plus que tout autre leur destin et leur identité. *«Aucun bouleversement social de notre époque n'a sans doute été aussi profond, aussi rapide, aussi riche d'avenir que l'émancipation féminine»*, écrit Gilles Lipovetsky.[4]

Dès le XIXᵉ siècle, l'évidence de la supériorité masculine se lézarde, ébranlée par les transformations économiques, industrielles et sociales. Urbanisation, exode rural, tertiarisation de l'économie… les femmes commencent à sortir des tâches exclusives de mère reproductrice attachée au foyer, indépendamment de leur classe sociale. Scolarisation obligatoire, combats syndicaux, légalisation du divorce laissent émerger le concept d'une femme pouvant se dégager de l'emprise masculine. La Grande Guerre en Europe a confirmé leur capacité de vivre autonomes et de s'impliquer activement dans l'économie.

La période de l'Entre-deux-guerres voit naître les premières contestations du rôle dominant de l'homme par les *«suffragettes»* sur

[3] Sylviane Agacinski L'universel masculin ou la femme effacée. In : *Le débat*. Paris: Gallimard, 100, mai-août 1998, p. 156.
[4] *Op. cit.*, p. 11.

le plan politique, par les «*garçonnes*» sur le plan social. Suit un intense mouvement de féminisme militant déterminé à obtenir l'égalité politique, juridique, professionnelle, le droit à disposer de son propre corps... En quelques décennies sont obtenus le droit de vote, le droit à la contraception et au contrôle des naissances, la liberté sexuelle, l'autonomie légale, l'accessibilité aux études universitaires et à la majorité des secteurs professionnels. Parallèlement, une prise de conscience concernant les abus sexuels, le harcèlement, la violence faite aux femmes voit le jour.

Toutes ces revendications féministes des années 1960–1980 furent le point culminant de la contestation du patriarcat millénaire.[5]

Le bouleversement considérable de nos sociétés occidentales industrialisées créé par cette «révolution féministe» est parfaitement symbolisé par les nouveaux rapports des pères à l'égard de leurs filles : les jeunes femmes peuvent maintenant compter leur père comme un «*allié objectif*». Aucun père actuel ne pourrait considérer les études de sa fille comme moins importantes que celles de son fils... La condition féminine n'est plus régie par la logique de dépendance à l'égard de l'autre sexe. Les libertés acquises auront permis «*l'accès des femmes à l'entière disposition d'elles-mêmes dans toutes les sphères de l'existence*».

Les deux genres se trouveraient à présent dans une situation «structurellement» similaire en ce qui concerne l'édification de soi, les possibles ayant remplacé les impositions collectives. L'existence féminine est devenue objet d'interrogations et de choix. Plus aucune activité ne leur est *en principe* fermée, plus rien ne fixe *apparemment* leur place dans l'ordre social de façon impérative...

Pourtant le pouvoir politique et économique est encore essentiellement masculin, le nombre de femmes aux postes de direction reste infime. Est-ce par choix, par attirance pour l'«*espace privé*» comme le suggère Lipovetsky (alors que l'homme rechercherait

---

[5] Bernard Cathelat et coll. *L'alternative des valeurs féminines*. Paris: Denoël, 1998.

l'«*espace public*»), choix dans lequel la pesanteur historique et le reliquat des traditions n'auraient pas d'impact?

N'y a-t-il pas des raisons beaucoup plus complexes comme par exemple le fait que cette avancée des femmes s'est réalisée dans un monde masculin, la première phase d'acquisition de libertés ayant entraîné les femmes à s'approprier les valeurs masculines? Cette nécessaire appropriation a marqué la période de militantisme indispensable mais a provoqué parallèlement une certaine «*acculturation masculine*» dont on perçoit les limites dans l'image de la «*super femme*» des années 80.

Les valeurs ont-elles un sexe?

Pendant quelque temps les femmes n'ont pu réussir professionnellement qu'en adoptant les modèles masculins, renonçant en grande partie à leur spécificité féminine. La différenciation sociale des sexes paraissait s'estomper, faisant prédire à certains une orientation plus ou moins «unisexe» de notre société (*L'un est l'autre*, d'Elisabeth Badinter). A la domination se substituait la compétition entre filles et garçons.

Après un combat à la fois simple et légitime visant l'égalité de droits, nous entrons dans une période beaucoup plus complexe, ouverte par les acquis obtenus. Les changements culturels récents sont suffisamment profonds pour toucher l'ensemble de la population, quel qu'en soit le sexe. Les rapports homme-femme, les comportements publics et privés, les relations interpersonnelles comme professionnelles sont en lente mais inexorable mutation.

Il ne s'agit pas de miser sur une abolition de la différence des sexes. Comme le souligne Antoinette Fouque, «*l'ennui naquit un jour de l'uniformité. L'homogénéité (hommogénéité) nous vouerait à la stérilité, au clonage, à la répétition du même, si ne surgissait bien réel, dans cette mer culturelle, le roc biologique et éthique de la procréation*».[6]

---

[6] Antoinette Fouque Tant qu'il y aura des femmes. In : *Le débat*, op. cit., p. 162.

Il ne s'agit pas non plus d'imaginer une société de remplacement matriarcale... Le guerre des sexes n'aura pas lieu! L'alternative future ne sera pas réductible à l'affrontement de deux identités sexuelles en compétition ni à la confluence de ces identités.

Le féminisme a joué un rôle contestataire essentiel orientant notre société vers une nouvelle logique de fonctionnement, un système de valeurs différent mais il n'a pas apporté de solutions ni de modèles identitaires. Les femmes doivent maintenant intégrer et faire la synthèse des multiples facettes de leur identité – femme, amante, épouse, professionnelle, mère... Les hommes doivent se redéfinir dans des rôles et des fonctions plus souples.

La permanence biologique corporelle, hormonale, cérébrale de la différence entre les hommes et les femmes restera heureusement au centre de notre humanité. L'équation masculin – féminin qui sous-tendra notre société en devenir renferme plus d'une inconnue.

La situation actuelle d'ambiguïté des rôles sexuels où coexistent quotidiennement les stéréotypes de genre dépassés et des modèles nouveaux mais inachevés et imprécis suscite improvisation et insécurité. Nombreux sont ceux qui perçoivent la mutation socioculturelle actuelle comme l'échec de notre «civilisation prométhéenne» d'essence masculine (dominer, par la force, la nature et le reste du monde...).

Selon certains, l'incertitude actuelle orientera notre société vers un modèle où seront privilégiées les valeurs féminines mises en œuvre autant par les hommes que par les femmes : valeurs d'affectivité, d'intuition, d'empirisme, de solidarité, de recherche d'harmonie et de bien-être, de respect de la vie et de la planète. Ce serait l'alternative de ces valeurs dites féminines qui se proposerait aujourd'hui à la société industrielle occidentale comme les clés d'un nouveau modèle relationnel permettant de franchir les mutations en cours, de construire un système de valeurs partagées et de retrouver une complémentarité créatrice.

Par exemple, «la force morale et le charisme affectif et spirituel détrôneront les valeurs de force physique et de puissance matérielle; la priorité de l'équilibre prendra le pas sur les objectifs de croissance et de conquête; l'esprit de coopération, de mutualisme et de solidarité déclassera l'esprit d'agressivité, de compétition individuelle; une autre forme d'autorité plus incitative s'affirmera face à la seule autorité impérative, etc.» Un rapport publié en janvier 1995 par l'American Management Association a souligné les limites d'une gestion suivant une logique de «rationalité masculine» en révélant que moins d'un tiers des 3 000 entreprises ayant réduit considérablement leur personnel avaient en réalité accru leurs bénéfices[7].

Cette emphase mise sur les valeurs féminines accessibles d'ailleurs aux hommes de bonne volonté peut paraître un peu simpliste et naïve. Elle souligne pourtant la reconnaissance partagée par les hommes et les femmes de préoccupations nouvelles et différentes n'exigeant ni leur similitude ni leur opposition.

Équilibre masculin – féminin et équilibre mental

On peut se demander si les bouleversements socioculturels majeurs que nous venons de rappeler ont modifié la psychopathologie observée en clinique pédopsychiatrique. Les petites filles et les adolescentes issues de mères ayant vécu ces transformations sont-elles plus vulnérables, présentent-elles des difficultés différentes de celles de leur grand-mère? Comment les garçons réagissent-ils à ces modifications? Observe-t-on plus de troubles d'identité sexuelle, l'orientation sexuelle des adolescentes et adolescents est-elle plus complexe?

Ces questions sont intéressantes tant sur le plan préventif et thérapeutique que dans le cadre d'une réflexion de société. Mais les réponses sont loin d'être univoques. La multiplicité des niveaux en jeu ainsi que la rapidité des changements et le manque de recul ne permettent pas d'aborder ces problèmes à l'aide d'études scientifiques valides. Il est d'ailleurs intéressant de noter les hypothèses parfois tout à fait contradictoires évoquées à différents moments pour expliquer un fait relativement stable.

---

[7] B.Cathelat, *op. cit.*, p. 28.

De nombreuses études constatent par exemple que les adolescentes et les femmes sont *«deux fois plus déprimées que les hommes»*. En 1970, on invoquait les contraintes et les restrictions entravant l'épanouissement personnel et le sentiment d'accomplissement des femmes qui n'ont pas librement accès aux scènes professionnelle et politique; en 1990, on accuse la trop grande ouverture possible, la difficulté des choix et de l'équilibre à trouver, l'absence de limites…

La prudence reste donc de mise et on ne peut actuellement qu'avancer des perceptions cliniques subjectives. Quelques pathologies peuvent néanmoins être esquissées, telles que la consommation d'alcool chez les filles qui tendrait de plus en plus à ressembler à celle des garçons et serait un indice de plus grande fragilité, le nombre de grossesses à l'adolescence, l'augmentation de la toxicomanie et, pour certains, de la violence chez les jeunes filles. L'anorexie mentale qui aurait pris, selon plusieurs auteurs, des «proportions épidémiques» est surtout remarquable dans l'augmentation significative de la proportion de garçons atteints (qui serait passée de 1 à 5% dans les dix dernières années).

Malgré la complexité du sujet, il semble ainsi qu'on puisse parler d'une certaine vulnérabilité engendrée par les changements vécus par notre génération. Il est possible que cette plus grande fragilité concerne surtout les enfants moins bien outillés pour faire face à ces enjeux et que, par contre, les plus forts auront la chance de profiter de l'aventure.

Notre société doit se questionner ici aussi afin de s'ajuster réellement à ces changements sans précédent pour que cette liberté individuelle précieuse ne se double pas de conséquences coûteuses pour la génération à venir.

Et maintenant, et demain?

La différence des sexes est donc reconduite pour quelques siècles encore. Elle suscite inlassablement de multiples questions. Celle de l'égalité d'abord infiltre quotidiennement la rencontre entre l'homme et la femme. De la procréation à la force physique, de la réussite scolaire à la réussite professionnelle, du risque d'agression au risque cardiaque, chaque sexe porte son lot d'«inégalités».

Comment le concept d'égalité (propriété «non naturelle» mais relation instituée par les membres d'un ensemble) sera-t-il redessiné pour l'épanouissement des deux sexes? On peut ici rappeler qu'une femme est féconde pendant la période la plus riche et potentiellement «fertile» de sa carrière professionnelle. Si la maternité reste son privilège, le temps est révolu où cette spécificité doit la confronter seule à des choix déchirants.

Sur un autre plan et au-delà de la procréation, comment ces choix individuels, cette nouvelle capacité de chaque personne à orienter son destin vont-ils s'arrimer aux priorités collectives? Sans remettre en question le droit de contrôle des naissances ni le droit de vivre en couple homosexuel, comment notre société occidentale va-t-elle surmonter le problème très sérieux de la dénatalité? Les espaces privés sont inéluctablement liés aux espaces politiques dans leur sens le plus large et c'est à ce niveau que doivent s'orienter les grands axes de notre futur.

Je ne peux terminer sans questionner la place du mouvement occidental d'émancipation féminine à l'échelle d'une planète où la grande majorité des femmes subit toujours l'oppression de l'autre sexe : un rôle de catalyseur initiant un phénomène sans retour, ou une goutte d'eau dans une mer de pouvoir irrémédiablement masculin…

La boîte de Pandore recèle plus de questions que de réponses mais elle contient toujours l'Espérance dont la femme est la dépositaire de droit divin.

Patricia Garel

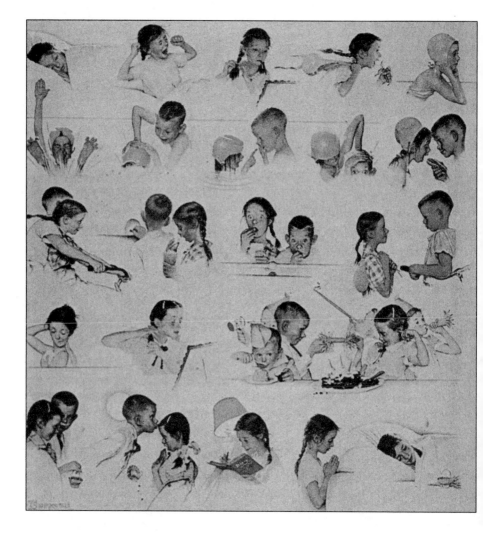

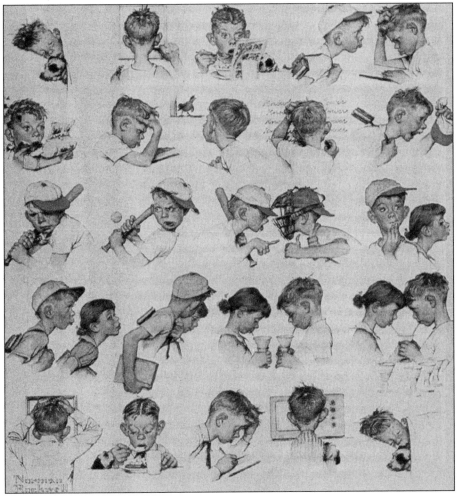

Norman Rockwell, *24 heures dans la vie d'un garçon.*

Fille, garçon: quelle différence?

Fille ou garçon, nous sommes lancés sur une trajectoire singulière où se rencontrent notre destin biologique, les désirs de nos parents et les contraintes d'une société à une époque donnée. Au moment où l'égalité des sexes semble à peu près acquise et où l'expérience d'être fille ou garçon peut s'exprimer avec une plus grande fluidité que celle permise aux générations précédentes (du moins dans certains milieux), le questionnement sur la différence des sexes conserve tout son intérêt dans la clinique quotidienne de l'enfant, de l'adolescent et de la famille. D'une part, le fait de s'arrêter à la construction de la féminité et de la masculinité ne peut qu'assouplir nos biais idéologiques sur des problématiques cliniques qui confrontent nos valeurs et nos «vérités« parfois trop vite affirmées. Il importe aussi de développer un point de vue contemporain sur des enjeux cliniques actuels: modes d'expression de la psychopathologie selon le sexe du patient, enjeux développementaux entourant l'homosexualité, réassignation du sexe à la naissance, parentalité et condition masculine. En ce sens, le regard porté sur nos filiations tant théoriques que personnelles nous permet de s'en distancier, ce qui enrichit en retour notre compréhension clinique et améliore la qualité de nos interventions.

A titre de coordonnateurs de ce dossier, nous avons puisé dans notre expérience de cliniciens oeuvrant en consultation périnatale et en première enfance mais aussi dans celle qui est la nôtre comme parent, femme et homme. Afin de refléter une diversité de points de vue sur ce vaste thème, nous avons sollicité des collaborateurs de différents horizons cliniques et théoriques en espérant que les correspondances entre les textes stimulent le lecteur dans sa réflexion.

En première partie, des textes ayant trait aux aspects fondateurs de la différence des sexes rappellent les premières étapes du développement. C'est en particulier autour de la période périnatale que se construisent les éléments clés de la différence des sexes et que se cristallisent de façon dramatique la représentation par l'environnement du nourrisson dans sa masculinité ou sa féminité «anticipée». Le texte de Garel et Van Vliet présente un compte rendu médical du développement sexuel du foetus qui nous ancre dans la réalité biologique de la différenciation.

Avant même la naissance d'un enfant, le sexe annoncé par l'échographiste (ou par l'agence d'adoption) met en branle tout un ensemble de rêveries dans l'entourage, dont on sait qu'elles seront structurantes (parfois aussi «emprisonnantes») pour la construction de l'identité de l'enfant. Le sexe du jeune enfant viendra colorer la relation parents-enfant, que ce soit à travers la perception de ses mouvements foetaux ou plus tard dans la réponse à ses conduites d'exploration ou à l'expression de sa tristesse, de sa colère ou de sa sensualité. Dans son texte, Jules Bureau aborde la construction complexe de la féminité et de la masculinité. Boivin traite des aspects cliniques de l'intersexualité dans un texte qui fait contrepoint à la perspective éthique proposée par Glass qui vient élargir notre conception «duelle» des sexes. Bradley et Zucker s'intéressent pour leur part au domaine de la psychopathologie précoce et des troubles de l'identité de genre. En entrevue, Colette Chiland nous livre ses réflexions où l'on reconnaîtra l'acuité du regard que cette grande clinicienne pose sur l'évolution sociale jusqu'à ce tournant du siècle.

La deuxième section du dossier se centre sur des problématiques qui émergent à l'adolescence: homosexualité, transsexualité, deuxième «mouvement oedipien». Les deux textes sur l'homosexualité ouvrent des pistes de compréhension et d'intervention encore trop peu exploitées. En présentant un modèle de développement de l'orientation homosexuelle, Montoro en indique l'utilité pour le clinicien et fait ressortir les stratégies susceptibles de favoriser l'accompagnement de ces adolescents et de leurs familles. Le texte de Strulovitch fait état de la crise identitaire que traversent nombre de ces jeunes et des comportements suicidaires parfois associés au dévoilement de leur orientation homosexuelle. Dans leur tentative d'offrir un regard global sur cette problématique, ces textes nous semblent mettre quelque peu en veilleuse la variabilité retrouvée parmi les jeunes gais et lesbiennes, en particulier autour de l'organisation de la personnalité. Par la suite, St-Onge apporte le cas d'une adolescente transsexuelle en faisant ressortir combien souffrante est cette condition qui nous interpelle dans notre compréhension de la féminité et de la masculinité. Enfin, le texte de Samy prête un éclairage à la fois psychanalytique et transculturel à ces mouvements de séparation de la famille d'origine survenant à l'adolescence chez les filles et les garçons d'origines ethniques diverses.

La troisième section sur les distinctions génériques s'ouvre sur des questions ayant trait à la parentalité. L'expérience de la parentalité s'emboîte dans celle d'être femme ou homme, et c'est souvent au cours de cette transition importante que se produit un nouvel enracinement dans son propre sexe et, parfois aussi, un éloignement du monde de l'autre sexe (et ce même si les «carcans» des rôles maternels et paternels sont moins limitatifs qu'ils ne l'étaient autrefois). Autour du passage vers la parentalité, le fossé de la différence des sexes peut s'élargir, et la rivalité entre les sexes se substituer à une saine reconnaissance des limites de chacun. En quoi la parentalité chez les femmes et les hommes d'aujourd'hui est-elle influencée par la conjoncture sociale et les valeurs actuellement mises de l'avant?

Dans son essai, Francine Cyr révise l'impact du divorce sur le devenir des garçons et des filles. Décrivant en quoi la littérature récente est équivoque en matière d'impact différentiel fille-garçon, elle rappelle l'importance de situer avec toutes les nuances nécessaires la variable du «sexe de l'enfant» à l'intérieur d'un ensemble de facteurs psychosociaux importants, tels le mode de gardiennage et l'implication des pères auprès de ces enfants. Dans le rappel qu'il fait des rôles masculins et paternels traditionnels, Dulac prend lui aussi position et ouvre des pistes de réflexion sur la façon d'intervenir en tenant compte de la spécificité masculine. Igartua livre de son côté les résultats d'études empiriques récentes sur les familles lesbiennes; elle met en relief les défis qui se posent à ces «nouvelles» familles, tant du point de vue des parents que de celui des enfants, et suggère des façons de les soutenir.

Le dossier s'intéresse enfin à l'expression de certaines problématiques cliniques chez les filles et les garçons. On reconnaît aujourd'hui que les symptômes des garçons sont souvent plus dérangeants pour l'entourage que ceux des filles : est-ce parce que la socialisation des garçons est intrinsèquement plus difficile? Quels troubles avons-nous tendance à sous-diagnostiquer chez les filles? En quoi l'expression de certaines problématiques diffère-t-elle chez les filles? Est-il plus difficile de poser un regard clinique nuancé sur les conduites externalisées et la violence chez les filles?

Le texte de Sauriol et Greenfield reprend ces questions en considérant la façon dont le syndrome de déficit attentionnel avec hyperactivité diffère dans sa présentation, sa comorbidité et son évolution chez les filles. Hamel et Côté livrent une synthèse de leur travail auprès de groupes de jeunes mères victimisées par leur conjoint. Leur contribution réaffirme l'importance d'intervenir auprès de ces adolescents à haut risque mais laisse néanmoins en suspens la question du repérage de la violence chez les filles elles-mêmes à l'intérieur des relations amoureuses. Enfin, à partir de sa position de chercheure, Cossette nous amène à considérer l'ampleur (souvent modeste) des différences rapportées entre les sexes, en soulignant la difficulté de réplication de certaines études de même que l'atténuation depuis un certain temps des différences fille-garçon. Il s'agit d'une prise de position qui va à l'encontre d'une certaine idéologie tant sociale qu'académique qui a trop souvent tendance à recourir à une «langue de bois» pour asseoir son discours.

Dans la dernière section du dossier qui rassemble notes de lecture, chroniques et textes d'opinion, on soulignera le travail remarquable de Vogel et Evan-Grenier sur la représentation de la femme thérapeute au cinéma, réflexion qui ouvre une voie stimulante à la compréhension de la relation transférentielle homme-femme en psychothérapie (et dans la vraie vie). Dans la chronique Actuelle, Diane Lemieux du Conseil du Statut de la Femme partage sa vision de la condition féminine et de ses avancées depuis les trente dernières années.

Pour le plaisir et l'inspiration du lecteur, nous avons dessiné un parcours d'images, selon l'habitude maintenant installée, auquel s'ajoutent par endroits des témoignages donnant la parole à des adolescents et à un parent qui se prononcent sur la réalité d'être fille ou garçon telle qu'elle se vit actuellement.

Paradoxalement, en interrogeant les différences entre les sexes, ce dossier nous aura peut-être amenés à dépasser la question et poser un regard moins «sexué» sur les problématiques cliniques qui nous interpellent quotidiennement. Nous souhaitons vivement que ce dossier puisse être utile aux cliniciens confrontés à ces mêmes enjeux, et que ce travail serve à mieux saisir la différence des sexes là où elle existe, et ce faisant, à favoriser une reconnaissance de la singularité des enfants et des adolescents d'aujourd'hui.

Martin St-André   Lee Tidmarsh

Dr St-André est psychiatre associé au Service de consultation-liaison du Programme de psychiatrie de l'hôpital Sainte-Justine et Dr Tidmarsh est psychiatre et directeur de la Clinique du nourrisson au Département de psychiatrie de l'hôpital de Montréal pour enfants.

Têtes couronnées. Groupe Eket, Peuple Ibibio, Nigéria, 19ᵉ-20ᵉ siècle.

La différenciation sexuelle chez le foetus

Une question de tempo: semplice e naturale chez la fille
vivace e hormonale chez le garçon...

Laurent **GAREL**
Guy Van **VLIET**

Dr GAREL est radiologue
et chef de la section
d'échographie de
l'hôpital Sainte-Justine et
il est professeur titulaire
de clinique au Département
de radiologie de l'Université
de Montréal.

Dr Van VLIET est chef
du service d'endocrinologie
à l'hôpital Sainte-Justine
et professeur de pédiatrie
à l'Université de Montréal.

Adresse :
3175, Chemin de la côte
Ste-Catherine, Montréal
(Québec) H3T 1C5.

L'androgynie n'existe pas que dans la mythologie grecque et romaine. Chaque foetus, à un stade très précoce, possède toutes les potentialités de la dualité originelle. Les gonades sont totalement indifférenciées jusqu'à la 6e semaine de grossesse, les voies génitales conservent toutes les ébauches masculines et féminines jusqu'à la 7e semaine, le sinus urogénital et les organes génitaux externes peuvent évoluer dans un sens ou dans l'autre jusqu'à la 8e semaine de vie intra-utérine. Nous fûmes tous bisexués, du moins tant que nous ne dépassions pas 12 millimètres de longueur.

Le stade indifférencié

La gonade foetale n'a aucune caractéristique spécifique (ovarienne ou testiculaire) jusqu'au 42e jour de grossesse. Le foetus possède également à ce stade les deux canaux de Wolff (ébauches des voies génitales mâles) et les deux canaux de Müller (précurseurs des trompes, de l'utérus et du tiers supérieur du vagin), un sinus urogénital (précurseur de la vessie, de l'urètre et de la portion moyenne et inférieure du vagin) et des organes génitaux externes identiques (figure 1). Les facteurs déterminants de la différenciation sexuelle sont chromosomiques et plus précisément géniques.

Jusqu'à la fin de la sixième semaine de vie intra-utérine, le foetus est sexuellement indifférencié. La différenciation masculine nécessite l'intervention de deux hormones, l'hormone anti-müllerienne faisant régresser les ébauches féminines, et la testostérone masculinisant les voies génitales et les organes génitaux externes. A l'inverse, la différenciation féminine est autonome, indépendante des sécrétions hormonales. Ce processus permet d'expliquer les états d'ambiguïté sexuelle et jette les bases de la construction de l'identité sexuelle.

La différenciation masculine

Lors de la conception, le chromosome Y apporté par le spermatozoïde véhicule un gène (le gène SRY) sur son bras court qui constitue l'inducteur de cette différenciation mâle en regard de la gonade. Celle-ci est plus précoce (45e jour) que chez la fille où l'évolution de la gonade en un ovaire ne commence que vers le 3e mois. Elle est aussi notablement plus complexe. Le testicule foetal résulte donc des changements de la gonade indifférenciée initiale dus aux facteurs géniques du chromosome paternel Y.

Deux lignées cellulaires spécifiques s'individualisent dans le testicule et deviennent hormonosécrétantes. Les cellules de Sertoli

Figure 1: Différenciation des organes génitaux externes masculins et féminins

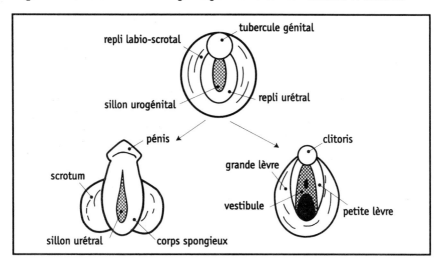

produisent l'hormone anti-müllerienne qui fera régresser de façon locale et unilatérale (fonction paracrine) le canal de Müller. Les cellules de Leydig sécrètent la testostérone (à partir de la 9e semaine) qui différenciera le canal de Wolff du même côté en épididyme, déférent et vésicule séminale (fonction paracrine) et masculinisera selon une fonction endocrine (i.e. par voie sanguine générale et non par diffusion locale) les organes génitaux externes (OGE) via un dérivé chimique (la dihydrotestostérone ou DHT) plus actif.

La différenciation masculine nécessite donc deux actions hormonales du testicule foetal: l'involution des ébauches mülleriennes d'une part, et la masculinisation des ébauches wolffiennes et des organes génitaux externes, d'autre part. La séquence chronologique de ces étapes est très précise, s'étalant de la 8e à la 12e semai-

Figure 2: Facteurs de la différenciation sexuelle d'après N. Josso.

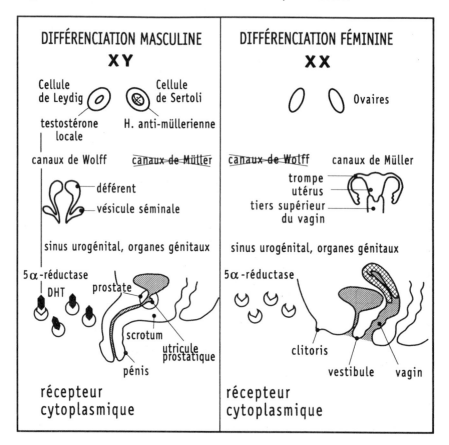

ne de grossesse. La complexité et la complémentarité des facteurs doivent être soulignées (figure 2).

La testostérone est à son taux maximum chez le foetus autour de la 15ᵉ semaine de grossesse (niveau comparable à celui d'un adulte, le foetus mesurant alors 10 cm en dimension «tête-fesses»).

La transformation chimique de la testostérone en DHT nécessite la présence d'une enzyme, la 5 alpharéductase. Les androgènes (testostérone et DHT) agissent en se liant à des récepteurs protéiques intracellulaires. Un déficit de synthèse de testostérone, de sa conversion en DHT ou de l'activation du récepteur entraînera un défaut de masculinisation des organes génitaux externes.

On imagine facilement les différents niveaux possibles d'altération de ce processus séquentiel:

1- Niveau génique: la possibilité d'échange de DNA par translocation-délétion entre chromosomes homologues lors de la méiose (réduction chromosomique de moitié) de la gamétogénèse peut exceptionnellement résulter en sujet 46XX complètement mâle ou à l'inverse en sujet féminin 46XY.

2- Niveau chromosomique: une erreur de mitose après fertilisation résultant en un caryotype mosaïque peut s'observer dans certains cas d'hermaphrodisme vrai ou de dysgénésie gonadique mixte.

3- Niveau gonadique: un déficit de la synthèse de la testostérone résultera dans une masculinisation incomplète type hypospade postérieur. L'absence d'hormone anti-müllerienne par anomalie des cellules de Sertoli sera à l'origine des «hommes à utérus» (masculinisation complète sans involution müllerienne).

4- Niveau périphérique: déficit en 5 alpharéductase ou insensibilité aux androgènes par mutation du gène codant pour le récepteur aux androgènes (gène qui est situé malicieusement sur le chromosome X). L'insensibilité aux androgènes portait autrefois le nom malencontreux de *féminisation testiculaire*.

La différenciation féminine

À l'inverse du sexe masculin, la différenciation féminine apparaît simple, autonome (qualificatif que nous préférons à «passive», utilisé par certains auteurs), indépendante des sécrétions hormonales. L'évolution de la gonade primitive en ovaire à partir de la 12e semaine nécessite la présence de deux chromosomes X, l'absence des gènes déterminant le testicule, la présence des cellules germinales primitives.

La différenciation des voies génitales se fait par développement des structures mülleriennes et involution des structures wolffiennes masculines. Le développement de l'utérus et des trompes à partir des canaux de Müller, s'il est indépendant de la présence d'un ovaire, est néanmoins dépendant de la présence des canaux de Wolff. Ceux-ci, avant de régresser, agissent comme inducteur de la maturation müllerienne.

Le vagin résulte de la rencontre des deux canaux de Müller fusionnés qui donneront l'utérus et du sinus urogénital; le vagin a

Tableau 1		
Garçon	**Gonade indifférenciée**	**Fille**
Ç Sertoli	Ç mésenchymateuse	Ç granulosa
Ç Leydig	Eléments mesonéphritiques	Ç thécales
Spermatogonies	Ç germinales primitives	Ovogonies
	Voies génitales	
Épididyme	Canaux de Wolff	Époophoron
Déférent		Paraoophoron
Vésicules séminales		Canal de Gartner
Hydatide sessile	Canaux de Müller	Trompes
		Utérus
		Vagin supérieur
	Sinus urogénital et OGE	
Prostate, glandes de Cowper, utricule prostatique	Sinus urogénital	Glandes de Skène et de Bartholin, Vagin inférieur
Pénis	Tubercule génital	Clitoris
Corps spongieux	Replis urétraux	Petites lèvres
Scrotum	Replis labio-scrotaux	Grandes lèvres

donc une double origine embryologique, müllerienne pour sa portion supérieure, urogénitale pour sa portion moyenne et inférieure.

En l'absence d'androgènes (testostérone et DHT), les organes génitaux externes demeurent féminins. L'homologie entre les structures sexuelles mâles et femelles est rappelée sur le tableau 1.

Les causes d'intersexualité sont moins nombreuses chez la fille. La cause périphérique habituelle de l'ambiguïté sexuelle chez la fille est représentée par l'hyperplasie congénitale des surrénales (HCS).

L'hypersécrétion de métabolites stéroïdiens en amont du déficit enzymatique en cause a pour conséquence une hyperproduction d'androgènes par les surrénales foetales. Il en résulte une masculinisation variable dans son intensité des organes génitaux externes cependant que la filière génitale profonde féminine (utérus, trompes, ovaires) reste intacte. Le degré de masculinisation est évalué par génitographie (figure 3): ratio urètre horizontal/urètre vertical; hauteur de la convergence urétro-vaginale. Le pseudohermaphrodisme féminin par hyperplasie des surrénales constitue la grande majorité de tous les cas d'ambiguïté sexuelle rencontrés en pratique clinique (de 70 à 85% des cas).

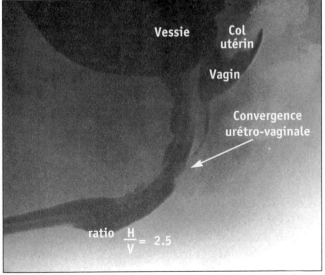

Figure 3. Génitographie dans un cas d'hyperplasie congénitale des surrénales avec masculinisation extrême

Discussion

La bisexualité anatomique initiale n'est potentielle que pendant un temps très court du développement foetal. La séquence chronologique des étapes de la différenciation sexuelle introduit logiquement les notions de sexe génique, de sexe chromosomique, de sexe gonadique, de sexe somatique interne et externe (sexe phénotypique).

Initialement la sécrétion de testostérone par le testicule foetal est stimulée par la gonadotrophine chorionique placentaire (HCG) mais pas par l'hypophyse du foetus. En fin de gestation, par contre, la sécrétion de testostérone testiculaire devient dépendante de la sécrétion de LH hypophysaire.

L'interrogation d'un sexe cérébral à détermination anténatale mérite d'être posée même si les éléments de réponse sont fragmentaires et l'objet de peu d'études valides.

Le fonctionnement cyclique du diencéphale tel qu'il apparaît chez la fille à la puberté a une mise en place foetale bien prouvée chez certains animaux (rongeurs, brebis par exemple). Chez le primate et l'homme par contre, le potentiel d'une sécrétion hypothalamo-hypophysaire cyclique reste intact même en présence d'androgènes. Cela est bien illustré par l'observation de cycles menstruels dans de rares cas de patientes avec hyperplasie congénitale des surrénales non traitées.

Ces dernières par contre manifestent, selon certaines études, un comportement plus «masculin» et présentent une incidence plus élevée de bisexualité et d'homosexualité (contrairement à des femmes avec agénésie vaginale isolée sans sécrétion anténatale d'androgènes).

Plus récemment, on a rapporté des populations cellulaires morphologiquement différentes selon le sexe dans le cerveau humain de même qu'un fonctionnement cortical différent lors de la résolution d'un même problème, tel qu'illustré par tomographie au positron (*PET imaging*: affichage des différentes régions du cerveau en fonction de leur consommation de glucose). Ce concept d'empreinte du cerveau foetal par la testostérone reste fascinant et ne peut ni être balayé de la main ni considéré comme allant de soi.

Conclusion

La différenciation sexuelle foetale démontre une intrication et une complémentarité remarquables. Être garçon implique de se masculiniser et de faire régresser parallèlement ses ébauches féminines par une imprégnation hormonale intense et précoce. Être fille est à l'inverse un processus autonome, non hormonodépendant*, mais requérant une induction par les ébauches masculines wolffiennes.

Qui eut pensé que devenir garçon fut si compliqué, et qu'être fille fut si naturel?❖

* *Dans les deux sexes, le foetus «baigne» dans les oestrogènes placento-maternels, ce qui confirme qu'ils n'ont pas de rôle actif dans la différenciation sexuelle.*

Annexe 1

Chez un sujet présentant une ambiguïté des organes génitaux externes, les définitions font référence au type de gonades présentes; on parle ainsi :

d'hermaphrodisme vrai : si les gonades présentent des caractères à la fois de type testiculaire et de type ovarien (soit un ovaire d'un côté et un testicule de l'autre, soit plus souvent deux «ovotestis»)

de pseudohermaphrodisme féminin : si les gonades sont des ovaires

de pseudohermaphrodisme masculin : si les gonades sont des testicules

de dysgénésie gonadique : si une ou les deux gonades ne se sont pas différenciées ni dans le sens ♂ ni dans le sens ♀.

Until the end of the sixth week the fetus is sexually undifferentiated. For an adequate male differentiation, two hormones are needed from the fetal testis: the antimullerian hormone which causes the female primordium to involute and the testosterone that triggers the masculinization of the genital tract and the genitalia. In the female fetus, the sexual differentiation is autonomous and independent from hormonal secretions. Abnormalities of that process lead to various presentations of ambiguous genitalia. A proper knowledge of the process of fetal sexual differentiation is a prerequisite for the understanding of sexual identity.

Références

Aaronson IA. Sexual differentiation and intersexuality. In: Kelalis PP, King LR, Belman AB. (eds) *Clinical Pediatric Urology* (3e édition). Philadelphia : W.B. Saunders 1992;2:977-1014.

Grumbach MM, Conte FA. Disorders of sex differentiation. In : Williams (ed) *Textbook of endocrinology* (8e édition). Philadelphia : W.B. Saunders, 1996 :853-951.

Josso N. Diagnostic pratique de l'ambiguïté sexuelle chez l'enfant. *Journal d'urologie et de néphrologie* 1970;6 :345-356.

Marc Chagall, *Femme enceinte*, 1913

Échographie et sexe fœtal

Laurent **GAREL**

L e but de l'échographie obstétricale est de s'assurer de la viabilité fœtale, de l'absence de malformation et d'une croissance adéquate. Au Québec, l'échographie de routine a lieu entre 18 et 20 semaines de grossesse.

À ce propos «médical» de l'examen ultrasonore, s'ajoute naturellement une dimension affective avec la présentation télévisuelle d'un nouveau membre de la famille. La surprise, l'attendrissement et la réassurance sont des émotions facilement perçues lors de l'échographie d'une grossesse normale.

L'accessibilité, la qualité de l'imagerie anténatale jointe à la volonté d'intégrer au protocole rigoureux de l'examen l'aspect de fête familiale amènent souvent techniciennes et médecins à se situer face à la question du sexe du bébé.

Cette demande des parents est fréquente (environ 50% des cas) mais prend parfois des détours particuliers: *«Je ne veux pas le savoir mais si vous le voyez, dites-le moi....On a tiré les cartes, pouvez-vous valider la chose?.... Ma mère me dit que je le porte comme un garçon, est-ce vrai?.... Ne me le dites pas mais pouvez-vous l'écrire sur un papier?... Nous avons une gageure entre nous: pouvez-vous nous départager?»*

L'auteur est radiologue et chef de la section d'échographie à l'hôpital Sainte-Justine et il est professeur titulaire de clinique au Département de radiologie de l'Université de Montréal.

Ces préambules parfois sinueux méritent d'être clarifiés avant que de répondre à la Question.

Les parents ont bien sûr discuté de leur désir d'information ou de mystère avant l'échographie. S'il y a consensus parental, il nous fait plaisir de répondre à leur demande quand la position du fœtus le permet. Il nous paraît par contre déplacé de nous immiscer dans une dynamique familiale asynchrone et nous préférons alors souligner le caractère irréaliste d'une information dissimulée à l'un des parents pendant les vingt semaines restantes de cette grande aventure commune...

Il convient de mentionner aux parents la fiabilité diagnostique du sexe échographique et donc la marge d'erreur de l'information donnée. Entre 18 et 20 semaines, sur un bébé bien placé (en décubitus dorsal), avec une quantité de liquide amniotique normale et chez une femme «échogène», cette fiabilité diagnostique est d'environ 96%, soit une marge d'erreur de 4%. Notre pratique, comme celle d'autres, a validé la fréquente justesse de «l'intuition maternelle» s'il s'agit bien d'une intuition, c'est-à-dire la certitude tranquille et initiale du sexe du bébé et non d'un désir, du sentiment du père, de la belle-mère ou de la voisine... Un sexe échographique bien démontré et concordant avec l'intuition de la mère augmente la fiabilité diagnostique objective (98%??).

Un sexe échographiquement douteux et discordant de l'intuition maternelle doit rendre très prudent dans sa conclusion.

L'aisance et la simplicité sont beaucoup plus difficiles dans les cas heureusement rares de maladies génétiques dont la transmission est liée au sexe, dans les cas de drame familial antérieur où la perte d'un bébé ou d'un enfant d'un sexe donné peut investir le suivant d'une fonction de remplacement et dans les cas où on perçoit les a priori culturels ou ethniques en faveur d'un sexe.

Certaines échographies obstétricales deviennent tragiques à la reconnaissance d'un sexe considéré comme inférieur; se cristallisent alors dans la salle d'examen la déception et les

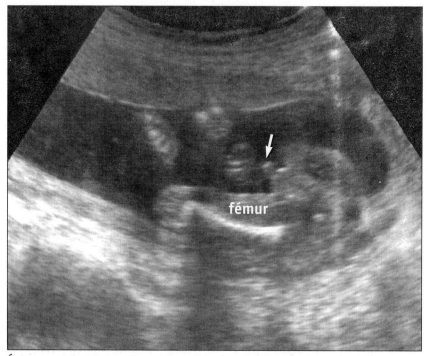

Échographie de routine à 19 semaines de grossesse, la «fierté»
mâle est évidente (flèche)

reproches paternels, la souffrance et la culpabilité maternelles...

Les explications spontanées et bienveillantes du personnel sur la responsabilité paternelle dans le déterminisme du
sexe foetal restent le plus souvent vaines. Ces «conférences»
sur les préjugés soulagent essentiellement les désirs égalitaires
d'échographistes heureusement militants...

Lorsque l'échographie est suivie d'une amniocentèse,
donc d'une connaissance à venir du sexe chromosomique (caryotype) dont la fiabilité est de 100% (si l'on exclut le risque
exceptionnel d'erreur de tube) il est souvent souhaité par les
généticiens qu'il n'y ait pas de «regard échographique» entre
les jambes du bébé, «notre 96%» ne se mesurant pas à leur
«100%».

Il est à l'inverse quelques situations obstétricales où la
connaissance du sexe est médicalement importante même

quand les parents expriment un désir initial de secret. Il en est ainsi par exemple des grossesses gémellaires (où la présence de faux jumeaux peut être affirmée par deux sexes différents; les risques de complications obstétricales sont alors moindres), de l'hydronéphrose foetale (à cause des implications diagnostiques et pronostiques des valves de l'urètre postérieures (VUP) chez le garçon), des kystes abdominaux pelviens foetaux au 3ᵉ trimestre (le sexe féminin favorisant aussitôt le diagnostic de kyste de l'ovaire), des mégavessies (obstructives par VUP chez le garçon, lié à un reflux vésico-urétral dans les deux sexes).

L'importance de l'information sur le sexe du bébé doit alors être expliquée aux parents par le médecin traitant.

Il peut être irritant pour certains échographistes d'être «agressés» à la deuxième seconde de l'examen par une interrogation vibrante: *«Quel est le sexe?»*. La majorité des grossesses étant normale, il est en général facile d'établir un terrain d'entente pour cette question même posée prématurément: *«Ce bébé a un sexe qu'il nous fera plaisir de scruter une fois que la normalité morphologique et développementale de votre bébé aura été vérifiée et sous réserve d'un exhibitionnisme volontaire de votre jeune locataire.»*

Dans cette époque où de moins en moins de choses sont laissées au hasard, la reconnaissance prénatale du sexe d'un enfant est considérée comme allant de soi par de nombreux parents. L'échographiste doit savoir recevoir la demande et la valider quand cela est possible sans que cela n'empiète ou ne compromette la qualité médicale de l'examen. Car finalement le souhait de tous reste celui d'un bébé en santé. ❖

Devenir garçon, devenir fille:
une construction complexe

JULES **BUREAU**

L'auteur est sexologue et
psychologue et il est
professeur associé au
Département de sexologie
à l'Université du Québec
à Montréal.

Ê tre un garçon et ne pas être une fille ou être une fille et ne pas être un garçon, tout autant qu'être un homme ou être une femme, constitue le fondement premier et universel des grandes expériences humaines que sont l'identité ou l'aliénation, la vie ou la mort, la conscience et la liberté, le fait d'aimer et d'être aimé (Bureau, 1981, 1994). Il ne s'agit pas d'une simple catégorie sociale ou d'une étiquette mais d'une manière d'être au monde. Les transformations sociales importantes qui sont survenues depuis quelques années (remise en question des rôles sexuels traditionnels, éclatement des familles, faiblesse des modèles d'identification, pression de groupes idéologiques) semblent avoir entraîné des effets bénéfiques mais aussi une nette inquiétude chez les parents et les éducateurs quant aux attitudes à prendre pour favoriser l'identification sexuelle harmonieuse chez les jeunes. Comment se comporter avec son enfant, que lui dire sur son appartenance sexuelle?

Tout enfant doit arriver à s'identifier sexuellement, à se situer intérieurement dans ce vaste système de croyances, d'attitudes, d'opinions, de sentiments et d'émotions que constitue son identité sexuelle. Ayant préséance sur la plupart des autres identités, à

Adresse: Case postale 8888,
succursale Centre-Ville
Montréal (Québec) H3C 3P8.

A partir de travaux sur les conflits d'identité sexuelle chez l'enfant et chez l'adulte, cet article propose une vision intégrée de l'identité sexuelle de l'enfant, promesse d'un développement sexuel harmonieux chez l'adolescent et l'adulte. Après avoir distingué et défini différentes dimensions de la sexualité de l'enfant, l'auteur présente les étapes du développement de l'identité sexuelle et souligne certains facteurs favorisant une intégration solide et bien enracinée de l'identité sexuelle chez l'enfant.

savoir celles de l'âge, de la race et de la culture, l'identité sexuelle se situe au coeur de l'expérience humaine. Cependant, ce qui apparaît si naturel et si facile à l'ensemble des êtres humains, c'est-à-dire s'identifier sexuellement, peut devenir pour plusieurs enfants un lieu de conflits et de souffrance. Chez ces enfants, les ingrédients nécessaires à une bonne identification font défaut, et leur identité sexuelle apparaît ambiguë, aliénée ou même perçue comme contraire à leur sexe biologique. Si l'identité sexuelle d'un enfant est accidentée ou carencée, elle peut effectivement rester confuse et imprécise, et demeurer un lieu de souffrance et de misère pendant toute sa vie. Souvent isolés, ces enfants profitent peu de la vitalité qui vient de la nécessaire interaction avec leurs pairs du même sexe et ils se trouveront comme adolescents en quête d'une pleine identité sexuelle dans la recherche désespérante du même. On reconnaît l'influence qu'exerce l'identité sexuelle sur le bien-être général et sur le devenir sexuel de la fille ou du garçon.

Malgré ces constats, on sait encore peu de choses sur le processus de construction de l'identité sexuelle chez l'enfant, sur les difficultés associées au fait de devenir garçon ou fille. Ceci est étonnant quand on sait l'importance que l'enfant accorde à être d'un sexe et à appartenir à un groupe sexuel. Des questions surgissent spontanément à l'esprit: comment un enfant arrive-t-il à éprouver cette satisfaction d'être garçon ou d'être fille? Quels sont les éléments d'une saine identité sexuelle, et ceux pouvant mener à une souffrance de l'identité sexuelle? Quelles sont les étapes de l'identification sexuelle chez le garçon et la fille? Existe-t-il des liens entre l'identité sexuelle et l'orientation sexuelle? Le rôle sexuel n'est-il que l'expression publique de l'identité sexuelle ou la réponse de l'enfant aux attentes sociales? Comment l'identité sexuelle de l'enfant affectera-t-elle sa sexualité d'adulte?

Définition des termes

Pour répondre à ces questions, il importe d'abord de définir les différents termes reliés à la sexualité de l'enfant.

L'identité sexuelle

L'identité sexuelle (la féminitude ou la masculinitude), c'est le «génotype», c'est-à-dire la structure sous-jacente qui demeure la plupart du temps la même tout au long de la vie (par opposition au «phénotype», qui est apparent et varie tout au long des différentes étapes de la vie). L'identité sexuelle signifie être d'un sexe mais aussi appartenir à un sexe. Cette double dimension de l'identité sexuelle explique la plupart des expériences émotives, cognitives et comportementales de la sexualité de l'enfant et donnera plus tard chez l'adolescent et l'adulte un sens à la plupart des expressions de sa sexualité. Son identité sexuelle expliquera ses conflits sexuels, ses pathologies, son orientation sexuelle comme tout ce qu'il pensera de lui-même comme être sexué, sexuel et érotique. C'est la réalité de base d'où émergeront chez l'adolescent et l'adulte les diverses composantes de la sexualité: désirer, choisir, agir, paraître selon ce qu'il ou ce qu'elle est en tant que fille ou en tant que garçon.

Même s'il est fort possible que pendant la période préverbale, le très jeune enfant ait déjà une expérience subjective de lui-même et de l'autre (Stern, 1989), l'identité sexuelle[1], l'expérience intérieure subjective d'être et d'appartenir à un sexe s'installe vraiment avec l'apparition de la fonction symbolique entre dix-huit mois et deux ans et elle devient irréversible[2] vers l'âge de 5 à 7 ans, précédant ainsi de quelques mois l'atteinte du principe de conservation de la matière (Money et Ehrhardt, 1972; Kohlberg, 1966; Bureau, 1976). Entre dix-huit mois et deux ans, un enfant sait s'il est une fille ou un garçon. C'est le noyau de l'identité sexuelle et ce noyau apparu avec le début de la fonction symbolique, avant même l'apparition du langage, l'influencera toute sa vie.

L'identité sexuelle se définit de plusieurs façons. Sur le plan affectif, elle réfère à la conscience fondamentale que possède l'enfant de lui-même comme étant garçon ou fille, conscience qui s'accompagne habituellement de résonance émotive[3]. Dans le rapport qu'il entretient face au fait d'être et d'appartenir à un sexe, chaque enfant se situe sur un continuum émotif allant de la très grande satisfaction à une très grande insatisfaction de son état et de son appartenance jusqu'à l'intense conviction d'être de l'autre sexe et d'appartenir au sexe autre que le sien.

Cette conscience fondamentale d'être et d'appartenir à un sexe est au coeur de l'identité sexuelle (Stoller, 1968, 1972) et elle devient pour l'enfant aussi naturelle que l'appartenance à son propre corps. Interroger un enfant sur son appartenance sexuelle et sa réponse sera rapide et percutante: *«Je suis une fille! Quelle question!»*

Sur le plan cognitif, l'identité sexuelle, dans sa forme la plus simple et la plus évidente, réfère à l'habileté de l'enfant à se reconnaître comme garçon ou comme fille, habileté qui, dans l'ontogenèse des identités, fait immédiatement suite à l'apparition de l'identité d'espèce, c'est-à-dire la capacité chez l'enfant à reconnaître qu'il fait partie de l'espèce humaine et qu'il est différent de ses animaux favoris et des objets inanimés qui l'entourent. Cette reconnaissance de lui-même comme garçon ou comme fille précède de quelques mois sa capacité à se reconnaître comme faisant partie d'un groupe d'âge différent, par exemple de celui de ses parents, ou de ses grands frères et soeurs (Bureau, 1976a). Cette habileté à se reconnaître d'un sexe s'exprime par la capacité cognitive de classifier et d'ordonner correctement les marqueurs corporels (organes génitaux, formes corporelles) et sociaux de la masculinité et de la féminité (vêtement, style de coiffure, etc.).

Par le jeu du soi et du non-soi, l'identité sexuelle est donc ce qui permet à l'enfant de distinguer les individus masculins des individus féminins et d'identifier correctement sa propre appartenance. Cette tâche est au départ du développement de la constance de son identité[4].

Le garçon construit son identité sexuelle qui sera sa manière à lui d'appartenir à la masculinitude, et pour la fille, d'appartenir à la féminitude. Il n'y a rien de restrictif dans ces termes de féminitude[5] et de masculinitude qui font référence à l'identité sexuelle différenciée, tout comme l'est l'identité humaine ou l'identité raciale, qui participent de l'identité globale d'une personne. La féminité et la masculinité font par ailleurs référence au rôle sexuel, alors que mâle et femelle réfèrent à la dimension biologique de la sexuation chez les humains.

L'identification sexuelle

L'identification sexuelle est un processus comprenant plusieurs étapes et impliquant divers éléments qui conduisent à l'identité sexuelle. Comment l'enfant arrive-t-il à se forger une identité sexuelle en harmonie avec son sexe biologique?

C'est par une complexe interaction entre ses diverses composantes personnelles et celles de son environnement que l'enfant construit son identité sexuelle. Cette inter-influence peut s'exprimer en termes de programme visant à devenir quelqu'un en étant garçon ou en étant fille. Certains éléments de ce programme, inscrits dans la phylogenèse, exercent particulièrement leur influence avant la naissance et impriment chez l'enfant un «caractère» permanent. Ainsi tout débute par la rencontre de l'ovule et du spermatozoïde. Le programme de devenir fille ou garçon s'engage par la rencontre des chromosomes sexuels X ou Y, donnés par le père pour faire la paire avec le chromosome X donné par la mère. La combinaison XX ou XY transportera ensuite le programme vers les gonades indifférenciées, orientant ainsi leur destinée d'ovaires ou de testicules.

Les gonades différenciées transmettent le programme aux sécrétions hormonales de leurs propres cellules, plus précisément aux sécrétions des testicules. En l'éventuelle absence d'hormones foetales chez l'embryon, le développement de l'anatomie reproductrice sera féminin et les autres relais du programme seront aussi fortement féminisés. C'est le sexe féminin qui est fondamental; la constitution du sexe masculin implique l'ajout de «quelque chose». Ainsi, les hormones testiculaires sont essentielles pour que le foetus développe des structures anatomiques mâles. Ces hormones poursuivent leur travail par l'androgénisation de certains patterns d'organisation dans le cerveau. Plus spécifiquement, ces sécrétions testiculaires sont responsables de la différenciation des sentiers hypothalamiques qui influenceront subséquemment certains aspects du comportement sexuel.

À la naissance par exemple, le taux de testostérone du garçon est élevé, et ce jusqu'au sixième mois[6] (50% environ du taux retrouvé à l'âge adulte), ce qui sert probablement à imprégner fortement les sentiers hypothalamiques et à les différencier. Les hormones foetales relaient ensuite le programme de la différenciation sexuelle vers l'identité sexuelle qui advient par la différenciation sexuelle de la morphologie génitale et par celle de cette partie du système nerveux (périphérique et central) qui sert la morphologie génitale.

La forme des organes génitaux fait partie du programme de différenciation sexuelle et permet aux adultes, responsables de désigner le sexe à la naissance, de proclamer: *«C'est une fille!»* ou *«C'est un garçon!»*, et de donner à l'enfant une éducation sexuellement différenciée. Par la suite, la morphologie génitale servira de base à l'enfant pour développer son image sexuelle corporelle. Chez certains enfants qui naissent avec une ambiguïté des organes génitaux externes, l'assignation d'un sexe pourra ne pas correspondre à leur caryotype. Chez des enfants naissant sans ambiguïté sexuelle mais dont le sexe génétique est mâle (XY), il pourra arriver, en raison d'organes génitaux externes féminins (v.g. le syndrome des testicules féminisants) qu'ils soient désignés comme filles. Ces accidents seront éventuellement corrigés ou autrement maximisés par la construction que fait l'enfant de son sexe à partir de son assignation sexuelle et de l'éducation donnée par ses parents, selon que ceux-ci demeurent cohérents et convaincus du sexe de l'enfant. L'enfant fonde sa construction sur le ressenti d'une certaine «force biologique»[7] qui s'exerce dans une direction favorisant sa différenciation sexuelle.

Le système nerveux central, en autant que les facteurs hormonaux l'ont fait mâle ou femelle, transporte le programme sous la forme de traits de comportement culturellement classifiés comme étant surtout masculins ou surtout féminins. Même si ces traits ne déterminent pas automatiquement l'identité sexuelle, ils exercent une influence certaine sur le pattern final de l'identité sexuelle. La facilité ou les difficultés à adopter des conduites sexuellement différenciées induiront chez l'enfant un sentiment de compétence et/ou de congruence en regard de son identité sexuelle masculine ou féminine et il éprouvera ainsi une première satisfaction ou de l'insatisfaction d'être un garçon ou d'être une fille.

Une part prédominante du programme de différenciation de l'identité sexuelle appartient à l'enfant lui-même, à ce qu'il fera de son être fille ou garçon, entre autres par l'élaboration de son image corporelle, sa facilité à adopter des comportements sexuels typiques, sa capacité à tenir compte des réactions et des attitudes de ses parents et des autres à son égard, ses sentiments de compétence et d'adéquation entre le fait d'être d'un sexe donné et celui de paraître de ce sexe.

Une fois différenciée chez l'enfant, l'identité sexuelle se confirmera à l'adolescence par l'intégration dans l'image corporelle des changements hormonaux de la puberté et par ses aptitudes à se relier aux autres et à soutenir une relation d'intimité. Lorsque des accidents de parcours sont advenus à l'une ou l'autre des étapes précédentes, les changements hormonaux de la puberté et particulièrement l'image corporelle qui en résulte viennent installer chez l'adolescent l'ambivalence, le doute et l'inquiétude quant à l'adéquation de l'être garçon ou fille. Selon l'état de l'identité sexuelle à l'adolescence, l'orientation sexuelle s'établira dans une recherche, soit pour rencontrer le ou la partenaire érotique de l'autre sexe, soit pour combler le manque d'identité propre et trouver la sécurité dans la fusion avec le même. Enfin le programme d'identification sexuelle s'accomplit avec l'entrée dans le rôle de parent et la reproduction d'un autre être humain.

Le rôle sexuel

Le rôle sexuel (la masculinité, la féminité) se présente comme l'expression publique de l'expérience intérieure fondant l'identité sexuelle et/ou la réponse de conformité aux attentes sociales de l'entourage. Toutefois dans sa forme la plus authentique, le rôle est à l'identité ce que le langage est à la pensée. Il sert à exprimer l'identité et est tout aussi utile à l'enfant que l'est sa parole pour énoncer sa pensée. Le rôle sexuel renvoie aux comportements, aux attitudes et aux traits de personnalité qu'une société définit comme masculin ou féminin, à partir de sa conception de certaines données biologiques généralement reconnues comme appropriées au rôle social de l'homme et de la femme dans un milieu donné.

Chez le jeune enfant, le rôle sexuel fait référence à des comportements spontanés[8] de garçon ou de fille et surtout à des comportements définis par son milieu comme étant masculins ou féminins. Il se manifeste à travers ses jeux symboliques et ses autres activités ludiques (jouets favoris, types de jeux) et aussi dans ses choix de vêtements[9]. Le rôle sexuel de l'enfant s'observe dans sa préférence pour les compagnons de jeu de son sexe ou pour ceux de l'autre sexe, dans ses gestes, postures et démarche, dans son implication ou non dans des jeux corporels (tiraillerie, bousculade, etc.) et dans son attitude générale face à l'agressivité corporelle. Le caractère approprié du rôle sexuel chez le jeune enfant se mesure à partir de comportements facilement observables: préférence pour les compagnons du même sexe, choix de rôles dans les jeux symboliques convenant à son identité sexuelle, attirance vers les jouets et les jeux reliés à l'expression de sa propre identité, gestes et postures corporelles appropriés, intérêt des garçons pour les jeux de bousculade et préférence chez les filles pour les jeux de langage (Zucker, 1985).

En somme, de tous les rôles sociaux de l'enfant, son rôle sexuel est le plus prégnant et le plus dense, car il étend ses ramifications à l'ensemble de son être: fonctionnement émotif, attitudes, processus cognitifs. Sans être l'esclave des attentes des autres, ni sous la tyrannie de ses propres caprices, l'enfant sain cherchera un juste équilibre entre l'expression spontanée de son identité sexuelle et son souci de participer au groupe de pairs et d'être reconnu par son entourage.

L'orientation sexuelle

L'orientation sexuelle fait référence à une gestalt de préférences de partenaires érotiques. Elle se précise surtout à l'adolescence même si déjà, la forme que donne l'enfant à son identité sexuelle, à partir de différents facteurs, prépare le terrain à son orientation sexuelle. Habituellement[10], le désir sexuel se porte de préférence vers les personnes de l'autre sexe (hétérosexualité) mais chez certaines personnes, la préférence va aux personnes de leur propre sexe (homosexualité), et d'autres encore disent n'avoir aucune préférence particulière pour l'un ou l'autre sexe (bisexualité ou ambisexualité).

L'orientation sexuelle ou le choix de partenaire sexuel ne découle pas automatiquement de l'identité sexuelle mais le lien entre l'un et l'autre n'est pas absent. Il est vrai qu'une personne homosexuelle n'a pas nécessairement une identité sexuelle inversée, même si l'homosexualité est souvent appelée inversion sexuelle. Cette appellation serait, selon nous, plus appropriée pour désigner la personne transsexuelle. La vie érotique n'est pas indépendante de la manière dont on vit son identité sexuelle. La souffrance d'appartenir à un sexe tout autant que l'inconfort lié à son identité sexuelle peuvent empêcher la vie érotique ou la diriger dans une voie autre qu'hétérosexuelle. Par ailleurs, une vie sexuelle active et satisfaisante renforce et conforte l'identité sexuelle.

La complémentation sexuelle

La complémentation sexuelle est un processus comprenant plusieurs étapes (toujours complémentaires à celles de l'identification sexuelle) au cours desquelles l'enfant renonce aux caractéristiques de l'autre sexe. L'enfant se différencie de l'autre sexe tout en s'individualisant dans son propre sexe: il s'agit de la complémentation tout comme l'identification visait la reconnaissance de son propre sexe (Money et Ehrhardt, 1972).

La complémentation sexuelle consiste en l'internalisation négative de l'autre sexe: c'est le «Je ne suis pas une fille» implicite dans le *«Je suis un garçon»*. Le *«Je suis un garçon»* résulte de l'identification et le *«Je ne suis pas une fille»*, de la complémentation sexuelle[11]. Il est donc important pour l'enfant que les deux sexes soient présents dans son entourage et de plus, que les hommes et les femmes soient aussi distincts et différents les uns des autres, quelle que soit la perception qu'a l'enfant de l'étendue de ces distinctions et différences. La complémentation à l'autre sexe sera harmonieuse si l'enfant considère essentielle pour lui et pour son entourage l'existence des deux sexes sans qu'aucun ne soit désavantagé (ni méprisé, ni rejeté) à ses yeux dans leurs qualités et leurs ressources biologiques, psychologiques ou sociales. Soulever chez un enfant la haine ou le mépris de l'autre sexe risque de faire obstacle au processus de saine complémentation à l'autre sexe; si son propre sexe est méprisé, cela entrave le développement sexuel de l'enfant et le fige dans une impression de vide qui peut éclater éventuellement en violence contre l'autre sexe.

Le besoin de différenciation de l'autre sexe qui permet une identité sexuelle harmonieuse soulève le délicat problème de l'influence de la monoparentalité ou des couples parentaux de même sexe (les parents homosexuels ou lesbiens) sur l'identification, la complémentation et l'identité sexuelle de l'enfant. L'enfant a besoin pour le développement sain de son identité et de son désir sexuel d'interagir fréquemment avec des personnes des deux sexes. S'il advient que des femmes ou des hommes seulement soient présents auprès de l'enfant, les parents devraient permettre que l'entourage familial fasse une place importante à des membres chaleureux et présents (parents ou amis) de l'autre sexe. Le féminin et le masculin doivent être présents dans l'univers de l'enfant. S'il y a «trop de mère et pas assez de père», tout comme «s'il y a trop de père et pas assez de mère», l'enfant n'a pas les repères nécessaires à son identification et à sa complémentation.

Le fait d'être de son sexe et ne pas être de l'autre sexe suppose l'intégration par l'enfant de sa nécessaire finitude. Reconnaître ses limites, établir ses frontières, perdre ses prétentions de toute-puissance font partie du développement sexuel harmonieux de l'enfant. C'est ainsi qu'il arrivera un jour à désirer l'autre sexe pour se donner dans l'amour et dans la rencontre érotique un furtif sentiment de complétude. Par ailleurs, le refus ou l'incapacité d'accepter ses limites, de se «complémenter» à l'autre sexe conduit à une identité sexuelle diffuse et vague. Il en résulte chez l'adolescent, et l'adulte plus tard, un affadissement du désir de l'autre, désir qui finit par s'éteindre au profit de la recherche d'identité par le rapprochement avec le même.

Devenir quelqu'un en devenant fille ou garçon

Devenir fille ou garçon fait partie du processus de devenir quelqu'un, de compter pour ceux à qui cela importe qu'elle ou qu'il soit là, et ainsi d'occuper une position dans le complexe réseau des relations humaines. L'identité sexuelle est une des sources les plus prégnantes de l'identité globale de l'enfant qui, en devenant garçon ou fille, devient aussi une personne. Simone de Beauvoir a écrit[12]: *«On ne naît pas femme, on le devient»*. Il faudrait ajouter comme le fait Chiland[13]: *«On ne naît pas homme, on le devient»*, et il importe selon nous de compléter en disant: *«On le devient, à savoir on se fabrique homme ou femme»* (1994). L'enfant construit son identité sexuelle. Sa sexualité et précisément son identité sexuelle ne sont pas uniquement le résultat de l'attitude des parents, des attentes sociales ou des forces biologiques. Les forces biologiques sont déjouées par la conscience[14], et les attentes sociales peuvent aussi être confrontées. Quant aux parents et aux éducateurs, ils ont beaucoup moins de pouvoir sur la destinée sexuelle de l'enfant qu'ils sont habitués à le croire. Chiland (1997a) reconnaît pour sa part cette construction de l'enfant même si elle voit l'influence des parents comme le premier ingrédient de cette construction.

L'identité sexuelle de l'enfant est en somme au coeur de sa sexualité et de son devenir. Un enfant qui possède un sens subjectif harmonieux de son identité sexuelle, qui est à l'aise dans son corps sexué et sexuel, qui se sent appartenir à son propre sexe, qui est assuré d'être reconnu comme garçon ou comme fille par les personnes significatives dans sa vie et qui se sent inscrit dans une perspective d'avenir, bénéficie d'une des meilleures garanties d'équilibre psychique, de santé mentale et d'enracinement dans la vie alors qu'il atteindra l'âge adulte.

Et lorsqu'il y a conflit

Lorsqu'un enfant souffre d'un conflit sur le plan de son identité sexuelle, s'il met en doute son appartenance ou perd le contentement d'être d'un sexe, l'ensemble de son expérience et de son devenir s'en trouve affecté. Les rebondissements sur ses relations interpersonnelles et sur son adaptation sociale sont souvent immédiats mais risquent surtout d'hypothéquer son avenir et sa vie adulte: transsexualité, transvestisme, homosexualité ou insatisfaction de l'être et de l'appartenance sexuelle (voir Bureau, 1998; Zuger, 1984). Même si l'enfant est le principal responsable de son conflit, les parents doivent aussi prendre conscience de leur rôle de facilitateur et/ou d'inhibiteur dans ce processus d'identification sexuelle de l'enfant, dans sa complémentation sexuelle et souvent dans la non-résolution de ses troubles (voir Bureau, 1998a).

Il importe d'attirer leur attention sur la nécessité de mettre des limites au comportement de l'enfant: ne pas permettre de fuite dans l'autre sexe par le travestissement, encourager l'enfant à développer le contentement d'être de son sexe et seulement du sien, sans envier les avantages rattachés à l'autre sexe (l'ailleurs meilleur), restreindre le choix trop exclusif de jeux et de jouets typiques de l'autre sexe et surtout l'emprunt de rôles propres à l'autre sexe dans les jeux symboliques. Ils doivent enfin savoir dire à l'enfant qu'ils l'apprécient en tant que garçon ou en tant que fille, qu'il leur est précieux dans son identité féminine ou dans son identité masculine et qu'ils tiennent à ce qu'il ne la sacrifie pas sous prétexte de leur faire plaisir.

Conclusion

Le sentiment d'être d'un sexe et celui d'appartenir à un groupe sexuel n'existe pas dans le vide. Il se fonde sur l'être particulier de l'enfant et il s'appuie sur toute la personne individualisée de l'enfant. Pour appartenir à la collectivité des garçons ou à celle des filles, il faut être d'abord un garçon particulier ou une fille particulière. C'est une manière d'être au monde qui repose sur un être au monde. Il en résulte que l'individualité doit avoir préséance sur la collectivité. Être garçon ou être fille à sa manière à soi, c'est le bien le plus précieux de l'individualité, lequel ne résulte pas de l'imprécision mais de la différenciation. Sans individualité, il n'y a pas de commune union, mais fusion avec le même. De là l'importance de chérir et de protéger l'individualité de tout enfant: c'est sa richesse en tant qu'autre et c'est aussi pour cela qu'il suscite l'élan à communiquer avec lui.

C'est un leurre de penser que l'harmonie entre les sexes se fonde sur l'absence de différences, sur la similitude entre garçons et filles ou entre hommes et femmes. L'harmonie tient dans l'intégration mais pour intégrer, il faut d'abord différencier la masculinitude et la féminitude. Si la préoccupation est trop grande de ne pas avoir ni de rencontrer de différences et si le souci de similitude est trop grand, les richesses des personnes individuelles disparaissent.

La prégnance de l'identité sexuelle pour la croissance harmonieuse de l'enfant est telle qu'elle mérite des soins et une attention éducative bien particulière. Seule la satisfaction d'être et d'appartenir à son sexe garantit chez l'adolescent et chez l'adulte le développement harmonieux de l'identité sexuelle et facilite la plénitude du désir sexuel et de l'intimité avec l'autre. Et ce contentement chez un enfant, tout comme celui de ses autres identités, se construit dans la nécessaire et même bienheureuse limite d'être d'un seul sexe mais de l'être pleinement: c'est là le zeste de vivre qui nous propulse vers le côté éloigné de notre finitude.❖

Referring to various work on sexual identity conflicts in children and adults, this article proposes an integrated perspective of sexual identity in childhood as a promise of an harmonious sexual development in the adolescent and later in adulthood. After defining the several dimensions of human sexuality, the author presents the stages of development of sexual identity and he discusses factors leading to a solid and grounded integration of sexual identity in children.

Notes

1. Il est à noter que les auteurs américains parlent plutôt d'identité de genre que d'identité sexuelle. Ils font la distinction entre le sexe et le genre. Chez les francophones, le genre fait plutôt spontanément penser à un type de personne («Il est d'un genre fermé, ou nerveux, ou accueillant!»). Les connotations américaines entourant le mot sex (to have sex) ne sont pas les mêmes qu'en français (avoir du sexe = avoir des relations sexuelles). Le genre tel qu'entendu en français est surtout une catégorie grammaticale qui est loin d'être universelle (voir Thinès et l'Empereur, l984; Bureau et al. 1989). Pour désigner les conflits de l'identité sexuelle dans l'enfance, l'Organisation mondiale de la Santé, dans la version française de sa

Classification Internationale des maladies (1992), ne fait d'ailleurs aucunement référence au genre mais bien à l'identité sexuelle.

2. C'est la constance de l'identité sexuelle. L'habileté des enfants à apprécier la nature invariante de leur identité sexuelle procède selon une série de stades de plus en plus sophistiqués qui dépendent pour une large part de la maturité cognitive (Kohlberg, 1966).

3. L'enfant évalue en termes affectifs tout ce qu'il est, tout ce qui lui appartient et tout ce qui le touche. Il trouve tout aussi bon et juste d'être un garçon qu'il trouve son père le meilleur au monde et ses jouets qui sont pour lui les plus fantastiques. Il s'agit d'un mécanisme propre à son développement cognitif: l'évaluation positive de ses appartenances (Kohlberg, 1966).

4. Mes travaux avec les enfants (voir Bureau 1976, 1994, 1998) et la recherche de ce qui constitue le fondement de l'identité sexuelle et du désir sexuel chez la personne humaine m'ont conduit à proposer qu'à la base de toute identité et de tout désir, on retrouve un plan de fond pour chaque personne: il s'agit des formes préférées par la personne elle-même et celles, complémentaires, qui sont préférées et recherchées par une autre personne.

5. L'enfant associe spontanément les formes rondes et circulaires à la féminité et les formes carrées et angulaires à la masculinité. Par exemple, le petit garçon se perçoit spontanément comme lui-même plus carré et plus angulaire et, lorsque son identité sexuelle sera bien installée et que, plus tard, commencera l'étape du désir, il désirera ce qui est différent de lui: des formes rondes et circulaires que l'on retrouve plus facilement chez la fille ou qui sont associées à la féminité.

6. Chiland (1997) n'aime pas ce recours à une nature féminine dont les hommes seraient exclus et on peut ajouter, d'une masculinitude dont les femmes seraient exclues. Mais l'appartenance à un peuple, à une race, à une culture et bien sûr à un sexe puise dans les qualités, les caractéristiques et les ressources spécifiques d'un peuple, d'une race, d'une culture, d'un sexe que les autres possèdent différemment ou autrement. Cela repose sur notre finitude et cela fait partie de l'altérité si nécessaire à nos interactions humaines pour nous ressourcer. L'altérité reconnue chez l'autre fonde le désir sexuel. Chiland (1997) introduit une distinction entre la sexuation, division du genre humain en deux sexes, et la sexualité, conjonction entre les sexes. Elle réserve l'adjectif sexué à la sexuation, et l'adjectif sexuel à la sexualité. Ce qu'elle considère comme l'identité sexuée objective qui est à la fois biologique et sociale et l'identité sexuée subjective qui est psychologique devient pour nous simplement l'expérience unique de l'identité sexuelle, cette prise de conscience d'être et d'appartenir à un sexe construite à partir d'éléments biologiques, sociaux et psychologiques.

7. voir Catherine Brémont, 1992 «Transsexualisme masculin et troubles de l'identité de genre, étude clinique de 124 sujets». Université René Descartes, faculté de médecine Cochin Port-Royal, citée par Chiland (1997).

8. Il existe une certaine force biologique ou un élan vital, encore mal défini, qui favorise la construction de l'identité sexuelle que fera l'enfant selon son sexe biologique (voir Stoller, 1968). Le cas souvent cité de l'assignation sexuelle comme fille d'un garçon dont le pénis fut brûlé lors de la circoncision et qui, malgré son éducation classique comme fille, alla à l'encontre de cette éducation et voulut être un garçon. Depuis l'âge de 14 ans, «elle» est redevenue un garçon et il est aujourd'hui légitimement marié à une femme. L'analyse de son évolution se trouve dans un article récent de Diamond et Sigmundson (1997).

9. Le terme «spontané» fait ici référence à certains comportements de l'enfant qui résultent de l'androgénisation (ou de son absence) du cerveau et des sentiers neurologiques (Money et Ehrhardt, 1972). Ce sont des comportements typiquement mâles ou typiquement femelles, par exemple la négociation de l'agressivité corporelle et certaines perceptions sensorielles.

10. Le vêtement n'est pas anodin. De tout temps, la division du travail est fondée sur l'âge et le sexe. Or, une des façons de marquer les distinctions entre les sexes est la manière dont les garçons et les filles, les hommes et les femmes se vêtent. Les vêtements des hommes et des femmes servent d'insignes ou de signaux du rôle sexuel de la personne qui les porte et ils indiquent qu'on doit s'attendre à tel comportement de rôle de la part de cette personne. Le vêtement sert aussi à d'autres usages reliés au climat, aux progrès technologiques, aux structures économiques, sociales et politiques et aussi au déploiement sexuel (voir Yalom et Yalom, 1971; Bureau, 1994).

11. Que l'orientation sexuelle soit en majorité à préférence hétérosexuelle s'explique par l'étayage de la sexualité érotique sur la sexualité de reproduction. Dans son fondement, la sexualité érotique est liée à la reproduction de l'espèce humaine qui implique qu'une personne d'un sexe réponde érotiquement à une personne de l'autre sexe.

12. La détermination qu'ont certains (De Beauvoir, 1949) à refuser la spécificité naturelle de l'homme et celle de la femme est souvent le résultat d'une crainte face à la différence sexuelle comme si cette différence impliquait nécessairement pour eux la domination d'un sexe sur l'autre et conséquemment, l'oppression de l'un par l'autre. Cette argumentation, malheureusement trop vraie pour certains, risque de laisser pour compte toute la richesse des spécificités différentes et de gêner éventuellement le développement harmonieux de l'individu sexué et le plein épanouissement de ses potentialités.

13. Dans *Le deuxième sexe*, 1949.

14. Voir Chiland, 1997a, p. 25.

15. Que l'on pense aux enfants pré-transsexuels qui, malgré un corps sain tout à fait approprié à leur sexe biologique, disent appartenir à l'autre sexe biologique (voir Bureau, 1998).

Références

Bureau J. Les troubles de l'identité sexuelle chez l'enfant et l'adolescent. In: Habimana E, Tousignant M, Ethier L. (eds) *Manuel de psychopathologie de l'enfant et de l'adolescent*. Montréal: Gaëtan Morin, éditeur, à paraître.

Bureau J. Le devenir du conflit d'identité sexuelle chez l'enfant: l'homosexualité, le travestisme et la transsexualité chez l'adulte. *Revue sexologique*. soumis pour publication, 70 p.

Bureau J. *L'irrésistible différence: l'homme et la femme*. Montréal: Les éditions du Méridien, 1994, 369 p.

Bureau J, Beaudoin R, Fallon Y. L'adaptation socio-économique et interpersonnelle et la satisfaction psycho-sexuelle pré et post conversion sociale, hormonale et chirurgicale de transsexuel(le)s mâles et femelles. Rapport présenté au Conseil de recherches en sciences humaines du Canada et au Conseil québécois de la recherche sociale, 1989, 290 p.

Bureau J. Identita sessuale e transsessualismo: tipologia dei candidati alla conversione sessualo. In: Passini W. (ed) *Sessualita e medecina*. Milan: G. Feltrinelli, 1981:569-606.

Bureau J. Conflits d'identité sexuelle chez l'enfant et l'adulte: diagnostic différentiel?. In: Birouste JP, Martineau JP. (eds) *Psychologie et Sexualité*. Toulouse: Privat, 1976:203-208.

Bureau J. L'ontogenèse sexuelle: tout l'humain y participe. *Études de sexologie: théorie et recherche*, Ottawa: Éducom. 1976a;1:45-54.

Chiland C. L'identité sexuée: clinique et méthodologie. In: Goslin PG, Lebovici S, Stork HE. (eds) *Garçons et filles, hommes et femmes: aspects pluridisciplinaires de l'identité sexuée; Mélanges en l'honneur de Colette Chiland*. Paris: P.U.F, 1997a:19-40.

Chiland C. *Changer de sexe*. Paris: Éd. Odile Jacob, 1997, 282 p.

De Beauvoir S. *Le deuxième sexe*. Paris: Gallimard, 1949, 2 vol., Vol. 1, 510 p.; Vol. 2, 560 p.

Diamond M, Sigmundson K. Sex reassignment at birth. *Archives of pediatric and adolescent medecine* 1997;151:298-304. Un résumé de cet article se retrouve sur le Wed à l'adresse suivante: http://www.nytimes.com/yr/mo/day/news/national/gender-surgery-sci.html.

Kohlberg LA. A cognitive-developmental analysis of children's sex-role concepts and attitudes. In: Maccoby E. (sous la dir.) *The Development of sex differences*. Stanford: Stanford University Press, 1966.

Money J, Ehrhardt A. *Man and woman, boy and girl: the differentiation and dimorphism of gender identity from conception to maturity*. Baltimore: Johns Hopkins University Press, 1972.

Organisation Mondiale de la Santé. *Classification internationale des maladies. 10ième revision. Chapitre V (F): Troubles mentaux et troubles du comportement. Descriptions cliniques et directives pour le diagnostic*. Paris: Masson, 1992, 368 p.

Stern DN. *Le monde interpersonnel du nourisson: une perspective psychanalytique et développementale*. Traduit de l'américain par Alain Lazartigues et Dominique Pérard. Paris: Presses universitaires de France, 1989, 381 p.

Stoller RJ. The "bedrock" of masculinity and feminity: bisexuality. *Arch Gen Psychiat* 1972;26:207-211.

Stoller RJ. Male childhood transsexualism. *J Amer Acad Ch Ppsychiat* 1968;7:93-209.

Thinès G, Lempereur A. *Dictionnaire général des sciences humaines*. Paris: Ciaco, 1984, 1034 p.

Yalom ID, Yalom M. Ernest Hemingway - A psychiatric view. *Arch Gen Psychiat* 1971;24:485-494.

Zucker KJ. Cross-gender identified children. In: Steiner BW. (ed) *Gender dysphoria: development, research, management*. New York: Plenum press,1985:75-174.

Zuger B. Early effeminate behavior in boys: outcome and significance for homosexuality. *Journal of nervous and mental disease* 1984;172(2):90-97.

Des enfants nous disent
ce qu'ils en pensent

A la question *"Qu'est-ce que ça veut dire, pour toi, être un garçon ?"* voici ce qu'un garçon de 8 ans nous a répondu :

- Être un garçon, c'est avoir les cheveux courts. On peut pas faire les bébés. On est plus sportif, parfois, on est plus fort.

Et, être une fille ?

- Les filles, c'est plus fragile; c'est égal mais ça a des manières différentes.

Qu'est-ce que les filles apportent aux garçons ?

la patience, la douceur

Qu'est-ce que les garçons apportent aux filles ?

la protection.

A la question *«Qu'est-ce que ça veut dire, pour toi, être une fille ?»* voici ce qu'une fille de 10 ans nous a répondu :

- Être une fille? Drôle de question... on est fille, c'est tout. On naît fille sans se demander pourquoi.

Les filles ont pas le même sexe (elles ont une vulve). Les garçons sont plus forts et un peu meilleurs en sport. Ils sont plus actifs et moins patients. Ils s'intéressent plus aux jeux vidéo.

Qu'est-ce que les filles apportent aux garçons ?

les bébés, la patience, la douceur

Qu'est-ce que les garçons apportent aux filles ?

les bébés, la force.

L'ambiguïté sexuelle à la naissance:

comment le parent s'y retrouve, comment l'enfant construit son identité

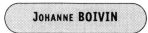

Johanne **BOIVIN**

L'auteure est psychiatre
chef du Service de consultation
liaison du Programme
de psychiatrie de l'hôpital
Sainte-Justine et
elle est professeure adjointe
de clinique au Département
de psychiatrie de l'Université
de Montréal.
Elle agit depuis cinq ans
comme consultante auprès
du service d'endocrinologie
de l'hôpital Sainte-Justine.

« *C'est un garçon*», «*c'est une fille*»... voilà bien la première phrase qu'entendent les parents lorsque naît leur enfant. Cette phrase en apparence sans trop de conséquences est un déterminant majeur qui aura des répercussions sur l'évolution de cet enfant. Mais qu'arrive-t-il si le médecin ne peut pas à la naissance, à cause d'une ambiguïté sexuelle, «annoncer» aux parents le sexe de leur enfant? Ou pire encore, si, après avoir «déclaré» l'enfant, fille ou garçon, on se ravise et on demande aux parents de ne pas répandre pour le moment la nouvelle dans la famille et auprès des amis. C'est un drame, et une vive inquiétude s'installe. Le moment de bonheur tant attendu se transforme en cauchemar. On ne comprend pas. Comment est-il possible que l'on ne sache pas le sexe de l'enfant?

Évaluation de l'enfant de sexe ambigu

Bien souvent dans ces cas, l'enfant est transféré dans un centre hospitalier de soins spécialisés. De son côté, la mère reste à l'hôpital quelques jours, à la suite de l'accouchement. Elle est donc privée de la présence de son bébé et se trouve seule, car le père a accompagné l'enfant afin de rencontrer les médecins.

Adresse : 3100, rue Ellendale, Montréal (Québec) H3S 1W3.

Qu'arrive-t-il si, à la naissance, le médecin ne peut annoncer aux parents le sexe de leur enfant, ou même encore, si après l'avoir "déclaré" fille ou garçon, il se ravise et demande aux parents de ne pas répandre la nouvelle dans la famille pour le moment? L'auteure décrit le processus d'évaluation et le rôle de l'équipe multidisciplinaire auprès de l'enfant et des parents tout au cours de cette démarche d'assignation d'un sexe, et dans certains cas, de chirurgie correctrice des organes génitaux, qui permettra à l'enfant de vivre une vie d'adulte le plus près possible de la normalité. Après avoir décrit les composantes qui contribuent à la formation de l'identité et fait état des troubles résultant d'une psychosexualité ambiguë chez certains intersexuels, elle fournit diverses recommandations pouvant faciliter la prise en charge de ces cas.

Quelle étrange sensation que de se savoir mère mais d'ignorer si l'enfant est une fille ou un garçon! Au moment de l'accouchement, quand le médecin a annoncé qu'il y avait «un problème», la mère a eu peur de perdre son bébé. Maintenant, elle est perplexe. Tout se bouscule dans sa tête. Qu'arrivera-t-il à son enfant? Que dire à la famille? Elle se sent envahie par la peur, la honte, la culpabilité.

Au moment de l'accouchement, le médecin bien souvent assignera un sexe au nouveau-né en insistant auprès des parents que c'est le sexe le plus probable et que l'évaluation confirmera ou non le sexe attribué. Les parents toutefois ne peuvent supporter cette attente et communiqueront à la famille le sexe de leur bébé sans parler d'ambiguïté sexuelle. Ils ne veulent pas que leur enfant soit perçu *«comme une bête étrange»*, *«comme un enfant ayant les deux sexes»*. Ayant eux-mêmes de la difficulté à comprendre le jargon médical, comment peuvent-ils le transmettre à leur entourage?

Rôle de l'équipe multidisciplinaire

L'équipe médicale, consciente de l'urgence de la situation et de la souffrance que ressentent les parents, met rapidement en place l'évaluation, qui ne devrait prendre que quelques jours. L'enfant sera examiné par un endocrinologue, un chirurgien, un urologue, parfois un généticien, et les parents rencontrent un pédopsychiatre.

Plusieurs examens en radiologie, des analyses sanguines - un caryotype - sont demandés. Ils apprendront que le sexe biologique de leur enfant est déterminé par plusieurs composantes. On parle d'abord du **sexe chromosomique**, à savoir la présence des chromosomes XY pour un garçon et XX pour une fille. Puis on leur parlera des **gonades**, c'est-à-dire de la présence d'ovaires ou de testicules, et de l'apparence des organes génitaux externes. Finalement, l'analyse des hormones déterminera si l'enfant a un blocage ou une surproduction d'hormones.

C'est cette discordance entre les différentes composantes du sexe biologique qui amène l'équipe médicale à parler d'intersexualité. Il faudra alors déterminer le sexe de ce nouveau-né en s'appuyant sur des considérations qui vont au-delà des chromosomes. Un exemple souvent cité est celui d'un bébé XY, chez qui il y a présence de testicules mais dont le pénis est absent. La plupart des équipes médicales assignent le sexe féminin à ce nouveau-né, car son évolution psychosexuelle risque ainsi d'être plus favorable.

Pendant quelques jours, les parents entendront parler de sexe chromosomique, gonadique, endocrinien. On leur demandera des renseignements sur leur histoire personnelle et familiale. C'est durant cette période que je rencontre les parents pour une première fois. La plupart collabore très bien, et un lien de confiance s'établit. Tout va tellement vite qu'il me semble essentiel de reprendre avec eux ce qu'ils comprennent du processus en cours.

Par la suite j'aborde l'histoire de la grossesse et de l'accouchement, ce qui favorise l'exploration des émotions et des angoisses vécues. Comment la mère le père s'expliquent-ils cette ambiguïté? Y a-t-il de la culpabilité, des craintes? Est-ce que cela amène un questionnement sur leur propre identité? Cette mère qui a été «garçon manqué» une bonne partie de son enfance se sent-elle remise en question par la présence d'un nouveau-né fille avec des organes génitaux masculinisés? Craint-elle subitement d'avoir elle aussi une «maladie», un «sexe incertain»? Comment le couple qui vit ce drame parvient-il à se soutenir mutuellement? Par ailleurs, ont-ils réussi à s'entendre sur l'information à donner à leurs proches? Ils sont souvent complètement démunis, ayant eux-mêmes de la difficulté à saisir ce que chaque spécialiste rencontré tente de leur expliquer.

Le reste de la rencontre sert à explorer la réaction des parents face à leur bébé. Avaient-ils durant la grossesse une préférence quant au sexe de l'enfant? Lors de l'échographie, avaient-ils voulu savoir le sexe du bébé? Comment le perçoivent-ils maintenant? Très fréquemment, les parents rapportent combien ils se sentent tristes alors que la vie autour d'eux se passe entre le rose et le bleu. Quand ils vont à la pouponnière, leur enfant a une petite couverture blanche et pas de prénom. La plupart des parents sont incapables de supporter l'incertitude. L'enfant sera perçu soit comme un garçon, soit comme une fille. *«Elle ressemble tellement à ma première, ce sera sûrement une fille».* Ou bien, *«A le regarder, il a tous les traits d'un garçon».*

Lors de cette première évaluation, les inquiétudes des parents se concentrent surtout autour du sexe que l'on choisira, de l'information qu'ils tentent de métaboliser et de transmettre à l'entourage. Ils ressentent souvent une grande anxiété face à l'avenir de ce bébé. A cette étape, la collaboration des parents est essentielle: ils doivent participer avec toute l'équipe pour que le sexe assigné soit bien accepté par eux. L'évolution du bébé s'en trouvera facilitée d'autant.

L'assignation du sexe

Lorsque tous les examens sont complétés, une rencontre avec les intervenants a alors lieu. L'analyse des résultats devrait permettre de répondre à cette simple question mais combien lourde de conséquences: *«Quel est pour ce bébé le sexe qui lui permettra de vivre une vie d'adulte le plus près de la normalité?»* Également, est-ce que les parents pourront accepter cette décision?

Au moment où le bébé devient enfin garçon ou fille, en général après deux ou trois jours, cette décision entraîne une déclaration au niveau social (enregistrement officiel). A ce moment, les parents aimeraient que la chirurgie correctrice des organes génitaux externes soit faite rapidement. Cette première étape se termine donc avec l'assignation officielle du sexe du bébé, le choix de son prénom et le retour à la maison avec l'enfant.

Les parents ressentent du soulagement mais également de la tristesse. *«Comment vivra-t-il sa vie sexuelle à l'âge adulte?»*, demande souvent le père. Ou encore, *«Comment réagira-t-elle à l'adolescence lorsqu'elle apprendra qu'elle est stérile?»*, dira la mère. Ils anticipent douloureusement la souffrance de leur enfant.

Au départ de l'hôpital, les parents doivent comprendre que l'assignation du sexe est définitive, c'est-à-dire qu'il n'est pas question d'une remise en cause du sexe si, durant la première année de vie, l'enfant présentait des comportements plus souvent associés à l'autre sexe. On insiste pour leur dire qu'il ne doit pas rester d'«ambiguïté» associée au sexe de cet enfant et que son développement en sera ainsi grandement facilité.

Il est alors convenu que je les reverrai dans six semaines, ce qui nous permettra d'apprécier entre autres le lien d'attachement et de répondre à d'autres inquiétudes. Cette rencontre est souvent faite conjointement avec l'endocrinologue. De façon générale, il est frappant de voir combien les parents se sont adaptés à leur nouveau-né. Souvent, le bébé est par exemple tout de rose vêtue, le prénom choisi ne comporte aucune ambiguïté et la manière dont ils nous parlent de leur enfant nous laisse croire que l'acceptation du sexe se passe bien.

Mais comment évoluent ces enfants? Avant d'aller plus loin, il est nécessaire d'apporter quelques définitions dans le but de ne pas perpétuer d'ambiguïtés à ce sujet.

Définitions des termes

Intersexualité: il s'agit d'une discordance entre les éléments normalement présents qui caractérisent le sexe somatique, à savoir le sexe chromosomique, le sexe gonadique (ovaire - testicule), le sexe hormonal, le sexe génital interne et le sexe génital externe.

Transsexualisme: le transsexuel est une personne d'un sexe biologiquement déterminé ayant des caractères secondaires correspondants et qui a souvent depuis l'enfance la conviction que toute sa personnalité appartient au sexe opposé.

Identité de genre: l'identité de genre est un état psychologique (masculinité – féminité). C'est la connaissance et la perception consciente ou inconsciente que l'on appartient à un sexe déterminé.

Rôle de genre: c'est l'expression publique de l'identité de genre. Celui-ci correspond aux attributs et caractéristiques reconnus comme socialement appropriés aux individus de sexe masculin ou de sexe féminin.

Évolution de ces enfants

Comment le bébé porteur d'une ambiguïté sexuelle à la naissance arrive-t-il à construire son identité de genre? Il le fera de la même façon que les enfants dont le sexe à la naissance ne portait pas à confusion. Reprenons dans cette optique les différentes composantes qui contribuent à la formation de l'identité.

Rôle de la biologie

La littérature récente tend à démontrer que les hormones présentes durant la période prénatale auraient une influence non pas sur la formation de l'identité de genre mais sur le tempérament. L'exemple le plus souvent cité est celui de l'hyperplasie des surrénales. Cette condition entraîne un excès d'androgènes en période prénatale, ce qui masculinise les organes génitaux externes chez les bébés filles.

Plusieurs études ont été réalisées sur des filles souffrant de ce syndrome. Les troubles de l'identité de genre sont rares. Par contre, il est souvent rapporté que les filles ont une apparence masculine et des intérêts plus souvent associés à ceux des garçons. A l'adolescence, dans la grande majorité des cas, l'identité est bien féminine mais plusieurs notent des difficultés dans leurs relations interpersonnelles (Kuhnle, Bullinger et Schwarz, 1995).

Un autre exemple est le syndrome d'insensibilité complète aux androgènes. Le patient dans ce cas a bien une formule chromosomique XY, des testicules placés dans l'abdomen, mais il existe une insensibilité des récepteurs à l'action des androgènes. Les organes génitaux externes ont donc une apparence féminine et bien souvent à la naissance, le problème n'est pas reconnu. Souvent assignés comme fille, ce sont pourtant des garçons avec un caryotype XY, des testicules et une production d'androgènes. C'est au moment de l'adolescence, parce que les menstruations sont absentes, que l'on découvre le problème. Bon nombre de ces enfants sont donc assignés filles et vivront sans un comportement masculin trop marqué dans ce sexe d'assignation.

Rôle du développement

Les différentes études sur le développement cognitif de l'enfant en rapport avec la formation de l'identité rapportent que c'est vers l'âge de deux ans que l'enfant devient capable de catégoriser les gens et qu'il montre une préférence pour les enfants de son sexe. C'est entre les âges de 2 et 4 ans que se consolide sa propre identité.

Rôle de la famille

L'enfant se développe au sein d'une famille, à la faveur de ses rapports verbaux et non verbaux avec ses parents qui le confirmeront dans son sexe d'assignation. Dans le cas des enfants intersexuels, plusieurs études tendent à démontrer que la correction chirurgicale des organes génitaux externes est essentielle pour que les parents n'adoptent pas une attitude ambiguë face à leur enfant.

Un bref retour historique nous montrera comment les choses ont évolué concernant l'importance de chacun de ces aspects. Au début du siècle, la notion de l'identité était liée au sexe biologique. Puis en 1945, Ellis arrive à la conclusion que l'identité se développe en harmonie avec le sexe assigné à la naissance. En 1950, Money va un peu plus loin et ajoute que l'identité se forme en continuité avec le sexe assigné et l'acceptation par les parents et l'entourage du sexe attribué à l'enfant.

Actuellement, un consensus s'est dégagé autour de l'évolution des enfants intersexuels. Si le parent accepte véritablement et avec cohérence le sexe d'assignation, le bébé développera une identité franche. C'est dans le quotidien que s'exprimera cette certitude des parents. Les échanges corporels, la façon de jouer avec l'enfant, les paroles échangées, les vêtements choisis, la coiffure, tout fera que cet enfant se sentira et affirmera appartenir à son sexe. Il cherchera à imiter le parent du même sexe.

L'ambiguïté des organes génitaux externes à cette époque, c'est-à-dire jusque vers 4 ans, aura peu d'influence sur l'organisation psychique de l'identité chez l'enfant. Par ailleurs, beaucoup de parents demandent une correction chirurgicale des organes génitaux externes afin de les rendre conformes au sexe assigné. L'interaction quotidienne entre le parent et son enfant est ainsi peut-être plus facile, moins ambiguë. Si les organes génitaux externes sont relativement conformes au sexe d'assignation et que le parent l'a accepté, cet enfant construira son identité dans le regard que lui renvoient ses parents. Si, par contre, l'enfant perçoit un doute, une inconsistance dans ses différents rapports avec ses parents, il aura du mal à construire son identité, qui demeurera dans ces cas «ambiguë» et floue.

La plupart des auteurs s'entendent pour dire que les troubles de l'identité chez les intersexuels sont souvent liés à l'incapacité des parents à adopter le sexe d'assignation avec continuité et authenticité. En général, l'enfant intersexuel présente peu de troubles de l'identité de genre, tel que défini par le DSM-IV. Leur prévalence est cependant un peu plus élevée que dans la population générale.

Le trouble de l'identité de genre associé à une condition d'intersexualité ne correspond pas complètement aux critères diagnostiques du DSM-IV. En effet, les difficultés apparaissent en général au moment de l'adolescence tandis que le trouble d'identité de genre doit par définition apparaître entre les âges de 2 et 4 ans. Il est à noter toutefois qu'aucune étude longitudinale n'a été réalisée sur une cohorte d'enfants intersexuels.

Kreisler (1970), dans un excellent article, rapporte l'histoire d'un adolescent de 17 ans qui, lors d'une consultation auprès d'un chirurgien pour correction d'un hypospadias, apprend au fil des rencontres avec différents consultants *«qu'il est en réalité une fille»*. On découvre alors une hyperplasie congénitale des surrénales. L'évaluation psychologique démontre que le patient a toutefois une identité masculine bien établie. L'adolescent réagit à l'annonce de son diagnostic et de son sexe biologique mais il persiste tout de même dans sa demande d'une chirurgie correctrice de son «hypospadias» car il souhaite avoir des relations sexuelles avec son amie. Selon l'auteur, cet adolescent a subi plusieurs chirurgies mais il n'a pas été possible de le réévaluer, le patient étant retourné dans sa région. L'évolution psychosexuelle de ce garçon s'est donc faite en accord avec son sexe d'assignation et à l'encontre de son sexe biologique. Dans ce cas, il n'avait jamais été question d'un changement de sexe.

Par contre, certains auteurs dont Kreisler, Stoller, et Money ont tour à tour rapporté des cas où l'évolution avait été moins favorable du point de vue de la construction de l'identité : on a parlé d'identification ambiguë, incertaine ou ambivalente. Stoller (1989) a introduit le terme d'identité hermaphrodite. Pour cet auteur, la condition d'ambiguïté est solidement établie dans la personnalité de ces patients qui se disent appartenir à un sexe douteux, à la fois masculin et féminin. Chiland (1997) parle d'un troisième sexe. Elle se demande si l'adaptation des intersexuels ou des transsexuels serait facilitée par la reconnaissance de trois sexes sociaux : le masculin, le féminin, et l'«autre». Elle pose la question mais son travail de clinicienne lui fait dire que ce n'est pas ce que ces patients veulent : ils veulent être homme ou être femme, et ne pas être exclus.

Comme le dit Kreisler, cette notion de psychosexualité ambiguë chez certains intersexuels est une réalité. Elle serait la conséquence non pas d'une condition somatique double, mais de l'incertitude et des contradictions qui ont touché l'enfant à propos de son sexe. Nous retrouvons ici encore une fois toute l'importance de l'environnement et des attitudes parentales face à ce bébé de sexe ambigu. Cette empreinte parentale organise très tôt la construction de l'identité de genre chez l'enfant, bien avant que celui-ci ait pris conscience de sa malformation génitale.

Il ne fait aucun doute que l'état d'ambiguïté sexuelle à la naissance entraîne des réactions profondes chez les parents. En s'appuyant sur leur histoire personnelle et leur propre identité, ceux-ci trouvent dans certains cas l'équilibre et les ressources nécessaires pour s'adapter à la situation et permettre à leur enfant une évolution favorable. Pour d'autres, le déséquilibre provoqué par cette ambiguïté amènera divers comportements inadaptés ou carrément pathologiques. Ils seront incapables d'accepter le sexe assigné. Par exemple, un enfant avec un testicule féminisant sera assigné garçon à la naissance. Sa mère accepte mal cette condition et l'enfant présente très tôt des problèmes d'agressivité, de retrait social, d'instabilité affective. La mère est persuadée que l'équipe médicale s'est trompée et cherchera pendant des années à faire changer le sexe de son enfant. Dans ces circonstances, on peut supposer que ses interventions quotidiennes seront pour le moins ambiguës avec son enfant.

Certains parents seront grandement aidés par les réactions de leur entourage : la réaction des proches et des amis pourra être facilitante et les aider à retrouver leur équilibre. Dans d'autres situations, la peur du jugement ou, pire encore, de la marginalisation amènera les parents à s'isoler et se couper de tout support extérieur. Il ne faut pas non plus oublier la réaction des autres enfants de la famille. Souvent, ils peuvent être déroutés par les réactions intenses des parents ou encore, un peu plus tard, s'interroger sur l'apparence des organes génitaux de leur frère ou de leur sœur et en éprouver de l'anxiété ou de la gêne.

En somme, l'évaluation initiale menant à l'assignation du sexe constitue la première étape d'une prise en charge qui se poursuivra durant plusieurs années. L'assignation du sexe d'un bébé né avec une ambiguïté sexuelle prendra en compte des critères médicaux mais elle accordera une importance majeure à l'évolution psychosexuelle de ce bébé et à sa capacité de fonctionner comme adulte, ainsi qu'à l'acceptation par les parents du sexe assigné. Par la suite, la chirurgie correctrice sera planifiée.

Lors de la prise en charge de ces enfants par une équipe, l'information devra être donnée à l'enfant au fur et à mesure de son développement cognitif et affectif. L'adolescence est une période où l'information à donner est essentielle et provoque de l'anxiété et de vives inquiétudes. On abordera la question du remplacement hormonal et de la chirurgie. C'est aussi à cette étape que l'on abordera la question de l'infertilité. Dans tous ces cas, il est avant tout important de suivre le rythme de l'enfant et de l'adolescent en question.

Recommandations

Face à un nouveau-né porteur d'une ambiguïté sexuelle, une approche en équipe est indispensable. Les recommandations que nous retrouvons le plus souvent mentionnées dans la littérature sont les suivantes:

1. En salle d'accouchement, face à un bébé avec une ambiguïté génitale, il est préférable de ne pas mentionner le sexe et d'expliquer aux parents très clairement qu'il est nécessaire d'attendre les résultats de tests qui devront être faits.

2. Très rapidement, les parents doivent être rencontrés et l'information donnée sur le développement sexuel du fœtus devrait les amener à comprendre l'anomalie en cause. Cette étape est essentielle pour dissiper de fausses conceptions qui

risquent de soulever beaucoup d'angoisse.

3. A cette étape, les parents doivent être aidés de façon à savoir quelle information transmettre à la famille.

4. Durant l'attente des résultats, les parents sont préoccupés par la question du développement psychologique de leur enfant. Il est important de les rassurer en insistant sur l'importance de leur acceptation du sexe qui sera déterminé (étape cruciale et difficile car liée à des désirs souvent inconscients des parents face à l'enfant).

5. Après avoir définitivement assigné le sexe de ce nouveau-né, l'équipe multidisciplinaire doit planifier la chirurgie correctrice le plus tôt possible afin que les organes génitaux externes soient le plus conforme possible au sexe assigné.

Concernant ce dernier point, je me dois de mentionner que certains auteurs tendent à recommander que la chirurgie ne soit pas faite durant le premier mois de vie et que l'on envisage de la faire à l'adolescence lorsque l'enfant pourra donner son consentement. Il me semble y avoir plus de risques d'une évolution défavorable pour ces enfants si on laisse l'«ambiguïté» planer jusqu'à la puberté.

D'autres auteurs et des associations vont encore plus loin en recommandant que le nouveau-né soit élevé sans désignation précise de sexe. Le développement «ambigu» se ferait jusqu'à l'adolescence et à ce moment, l'adolescent pourra choisir son sexe dit final, et de même, son orientation sexuelle et la chirurgie nécessaire selon le cas. L'Association des intersexuels de l'Amérique du Nord, faisant suite à un article de Fausto-Sterling publié en 1993, défend de plus en plus la notion d'un sexe ambigu. Pour cette association, l'intersexualité oblige à ne plus diviser le monde en filles et en garçons. On pourrait éventuellement se retrouver avec un éventail de sexes (l'auteur parle de trois sexes différents ou peut-être plus...)

Colette Chiland, dans son livre *Changer de sexe*, apporte des données anthropologiques intéressantes sur le troisième sexe. Les Inuit pensent qu'un fœtus peut changer de sexe en naissant. C'est la mère qui va décider du sexe de son enfant en fonction de ce qu'elle vit durant sa grossesse et de ses rêves. Ainsi un nouveau-né garçon pourra être déclaré fille à la naissance et élevé comme tel jusqu'à la puberté où interviendra à ce moment un changement de sexe. Les Hijras en Inde se disent être «entre les deux», ni homme ni femme. Au plan physique, leur organe mâle ne fonctionne pas et ils ne peuvent pas avoir d'enfant. Leur préférence va aux rôles sociaux féminins. Ils ne demandent pas à devenir des femmes. Ils vivent dans une communauté qui leur permet d'avoir un statut particulier. Finalement, les Berdaches, rencontrés dans des communautés nord-amérindiennes, seraient un autre exemple d'un troisième sexe.

On s'aperçoit donc qu'il n'y a pas d'unanimité autour de la prise en charge de l'ambiguïté sexuelle à la naissance. La majorité des études recensées recommande fortement que l'ambiguïté sexuelle soit traitée comme une urgence, que le sexe soit assigné très rapidement et la chirurgie correctrice faite aussitôt que possible. Ces recommandations assureront une évolution favorable du développement psychosexuel de l'enfant.

En effet, l'ambiguïté des organes génitaux externes risque de créer la confusion dans l'entourage de l'enfant et des attitudes inconsistantes dans l'éducation de l'enfant. Mais un article récent de Diamond et Sigmundson (1997) ne peut que questionner notre pratique et nous amener à souhaiter des études longitudinales sur différentes cohortes de patients, car une de leurs recommandations est de ne rien faire à la naissance et de laisser l'enfant décider lui-même de son avenir.

Je terminerai en citant Colette Chiland qui, dans son récent livre, écrivait: «*Le sentiment contemporain devant un intersexué n'est pas d'admiration devant un phénomène rare et prestigieux, il n'est pas non plus de rejet devant un phénomène tératologique, il est plutôt de tolérance et de compassion.*»❖

Gender assignment in cases of sexual ambiguity requires a multidisciplinary approach involving child and parent. The ultimate objective is to ensure the child the potential of normal psychosexual development with or without the need for corrective surgery. This article reviews the formative phases of sexual identity. The author focuses on the sequelae of psychosexual ambiguity and highlights appropriate practice guidelines.

Références

Castagnet F. Les intersexuels avec ambiguïté génitale externe. In : Lebovici S, Diatkine R, Soulé M. (eds.) *Nouveau traité de psychiatrie de l'enfant et de l'adolescent*. Paris : P.U.F., 1995 : 939-958.

Chiland C. *Changer de sexe*. Paris: Odile Jacob, 1997, 283 pages.

Diamond M, Sigmundson HK. Management of Intersexuality : Guidelines for dealing with persons with ambiguous genitalia.. *Arch Pediatr Adolesc Med* 1997; 151: 1046-1050.

Kreisler L. Les intersexuels avec ambiguïté génitale. *Psychiatrie de l'enfant* 1970; XIII(1)5-122.

Kuhnle U, Bullinger M, Schwarz HP. The Quality of life in adult female patients with congenital adrenal hyperplasia : a comprehensive study of the impact of genital malformations and chronic disease on female patients life. *Eur J Pediatric* 1995;154 :708-716.

Meyer-Bahlburg HFL. Gender Identity Development in intersex patients. *Child and Adolescent Psychiatric Clinics of North America* 1993;2(3) :501-513.

Stoller RJ. *Masculin ou féminin*. Paris: P.U.F., 1989, 362 pages. (*Presentations of gender* a été traduit de l'américain par Y. Noizet et C. Chiland)

Reiner WG. Sex Assignment in the Neonate with intersex or inadequate genitalia. *Arch Pediatr Adolesc Med* 1997;151: 1044-1045.

Des savants et leurs enfants contemplant le mystère de la complémentarité des Opposés. 17ᵉ siècle, British Museum.

Les troubles de l'identité sexuelle chez les enfants d'âge préscolaire : *une approche psychodynamique*

Susan J. BRADLEY
Kenneth J. ZUCKER

Psychiatre et chef de la Division de pédopsychiatrie à l'Hôpital Sick Children de Toronto, Susan J. BRADLEY est consultante au Child and Family Studies Centre ainsi qu'au Child and Adolescent Gender Identity Clinic du Clarke Institute et elle est professeure de psychiatrie à l'Université de Toronto.

Kenneth J. ZUCKER, Ph.D. est chef de clinique au Child and Adolescent Gender Identity Clinic du Clarke Institute et il est professeur agrégé au Département de psychiatrie de l'Université de Toronto.

Adresse: 555, University, Toronto (Ontario) M5G 1X8.

Selon la définition du DSM-IV (A.P.A., 1994), les troubles de l'identité sexuelle[1] (TIS) sont caractérisés par le fait d'une identification nette et persistante à l'autre sexe, laquelle est accompagnée de confusion ou d'un inconfort visible chez l'enfant à propos de son identité propre. L'identification à l'autre sexe est évaluée par l'examen de ce que dit l'enfant qui énonce son désir d'appartenir à l'autre sexe, sa préférence pour s'habiller, s'adonner à des jeux et des activités typiques de l'autre sexe et préférer des amis et des compagnons de jeux du sexe opposé au sien. On évaluera la présence d'inconfort chez l'enfant à propos de son propre sexe sur la base d'énoncés tel celui de vouloir être débarrassé de son pénis chez un garçon, ou de son vagin chez une fille, sur des attitudes telles que cacher son pénis ou démontrer une aversion marquée pour des activités ou encore des vêtements identifiés à son propre sexe.

De façon à éviter d'étiqueter des enfants qui, de façon occasionnelle, empruntent des comportements associés à l'autre sexe, ou dans le cas de filles «garçon manqué» qui aiment les jeux rudes ou les sports auxquels s'adonnent habituellement les garçons, il est essentiel d'évaluer l'étendue et la persistance de ces comportements. Les enfants chez qui on retrouve des TIS sont sans cesse préoccupés par des désirs, des activités

Les auteurs font une revue des recherches et des études portant sur les troubles de l'identité sexuelle chez les enfants d'âge préscolaire tout en faisant état de leurs propres travaux et de leur expérience clinique auprès de cette population. Ils traitent successivement des critères diagnostiques actuellement retenus dans ces cas, de l'âge d'apparition des problèmes, de leur étiologie, des troubles associés et des modalités de traitement. Le cas de John vient illustrer leur compréhension théorique et leur pratique dans ce domaine.

et des intérêts spécifiques à l'autre sexe, de telle sorte qu'ils ne parviennent pas à développer des intérêts et des compétences en lien avec leur propre identité sexuée.

Définitions des termes

L'identité de genre réfère au sentiment chez un individu d'être de sexe masculin ou féminin. Le comportement lié au rôle de genre réfère aux traits ou aux aspects comportementaux admis ou reconnus culturellement comme étant masculins ou féminins. Chez la plupart des enfants, on remarque une augmentation des comportements typiquement associés à leur propre sexe vers l'âge de quatre ou cinq ans. Ces conduites deviennent moins rigides à mesure que l'enfant développe une compréhension plus large des comportements normalement liés au masculin et au féminin. Cependant les enfants continuent d'aimer mieux jouer avec des compagnons du même sexe qu'eux (Serbin et al., 1993) et ils tendent à rejeter les enfants qui ont des comportements autres que ceux habituellement identifiés à leur propre sexe (Zucker et al., 1995).

L'identité sexuelle renvoie à la notion que chacun a de lui-même comme étant hétérosexuel, homosexuel ou bisexuel, alors que l'orientation sexuelle définit le choix d'objet qu'un individu considère comme sexuellement attirant.

Âge d'apparition et comportements précoces

Lorsqu'ils viennent consulter, les parents rapportent en général que leur enfant a *toujours été comme ça*. Ils décrivent que leur fils était intéressé par les souliers, les bijoux et autres accessoires féminins appartenant à la mère, cet intérêt s'étant manifesté souvent aussi tôt qu'à l'âge de deux ou trois ans. Dans certains cas, les parents auront noté que l'enfant a connu une période où il se montrait intéressé par des comportements caractéristiques de son sexe mais qu'il les a abandonnés et est devenu préoccupé par des activités propres à l'autre sexe, ce changement coïncidant avec la survenue d'un stress tel la naissance d'un frère ou d'une soeur ou avec l'apparition de dépression chez la mère.

Dans le cas de petites filles, leur comportement précoce le plus marqué tient souvent dans un refus complet de porter des robes, y compris pour assister à un événement tel qu'un mariage ou une fête. Puis, arrivées à l'âge où les enfants prennent connaissance des différences entre les sexes, ces fillettes n'en persisteront pas moins à dire, contre toute évidence, qu'elles ont un pénis et pas de vagin, allant souvent jusqu'à se mettre en position debout pour uriner.

Prévalence des troubles selon le sexe

Malgré le fait que, dans la population générale, les filles expriment plus souvent que les garçons le désir d'appartenir à l'autre sexe, dans les populations cliniques, le ratio garçon/fille est de 7:1. Cet écart ne semble pas être dû à des différences dans les variables démographiques tels que le statut socio-économique, les mauvaises relations entre pairs ou la présence d'autres troubles chez les sujets étudiés. En s'appuyant sur le fait que les filles des échantillons cliniques affichaient plus de comportements franchement associés à l'autre sexe, Zucker et al. (1997) concluent à une attente plus longue avant de venir consulter dans le cas des filles, par opposition aux garçons atteints de ces troubles.

Troubles associés

En se rapportant aux réponses des parents au *Child Behavior Checklist* (CBCL) (Achenbach et Adelbrock, 1983), on a relevé un taux plus élevé de troubles comportementaux chez les enfants atteints de TIS que chez leurs frères et soeurs. Les garçons plus âgés ont eu plus de troubles que les garçons d'âge préscolaire qui ne différaient pas en ceci des enfants de groupes témoins. Les garçons chez qui on notait d'autres pathologies avaient plus souvent des troubles intériorisés contrairement aux filles atteintes de TIS qui souffraient autant de troubles intériorisés que de troubles extériorisés (Zucker et Bradley, 1995). Coates et Person (1985) ont souligné le haut niveau d'anxiété de séparation chez les garçons avec TIS, correspondant à des scores élevés à l'échelle des troubles intériorisés du CBCL.

Plusieurs recherches ont noté une fréquence plus élevée de dépression et d'autres troubles chez les parents d'enfants atteints de TIS comparés à des parents témoins et, de même, les premiers signalaient plus de difficultés telles qu'énumérées sur les listes de symptômes, en comparaison avec les parents appartenant à des groupes cliniques témoins (Marantz et Coates, 1991; Wolfe, 1990; Mitchell, 1991, Zucker et Bradley, 1995). Ces difficultés sont relativement non spécifiques mais viennent confirmer les impressions cliniques, à savoir qu'il existe des stress significatifs dans ces familles.

Pronostic

Dans l'étude de suivi de 44 garçons avec TIS menée par Green (1987), 75% d'entre eux rapportaient une orientation à prédominance homosexuelle ou bisexuelle. Ces chiffres correspondent à ceux retrouvés dans les enquêtes rétrospectives faites auprès d'hommes homosexuels qui disaient avoir eu des comportements féminins dans leur enfance (Bailey et Zucker, 1995). Un seul garçon de l'étude de Green a demandé un changement de sexe au cours de l'adolescence.

Dans notre clinique, nous avons suivi 45 enfants atteints de TIS, et 6 d'entre eux ont demandé un changement de sexe. En général, les comportements franchement identifiés à l'autre sexe semblent diminuer à mesure que vieillissent les enfants, et notre impression clinique est que dans les cas où ils persistent, les parents ont été plus tolérants ou se sont montrés moins capables de limiter ces comportements.

Etiologie

Facteurs biologiques A cause du rapport existant entre homosexualité et TIS et de la rareté des recherches sur les facteurs biologiques associés aux TIS, nous traiterons ici des études sur l'homosexualité, les TIS et d'autres troubles associés, tel que l'hyperplasie congénitale des glandes surrénales.

La théorie hormonale prénatale est le cadre conceptuel principal pour la compréhension des différences de sexe et de genre chez les individus aussi bien hétérosexuels qu'homosexuels. Selon cette théorie, on croit que les hormones sexuelles prénatales, agissant à une période critique dans le développement du cerveau, influencent l'adoption d'un comportement approprié au sexe du sujet et possiblement son orientation sexuelle (Dorner et al., 1975). Pour vérifier cette théorie hormonale, des études ont été réalisées sur des sujets homosexuels et transsexuels, où l'on cherchait à apprécier la capacité des oestrogènes à induire la sécrétion de LH par l'hypothalamus (*positive estrogen feedback effect*)[2]. Ces études ont donné des résultats contradictoires (Byne et Parsons, 1993). D'autre part, des différences dans le volume des structures du cerveau, possiblement reliées à la théorie hormonale prénatale, ont été rapportées chez des hommes homosexuels par LeVay (1991) et dans d'autres recherches, mais ces résultats n'ont pu être reproduits.

Autre résultat consistant avec la théorie hormonale prénatale, on a rapporté chez les femmes qui ont une hyperplasie congénitale des glandes surrénales (trouble qui entraîne une exposition à des taux élevés d'androgènes durant la vie intra-utérine) plus de comportements masculins au cours de l'enfance (Berenbaum et Hines, 1992; Collaer et Hines, 1995) et une fréquence plus élevée de fantaisies homosexuelles dans l'âge adulte que chez leurs soeurs non exposées (Dittmann et al., 1992; Zucker et al., 1996). Nos données relatives aux traits de tempérament chez des enfants avec TIS vont dans le même sens : les garçons avec TIS obtenaient des scores plus faibles que les garçons témoins relativement au niveau d'activité et à la participation à des jeux rudes, alors que les filles avec TIS avaient des scores plus élevés que les groupes témoins et que les garçons atteints de TIS (Zucker et Bradley, 1995).

D'autres études ont émis l'hypothèse d'une composante héréditaire dans l'homosexualité, mais il s'agissait de recherches portant sur la famille (Bailey et al., 1993) ou sur la génétique moléculaire (Hamer et al., 1993), et donc moins liées à un horizon théorique spécifique.

Le nombre moyen de frères et soeurs et le rang dans la fratrie diffèrent dans les études sur les homosexuels et les hétérosexuels. Chez les hommes et les garçons avec TIS, on relève plus de frères que de soeurs (Blanchard et Sheridan, 1992; Zucker et al., 1997). Les hommes homosexuels (avec et sans TIS) et les garçons avec TIS occupent un rang plus éloigné dans la fratrie que des sujets cliniques contrôles (Blanchard et Bogaert, 1996; Blanchard et al., 1995).

Même si l'on ne possède pas de preuve concluante à l'effet qu'un facteur biologique contribuerait aux TIS ou qu'il en serait la cause, les données actuelles suggèrent l'existence d'une vulnérabilité chez certains enfants. La nature de ce facteur hérité ou biologique n'est toutefois pas claire. Devant les antécédents familiaux de troubles affectifs et d'abus de substances retrouvés dans ces cas, nous avons, quant à nous, proposé que ces enfants étaient vulnérables psychologiquement et susceptibles d'avoir des difficultés à réguler leurs émotions, ceci pouvant entraîner au moins en partie une vulnérabilité aux TIS (Zucker et Bradley, 1995).

      Facteurs psychosociaux Depuis les premières études menées par Money et les Hampson (1955) sur l'évolution psychosexuelle de ces enfants, le concept de **sexe d'assignation** et d'éducation a occupé une place importante dans les recherches sur le genre. Même si cette théorie a été contestée (Imperato-McGinley et al., 1979; Diamond et Sigmundson, 1997), sa prémisse fondamentale voulant que les enfants assument l'identité dans laquelle ils ont été élevés de façon non ambiguë, apparaît encore valide.

Dans notre clinique, nous sommes frappés par les difficultés qu'éprouvent certains parents à assumer leur déception suivant la naissance d'un enfant qu'ils avaient souhaité de l'autre sexe. Dans notre population, aussi bien que dans celle étudiée par Green (1987), on relève un silence ou une passivité de la part des parents au moment de détourner ou de dissuader l'enfant de comportements de l'autre sexe, et alors même que ces comportements sont évidents.

Même si l'on ne peut encore que spéculer sur les raisons expliquant cette attitude des parents, nous croyons qu'il existe des facteurs d'ordre dynamique qui les amènent à tolérer ou même à encourager chez l'enfant des comportements de l'autre sexe. Selon nos observations, le fait chez certains parents d'avoir été privés de soins maternels dans leur enfance les amène à voir les femmes comme plus maternantes et ainsi à entretenir ces traits chez leur garçon qui peut être prédisposé à adopter des comportements féminins. D'autres parents qui semblent réagir fortement à l'agressivité masculine feront montre d'une attitude décourageant même une assertivité masculine normale (Zucker et Bradley, 1995). Certains facteurs tels qu'un attachement non confiant semblent aussi jouer un rôle dans cette problématique (Birkenfeld-Adams, données non publiées). On a également relevé une distance dans la relation père-fils chez des garçons avec TIS (Green, 1987) et chez des hommes homosexuels (Friedman, 1988).

Les filles atteintes de TIS ont été moins étudiées, en partie parce qu'elles consultent moins souvent que les garçons. Un sujet assez fréquent dans les familles où des filles sont atteintes de TIS est celui de l'agressivité masculine. Les filles avec TIS semblent s'identifier à l'agresseur et souvent, on retrouve chez elles des fantaisies associées au fait de vouloir protéger leur mère et d'autres femmes (Bradley, 1985).

Formulation psychodynamique

Selon le modèle de compréhension des TIS développé à partir de notre approche psychodynamique, ces troubles se situent au confluent de divers facteurs qui accroissent l'insécurité chez l'enfant, tels qu'un lien d'attachement de type non sécurisant, une hyperréactivité au stress acquise constitutionnellement ainsi que des facteurs familiaux ou situationnels susceptibles d'exposer l'enfant et la famille à un stress élevé. En général, ces parents ont des difficultés à mettre des limites devant des comportements indésirables chez leurs enfants, incluant celui de s'adonner à des activités propres à l'autre sexe. Il en résulte un niveau important de frustration dirigée vers l'enfant que celui-ci, particulièrement sensible, perçoit comme du rejet ou des critiques de la part de ses parents.

Tous ces éléments accroissent l'anxiété de l'enfant et le risque qu'il cherche un moyen ou une voie d'apaisement à son anxiété. Des facteurs familiaux plus spécifiques peuvent alors faire en sorte que la solution trouvée par l'enfant implique l'adoption de comportements propres à l'autre sexe qui lui procurent le soulagement recherché. En laissant l'enfant entretenir ces fantaisies comme moyen de calmer son angoisse de séparation ou son anxiété générale et diffuse concernant sa propre valeur, on risque que ces comportements se trouvent renforcés et finalement intégrés à la personnalité de l'enfant.

Traitement

Suivant la formulation esquissée ci-haut, le traitement devrait consister en une aide apportée aux parents afin qu'ils puissent amener leur enfant à trouver d'autres moyens pour rétablir son sentiment de sécurité. Il faudra d'abord faire en sorte que l'enfant comprenne bien que ses parents désirent qu'il appartienne au sexe qui est le sien. Les parents encourageront l'enfant à participer à des activités et des rencontres avec d'autres enfants du même sexe. On suggérera aussi d'organiser des activités avec le parent du même sexe et de proposer celles que l'enfant et le parent aiment particulièrement. Les comportements référant à l'autre sexe seront découragés mais sans sévérité excessive.

Nous croyons que si l'on permet à l'enfant d'adopter des comportements et des activités associés à l'autre sexe en tant que stratégie pour faire face à son anxiété, il deviendra de plus en plus difficile de l'en détourner ensuite. En même temps, on doit aider les parents à trouver des moyens de soutenir l'identité liée au sexe biologique de l'enfant. Plusieurs familles ont besoin de soutien pour apprendre à imposer des limites devant des comportements indésirables chez leur enfant, cette démarche étant souvent vue comme une source de stress dans la relation parent-enfant. Ces enfants étant très sensibles à la colère ou à la critique, il apparaît nécessaire de réduire les tensions afin de favoriser le sentiment de sécurité chez l'enfant.

Certains enfants pourront avoir besoin de psychothérapie individuelle pour résoudre leurs conflits personnels, apprendre à se sentir plus confortables avec l'expression de leur colère et comprendre qu'il existe d'autres moyens de se sécuriser que d'emprunter des comportements de l'autre sexe. Comme il est difficile pour des parents de faire cette démarche, nous leur recommandons et recherchons avec eux des formes de soutien pour travailler les sentiments qui peuvent interférer avec leur rôle, et plusieurs parents peuvent dans cette optique bénéficier de thérapie de soutien ou de counselling.

Il n'existe pas de recherches contrôlées sur le traitement d'orientation dynamique d'enfants atteints de TIS. Zucker et al. (1985) ont analysé les données provenant de cas suivis pendant un an à notre clinique et ils concluent que la participation des parents au traitement est corrélée avec une diminution des comportements associés à l'autre sexe. Les approches behaviorales, utilisées plus largement dans les premières recherches dans ce domaine, semblent entraîner une diminution des comportements (Rekers, 1977). Coates (1992, 1997) a publié plusieurs travaux fondés sur une approche d'inspiration dynamique offerte à l'enfant et à sa famille et elle fournit des illustrations de cas fort éclairantes pour ceux qui seraient intéressés par cette démarche thérapeutique. Zucker et Bradley (1995) ont eux aussi présenté des vignettes cliniques qui peuvent être utiles à l'évaluation, la formulation diagnostique et le traitement de ces enfants.

Illustration clinique

John est un garçon âgé de 4 ans qui occupe le second rang dans une fratrie composée d'un frère aîné âgé de 7 ans et d'une petite soeur âgée de 2 ans. Il vit avec ses deux parents. Nous le recevons à la clinique pour une évaluation demandée en raison de comportements fortement associés à l'autre sexe. La mère a noté qu'au cours de la dernière année, il porte fréquemment une chemise sur sa tête en prétendant qu'il a des cheveux longs, dit souvent qu'il est une fille, joue le rôle d'une des femmes dans les Power Rangers, s'amuse avec des poupées Barbie, se montre fasciné par des héroïnes féminines, veut mettre du poli à ongles et dit que le rose est sa couleur favorite.

L'intérêt du garçon pour des activités et des vêtements féminins a débuté peu après la naissance de sa soeur. Suivant son congé de maternité, la mère est retournée au travail mais le fait de ne pas retrouver son ancien poste l'a déçue et fâchée. John et sa petite soeur étaient confiés à une gardienne qui s'occupait davantage du bébé que du petit garçon. Les parents se rappellent que cette période a été très stressante pour John qui se plaignait que les garçons le battaient et le mordaient.

La mère nous mentionne sa déception au moment de la naissance de John. Elle avait déjà eu un garçon et admet qu'elle aurait bien voulu avoir «une petite fille pour la pouponner». Le père a pour sa part senti que sa femme était «déprimée» après la naissance de l'enfant. Celle-ci a trouvé difficile de s'occuper de ses deux fils, surtout de John qu'elle décrit comme un enfant très exigeant. Par contre, elle s'est sentie très heureuse au moment de la naissance de sa fille mais, ressentant que ceci troublait John, elle s'était efforcée de contenir sa joie.

Au moment de l'évaluation, la mère se dit stressée et clairement dépassée par les tâches parentales. Elle se rend compte qu'elle crie constamment. Son mari est, selon elle, peu soutenant et le couple reconnaît que leur relation est en difficulté. Le père mentionne que la relation avec son fils aîné est plus facile que celle qu'il entretient avec John, même s'il lui semble que ce dernier commence à manifester plus d'intérêt à être en contact avec lui. La mère, en particulier, ne sait comment réagir devant les comportements féminins de John et se dit incapable de mettre des limites, craignant les réaction de son fils.

Dans les antécédents maternels, on relève chez la mère une relation de dépendance vis-à-vis de sa propre mère et un lien de type évitant avec son père, alcoolique, dont elle craignait la violence lorsqu'il avait bu.

Notre formulation est la suivante: John a établi un lien de type insécurisant avec sa mère qui l'a trouvé difficile au cours des premières années. Puis, l'incapacité chez la mère à mettre des limites a mené à une relation conflictuelle et coercitive avec ses deux garçons, laquelle s'est aggravée avec les désaccords entre les parents au sujet de la discipline à exercer auprès des enfants.

John, qui semble recevoir moins de soutien de la famille, manifeste sa colère par des pleurs, des comportements exigeants qui soulèvent beaucoup de frustrations chez la mère. Cette situation, s'ajoutant aux tensions et à la discorde entre les époux, augmente encore l'insécurité du garçon. La valorisation évidente de sa fille, qui relève chez la mère d'un grand besoin de materner, a dû laisser entendre à John qu'il aurait été davantage apprécié et moins critiqué s'il avait été une fille. Par ailleurs, sa préférence affichée pour des activités et des comportements féminins n'a pas été découragée et semble s'être étendue en raison de l'absence de limites posées par les parents devant ses comportements.

Le fait de s'habiller en fille et les préoccupations autour du fait d'être une fille apaisent l'anxiété de l'enfant mais interfèrent avec le développement de son identité de genre, entretenant chez lui un sentiment de confusion. En laissant durer cette situation, John ne pourra se définir comme garçon et développer les compétences nécessaires pour se relier avec d'autres garçons. Ceci aura pour conséquence de l'isoler de ses pairs et de renforcer chez lui le besoin de rechercher des solutions dans ses fantaisies pour contrer son insécurité sur sa propre valeur et réduire son anxiété au moment d'engager des contacts sociaux avec des pairs.

Parmi les recommandations faites aux parents, l'une concernait le placement des enfants dans un autre type de gardiennage, de même qu'une aide permettant aux parents de comprendre le comportement de John et d'apprendre à imposer des limites devant certains comportements de leurs enfants. Les parents furent encouragés à trouver des moyens pour limiter sans sévérité les comportements féminins et encourager John à adopter des attitudes appropriées à son sexe. On suggéra au père de consacrer plus de temps à son fils de façon à renforcer l'identification de ce dernier à son père. Nous avons aussi recommandé une thérapie de jeu pour l'enfant et une démarche de counseling afin d'aider les parents à résoudre leurs problèmes de couple et à faire face aux questions posées par l'éducation des enfants.

Il existe actuellement un débat touchant l'aspect éthique du traitement des enfants qui présentent des problèmes d'identité sexuelle, dans la mesure où ces troubles seraient liés à l'homosexualité plus tard. Nous sommes d'avis que les troubles de l'identité sexuelle ne sont pas simplement une manifestation précoce de l'homosexualité. Devant la détresse évidente et les autres difficultés, parmi lesquelles le rejet par les pairs, dont souffrent ces enfants, nous croyons qu'ils devraient recevoir le traitement auquel ils ont droit. Nous prenons d'ailleurs soin d'indiquer aux parents qu'il n'existe aucune donnée démontrant que le traitement des troubles chez leur enfant influence le choix éventuel de son orientation sexuelle.

Conclusion

Les troubles de l'identité sexuelle sont complexes et se situent vraisemblablement au confluent de facteurs biologiques et psychososiaux. Il est important de traiter ces comportements afin de permettre à l'enfant de se sentir plus confortable dans sa famille et dans son groupe de pairs; on devrait tenir compte des troubles associés et être attentif à l'émergence éventuelle du désir de changer de sexe. Il n'apparaît pas qu'un tel traitement puisse affecter la future orientation sexuelle chez ces enfants. Une approche combinée utilisant des modalités thérapeutiques de type psychodynamique, behavioral et familial semble être la plus appropriée dans ces cas.❖

Traduit par Denise Marchand et Johanne Boivin

The authors provide an overview of the literature on Gender Identity Disorder in early childhood and set it in the context of their experience in a clinic for children with GID. Aspects of the diagnosis of GID are discussed including age of onset and early behaviours, associated psychopathology, etiology, formulation and treatment. Interventions include parents counselling and dynamically oriented therapy for these children and their family. A case vignette serves to illustrate their theoretical framework and practice in this domain.

Notes

1. Aux côtés des expressions identité sexuelle, qui appartient à la terminologie classique, et identité de genre, qui est littéralement tirée de l'anglais, Chiland a proposé récemment le terme d'identité sexuée.

2. Les mécanismes d'action des androgènes qui favorisent le développement du cerveau «masculin» se retrouvent à différents niveaux. Les androgènes empêcheraient les oestrogènes d'agir au niveau hypothalamique et ainsi bloqueraient la sécrétion de LH.

Références

Achenbach TM, Edelbrock C. *Manual for the Child Behavior Checklist and Revised Child Behavior Profile*. Burlington, VT: University of Vermont, Department of Psychiatry, 1983.

American Psychiatric Association *Diagnostic and Statistical Manual of Mental Disorders (DSM-IV)*. Washington, DC: American Psychiatric Association, 1994.

Bailey JM, Zucker KJ. Childhood Sex-typed behavior and sexual orientation: A conceptual analysis and quantitative review. *Developmental Psychology* 1995; 31:43-55.

Bailey JM, Pillard RC, Neale MC, Agyei Y. Heritable factors influence sexual orientation in women. *Arch Gen Psychiat* 1993;50:217-223.

Berenbaum SA, Hines M. Early androgens are related to childhood sex-typed toy preferences. *Psychological Science* 1992;3:203-206.

Blanchard R, Sheridan PM. Sibship size, sibling sex ratio, birth order, and parental age in homosexual and nonhomosexual gender dysphorics. *J Nerv and Ment Dis* 1992;180:40-47.

Blanchard R, Zucker KJ, Cohen-Kettenis PT, Gooren LJG, Bailey JM. Birth order and sibling sex ratio in two samples of Dutch gender-dysphoric homosexual males. *Arch Sex Behav* 1996;26:495-514.

Blanchard R, Bogaert AF. Homosexuality in men and number of older brothers. *Am J Psychiat* 1996;153:27-31.

Birkenfeld-Adams A. Quality of attachment in young boys with gender identity disorder. Doctoral dissertation proposal. York University, Downsview, Ontario, 1992.

Bradley SJ. Gender disorders in childhood: A formulation. In: Steiner BW. (ed) *Gender dysphoria: Development, research, management*. New York: Plenum Press, 1985:175-188.

Byne W, Parsons B. Human sexual orientation: The biologic theories reappraised. *Arch Gen Psychiat* 1993;50:228-239.

Coates S. The etiology of boyhood gender identity disorder: An integrative model. In: Barron JW, Eagle MN, Wolitzky DL. (eds) *Interface of psychoanalysis and psychology*. Washington, DC: American Psychological Association, 1992:245-265.

Coates S, Person ES. Extreme boyhood femininity: Isolated behavior or pervasive disorder? *J Am Acad Child Psychiat* 1985;24:702-709.

Coates S, Wolfe S. Gender identity disorders of childhood. In: Noshpitz JD. (ed) Handbook of Child and Adolescent Psychiatry. Volume 1: Greenspan S, Wider SA, Osofsky J. (eds) *Infants and Preschoolers: Development and Syndromes*. New York: J. Wiley and Sons, 1997:452-472.

Collaer ML, Hines M. Human behavioral sex differences: a role for gonadal hormones during early development? *Psychological Bull* 1995;118:55-107.

Diamond M, Sigmundson HK. Sexual identity and sexual orientation in children with traumatized or ambiguous genitalia. *J Sex Research* 1997;34(2):199-211.

Dittmann RW, Kappes ME, Kappes MH. Sexual behavior in adolescent and adult females with congenital adrenal hyperplasia. *Psychoneuro-endocrinology* 1992;17:153-170.

Droner G, Rohde W, Stahl F, Krell L, Masius WG. A neuroendocrine predisposition for homosexuality in men. *Arch Sex Behav* 1975;4:1-8.

Friedman RC. *Male homosexuality: A contemporary psychoanalytic perspective*. New Haven, CT: Yale University Press, 1988.

Green R. The *«sissy boy syndrome» and the development of homosexuality*. New Haven, CT: Yale University Press, 1987.

Hamer DH, Hu S, Magnuson VL, Hu N, Pattatucci AML. A linkage between DNA markers on the X chromosome and male sexual orientation. *Science* 1993; 261: 321-327.

Imperato-McGinley J, Peterson RE, Gautier T, Sturla E. Androgens and the evolution of male-gender identity among male pseudo-hermaphrodites with 5-alpha-reductase deficiency. *New England Journal of Medicine* 1979a;300:1233-1237.

LeVay S. A difference in hypothalamic structure between heterosexual and homosexual men. *Science* 1991;253:1034-1037.

Marantz S, Coates S. Mothers of boys with gender identity disorder: A comparison of matched controls. *J Am Acad Child and Adol Psychiat* 1991;30:310-315.

Mitchell JN. *Maternal influences on gender identity disorder in boys: Searching for specificity*. Unpublished doctoral dissertation. York University, Downsview, Ontario, 1991.

Money J, Hampson JG, Hampson JL. Imprinting and the establishment of gender role. *Arch Neurol Psychiat* 1957; 77:333-336.

Rekers GA. Assessment and treatment of childhood gender problems. In: Lahey BB, Kazdin AE. (eds) *Advances in clinical child psychology*. New York: Plenum Press, 1977b;1:267-306.

Serbin LA, Powlishta KK, Gulko J. *The development of sex typing in middle childhood*. Monographs of the Society for Research in Child Development 1993;58 (2, Serial No. 232).

Wolfe SM. Psychopathology and psychodynamics of parents of boys with a gender identity disorder of childhood. Unpublished doctoral dissertation. The City University of New York, 1990.

Zucker KJ, Green R, Coates S, Zoger B, Cohen-Kettenis PT, Zecca GM, Lertora V, Money J, Hahn-Burke S, Bradley SJ, Blanchard R. Sibling sex ratio of boys with gender identity disorder. *J Child Psychol and Psychiat* 1997;38:543-551.

Zucker KJ, Wilson DN, Kurita JA, Stern A. *Children's appraisals of sex-typed behavior in their peers*. Manuscript submitted for publication, 1995.

Zucker KJ, Bradley SJ, Sanikhani M. Differences in referral rates of children with gender identity disorder: some hypotheses. *J Abnorm Child Psychol* 1997;25: 217-227.

Zucker KJ, Bradley SJ. *Gender Identity Disorder and Psychosexual Problems in Children and Adolescents*. New York: Guilford Publications, 1995.

Zucker KJ, Bradley SJ, Doering RW, Lozinski JA. Sex-typed behavior in cross-gender identified children: Stability and change at a one-year follow-up. *J Am Acad Child Psychiat* 1985;24:710-719.

Zucker KJ, Bradley SJ, Oliver G, Blake J, Fleming S, Hood J. psychosexual development of women with congenital adrenal hyperplasia. *Horm Behav* 1996; 30:300-318.

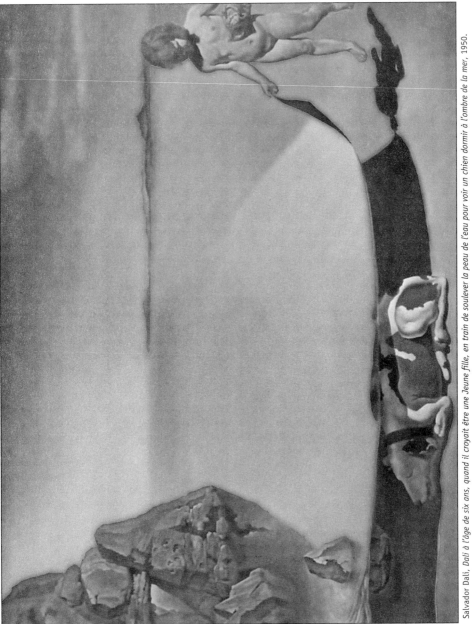

Salvador Dalí, *Dalí à l'âge de six ans, quand il croyait être une Jeune fille, en train de soulever la peau de l'eau pour voir un chien dormir à l'ombre de la mer*, 1950.

L'enfant de sexe ambigu :
à quels choix est-il exposé?

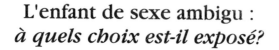

KATHLEEN Cranley GLASS

La naissance d'enfants intersexuels – dont les organes génitaux ne sont ni clairement féminins ni clairement masculins -
a été documentée à travers l'histoire (Fausto-Sterling, 1993). La
conception que l'on se fait de l'intersexualité ne repose pas
uniquement sur la biologie mais tient aussi à une définition
sociale des genres dans l'espèce humaine.

C'est ainsi que l'intersexualité a été acceptée dans certaines sociétés comme une variante normale, voire même
spéciale, que d'autres humains ne possèdent pas. La culture
navajo, par exemple, reconnaît non seulement un troisième
sexe ou catégorie de genre mais elle accorde à ces personnes
un statut entouré de prestige (Roscoe, 1991; Williams, 1986).
Dans les régions rurales de la République dominicaine où une
déficience rare du métabolisme de la testostérone affecte la
population, les enfants nés avec cette condition sont porteurs
du facteur génétique XY mais de sexe ambigu. Élevés comme
des filles jusqu'à la puberté, ils ne deviennent garçons qu'à ce
stade où ils se sentent moins féminins que masculins. Ils se
voient éventuellement (et sont acceptés) comme des hommes,
et la majorité d'entre eux se marient et choisissent un métier
traditionnellement masculin. Ces individus sont reconnus
comme faisant partie d'un troisième sexe qui porte le nom de
guevedoce ou *«pénis à 12 ans»* (Imperato-McGinley, 1974,
1979; Elliott, 1998).

Malgré la diversité des conformations génitales rencontrées, nos sociétés occidentales contemporaines restent fortement attachées à l'idée qu'il n'existe que deux sexes (Dreger,

L'auteure est éthicienne à l'hôpital de Montréal pour Enfants et professeure adjointe aux Départements de
génétique et de pédiatrie et à l'Unité d'éthique biomédicale de l'Université McGill.

1998a; Fausto-Sterling, 1993). Même notre langue nous oblige à indiquer le genre d'un individu en le désignant par *lui* ou *elle*. L'intersexualité est un fait relativement commun, estimé à environ une naissance sur 1,500 (Dreger, 1998b). Néanmoins, les enfants qui ne correspondent pas au modèle sexué bipolaire nous rendent inconfortables et sont perçus comme tragiquement anormaux. La naissance d'un enfant intersexuel est considérée par certains professionnels de la santé comme une urgence sociale et médicale, requérant une attention immédiate et souvent un traitement, alors même que la vie et la santé du sujet ne courent aucun danger (Grant, 1995; Meyers-Seifer et Charest, 1992). Plusieurs médecins croient que l'assignation d'un sexe à l'enfant doit être faite *«immédiatement et de façon décisive et irréversible»* (Kessler, 1990).

Sur le plan personnel, l'intersexualité est fréquemment tenue secrète par les familles et les intervenants, et souvent ignorée par l'enfant lui-même (Coventry, 1997; Kessler, 1990; Natarajan, 1996; Walcutt, 1997). Des sentiments de honte et de culpabilité amènent quelquefois les parents à nier l'anomalie génitale, laquelle peut être visible malgré l'intervention chirurgicale, enlevant ainsi à l'enfant l'occasion d'y faire face (Froukje, 1998). Aussi bien intentionné soit-on, le secret entretenu autour de l'enfant pour soulager le sentiment qu'il a d'être anormal ou monstrueux ne peut à la fin que l'amplifier (Dreger, 1998)

Diverses interventions chirurgicales et hormonales ont été utilisées depuis un demi-siècle pour «traiter» les intersexuels. Les progrès accomplis par l'endocrinologie et la chirurgie au cours des dernières décennies ont fait en sorte que les organes génitaux féminins peuvent maintenant être «reconstruits». Ainsi, un clitoris jugé d'une taille démesurée peut être réduit par «résection» chirurgicale (clitoridoplastie). Bien que de petits pénis puissent être agrandis par l'application exogène d'hormones, les techniques chirurgicales ne sont pas suffisamment perfectionnées pour construire de manière satisfaisante et fonctionnelle une verge au moyen d'autres tissus.

Concurremment, au cours des vingt dernières années, les théories psychologiques se sont attardées à définir l'identité de genre, soit le sentiment que chaque individu a de lui-même comme étant masculin ou féminin, par opposition aux rôles liés au genre qui sont établis socialement (Kessler, 1990). La prise en charge de cas d'ambiguïté sexuelle a été fortement influencée par la théorie développée par Money et Ehrhardt selon laquelle l'identité de genre serait interchangeable jusqu'à l'âge d'environ 18 mois. Plusieurs conditions devraient être remplies chez les enfants de sexe ambigu pour arriver à une bonne identité de genre. Les parents doivent n'entretenir aucun doute sur le sexe masculin ou féminin de l'enfant; s'ils en ont, comme le disent ces auteurs, l'enfant en aura aussi, ce qui mettra en difficulté son processus d'identité de genre. Les organes génitaux doivent être reconstruits de façon à coïncider avec le sexe assigné, et ceci dès que possible afin qu'aucune ambivalence ne se développe chez les parents ou chez l'enfant. La thérapie hormonale en fonction du sexe assigné sera administrée à la puberté. Ce faisant, on devrait tenir l'enfant informé par des explications appropriées à son âge et son niveau de compréhension (Money et Ehrhardt, 1972; Money, 1974). L'intersexualité a ainsi évolué en une *condition traitable de l'appareil génital* (Kessler, 1990).

Les stratégies actuelles d'intervention font ressortir le rôle de l'anatomie dans l'identité de genre et favorisent le recours à la chirurgie dans les cas d'ambiguïté sexuelle. Ainsi, la décision d'élever un enfant porteur d'un caryotype XY comme un garçon est essentiellement basée sur le potentiel de l'organe masculin de fonctionner adéquatement dans des rapports sexuels éventuels (Duckett, 1993). Tel que des auteurs le recommandaient récemment: *vu qu'il est plus simple de construire un vagin qu'un pénis fonctionnel, l'assignation du sexe masculin ne devrait être considérée que si le bébé possède un pénis d'une taille suffisante* (Perlmutter, 1992). Un organe trop petit est vu comme un obstacle à l'exercice de la masculinité (Kessler, 1990). Ce type d'avis clinique, préoccupé d'abord par les pouvoirs de la chirurgie, est assez courant dans les textes médicaux et reflète l'opinion de bien des médecins (Diamond et Sigmundson, 1997). Par contre, la taille, la forme et les qualités fonctionnelles de l'organe féminin «reconstruit» ont reçu peu d'attention autre que le fait qu'un vagin doit être capable de recevoir un pénis (Kessler, 1990).

Que savons-nous de l'évolution des enfants intersexuels et des suites de leur assignation sexuelle et des opérations chirurgicales décidées en leur nom par leurs parents et les professionnels de la santé? Si l'on pouvait suivre ces enfants jusqu'à l'adolescence ou à l'âge adulte, selon quels critères estimerions-nous le succès de l'intervention? Une identité de genre bien établie représente-t-elle le facteur le plus important? L'argument de la fertilité, chez l'homme ou chez la femme, viendrait-il en premier pour certains? Que penser de l'apparence esthétique et où la situer dans l'ordre des priorités? Le fait d'avoir des organes génitaux «reconstruits» qui ont une apparence normale est-il un critère décisif de succès? Quelle place devrait-on donner à la capacité pour le sujet d'avoir des relations sexuelles satisfaisantes? Le fait de soulager l'anxiété parentale (ou sociale) par rapport à l'ambiguïté sexuelle devrait-il être retenu comme un critère légitime signant le succès de l'intervention? Chacun de ces facteurs occupe un rang vraisemblablement différent selon les personnes et les familles.

D'un autre côté, un certain nombre d'adolescents et d'adultes intersexuels prennent depuis peu la parole pour exprimer leur ressentiment vis-à-vis des traitements chirurgicaux reçus autrefois dans leur enfance. Plusieurs d'entre eux ont souffert non seulement des nombreuses interventions subies mais aussi du secret familial et de la honte en apprenant que quelque chose n'«*allait pas*» qui avait été «*réparé*», au moyen dans certains cas de chirurgies répétées (Homes, 1997; Moreno, 1997). Plusieurs se plaignent d'examens fréquents et humiliants de leurs organes génitaux et de complications chirurgicales qui ont miné leur qualité de vie. D'autres se sont sentis isolés et déprimés, ou encore «étrangers» à leurs propres familles. L'incapacité de fonctionner sexuellement ou de s'identifier au sexe assigné est aussi une plainte courante formulée par ces personnes (Triea, 1997; Walcutt, 1997; Coventry, 1997; Diamond et Sigmundson, 1997).

Ces individus sont-ils vraiment représentatifs des intersexuels dans leur ensemble? Nous avons très peu de données sur le succès ou l'échec de chirurgies dans des cas d'assignation de genre. La théorie de Money et Ehrhardt est de plus en plus contestée à l'intérieur des milieux médicaux et psychiatriques (Froukje, 1998; Diamond et Sigmundson, 1997a, 1997b; Reiner, 1997b). Les éthiciens s'interrogent sur le bien-fondé des assignations doublées d'"interventions chirurgicales faites avant que l'enfant ait pu prendre part à la décision (Elliott, 1998; Dreger, 1998). L'étude de Reilly et Woodhouse (1989) sur des hommes ayant un diagnostic primaire de micropénis qui n'ont pas eu de chirurgie ou de réassignation de genre devrait nous amener à nous demander si une intervention irréversible dans l'enfance est toujours la mesure appropriée. Des vingt patients interrogés, tous étaient hétérosexuels, se percevaient en toute certitude comme masculins et ils avaient des érections et des orgasmes; 75% des sujets plus âgés de l'étude (9) étaient sexuellement actifs, 7 étaient mariés ou avaient une partenaire et un avait eu un enfant. Les expériences vécues dans l'enfance semblaient refléter des attitudes parentales adéquates : les parents s'étaient montrés soutenants et capables d'expliquer les problèmes en encourageant «la normalité» chez ces enfants qui en étaient sortis confiants et bien adaptés (Reilly et Woodhouse, 1989).

L'étude préliminaire de Kessler sur ce que pensent les étudiants de niveau collégial de leurs organes génitaux est également parlante. Elle indique que la plupart des filles, si elles étaient nées avec un clitoris plus grand que la normale, n'auraient pas voulu de clitoridoplastie à moins que la taille de leur organe ait entraîné des problèmes de santé. De tous les garçons interrogés, un seul aurait voulu que ses parents optent pour une réassignation en tant que fille s'il était né avec un pénis de un centimètre ou moins, mais il favorisait un tel choix seulement si la situation s'accompagnait d'infertilité (Kessler, 1995).

Les paramètres récemment proposés «à titre d'essai» dans les cas d'ambiguïté sexuelle par Diamond et Sigmundson (1997b) vont à l'encontre des pratiques médicales courantes. Ces chercheurs suggèrent que même si l'assignation en tant que garçon ou fille est essentielle, on ne devrait procéder à aucune chirurgie majeure «pour des motifs esthétiques» mais seulement en cas de problèmes de santé physique. À l'approche de la puberté, diverses options, incluant la chirurgie, devraient être discutées ouvertement avec l'enfant qui commence à réaliser ce qui lui convient le mieux et peut faire un choix basé sur ses sentiments et son expérience de vie.

Les parents et les professionnels de la santé sont tenus moralement de faire des choix qui vont dans le sens du meilleur intérêt de l'enfant. On attend des parents qu'ils décident, quelquefois dès après la naissance du bébé, d'interventions qui auront un impact énorme sur la qualité de vie future de leur enfant. Comment peuvent-ils savoir ce qui est préférable pour lui? Nous ne possédons malheureusement encore aucun critère de prédiction absolument certain, aussi la démarche la plus sage consiste-t-elle à rassembler toute les données disponibles pour faire le choix le mieux informé possible.

Les professionnels de la santé ont l'obligation morale de présenter aux parents non seulement l'éventail des traitements disponibles mais aussi de leur faire prendre conscience des données limitées confirmant le succès ou l'échec d'assignations sexuelles par voie chirurgicale, incluant celles réalisées avec des techniques nouvelles. Les parents devraient savoir qu'il n'existe pas de données concluantes favorisant l'assignation d'un sexe dès la naissance plutôt que d'attendre que l'enfant soit assez âgé pour exprimer sa propre préférence. Ils devraient être avertis des critiques formulées par certains intersexuels au sujet des traitements reçus autrefois. Qu'ils optent ou non pour l'intervention chirurgicale, il importe de mettre les parents au courant des dommages qui peuvent s'ensuivre pour l'enfant du fait d'entretenir le secret dans la famille et la honte autour de l'intersexualité.

Nous ne sommes pas prêts, en tant que société, à adopter des désignations autres que le masculin et le féminin en matière de sexes, mais nous devrions néanmoins en arriver à accepter plus de variations sur ce qu'est un homme «normal» ou une femme «normale». On doit enfin se rappeler que les enfants intersexués ont besoin d'être aimés inconditionnellement pour ce qu'ils sont plutôt que pour ce que nous voulons qu'ils soient. Il reste énormément à apprendre sur ce sujet de l'intersexualité, aussi bien sur le plan social que médical, et nous devons aux enfants et à leurs parents d'acquérir des connaissances sur l'évolution dans ces cas qui faciliteront d'autant les choix qui se présenteront à eux dans l'avenir.❖

Traduit par D. M.

Références

Coventry M. Finding the Words. *Chrysalis* 1997;2(5):27-29.

Cowley G. Gender Limbo. *Newsweek* May 19 1997:64-66.

Dreger AD. "Ambiguous Sex" - or "Ambivalent Medicine". Ethical Issues in the Treatment of Intersexuality. *Hastings Center Report*. May-June 1998:24-35.

Dreger Ad. *Hermaphrodites and the Medical Invention of Sex*. Cambridge, MA: Harvard University Press, 1998.

Diamond M, Sigmundson K. Management of Intersexuality. Guidelines for Dealing with Persons with Ambiguous Genitalia. *Arch Pediatr Adolesc Med* 1997;151: 1046-1050.

Diamond M, Sigmundson K. Sex Reassignment at Birth: Long Term Review and Clinical Implications. *Arch Pediatr Adolesc Med* 1997;151:298-304.

Duckett JW, Baskin LS. Genitoplasty for intersex anomalies. *Eur J Pediatr* 1993; 152(supp 2):580-584.

Elliott C. Why Can't We Go On as Three? *Hastings Center Report* May-June 1998: 36-39.

Fausto-Sterling A. The Five Sexes. *The Sciences*. March April 1993:20-25.

Froukje ME et al. Long-Term Psychological Evaluation of Intersex Children. *Arch Sexual Behavior* 1998;27(2):128-144.

Grant DB. Ethical Issues in Children with Genital Ambiguity. *British Journal of Urology* 1995;76(supp 2):75-78.

Herdt G. Mistaken Sex: Culture, Biology and the Third Sex in New Guinai. In: Herdt G (ed.) Third Sex, Third Gender: Beyond Sexual Dimorphisms in Culture and History. New York: Zone Books, 1996:419-445.

Holmes M. Is Growing Up in Silence Better than Growing Up Different? *Chrysalis* 1997;2(5):7-9.

Imperato-McGinley J, et al. Steroid 5-Alpha reductase Deficiency in Man: an Inherited Form of Male Pseudo-Hermaphrodism. *Science* 1974;186:1213-1215.

Imperato-McGinley J. et al. Androgens and the Evolution of Male Gender-Identiy Among Male Pseudohermaphrodites with 5-Alpha Reductase Deficiency. *New England Journal of Medicine* 1979;300: 1235-1236.

Kessler SJ. The Medical Construction of Gender: Case Management of Intersexed Infants. *Signs* 1990;16:3-26.

Kessler SJ. Meanings of Gender Variability : Constructs of Sex and Gender. Paper presented as part of a symposium at the Society for Scientific Study of Sexuality. San Francisco, 1996. *Chrysalis* 1997;2(5) :33-37.

Meyers-Seifer CH, Charest NJ. Diagnosis and Management of Patients with Ambiguous Genitalia. *Seminars in Perinatology* 1992;16(3) :332-339.

Money J, Ehrhardt AA. *Man and Woman, Boy and Girl*. Baltimore : J. Hopkins Univ. Press, 1972.

Money J. *Psychological Considerations of Sex Assignment in Intersexuality*. Clinics in Plastic Surgery. April 1994 :215-222.

Moreno A. In Amerika They Call Us Hermaphrodites. *Chrysalis* 1997;2(5) : 11-12.

Natarajan A. Medical Ethics and Truth Telling in the Case of Androgen Insensitivity Syndrome. *Can Med Assoc J* 1996;154(4) :568-570.

Perlmutter AD, Reitelman C. Surgical Management of Intersexuality. In : Walsh PC et al. (eds) *Campbell's Urology* (6th ed). Philadelphia : WB Saunders, 1992 : 1951-1966.

ReinerWG. Sex Assignment in the Neonate With Intersex or Inadequate Genitalia. *Arch Pediatr Adolesc Med* 1997;151 : 1044-1045.

Reiner W. To be Male or Female – That is the Question (editorial). *Arch Pediatr Adolesc Med* 1997;151 :224-245.

Roscoe W. *The Zuni Man-Woman*. Albuquerque : University of New Mexico Press, 1991.

Triea K. Power, Orgasm and the Psychohormonal Research Unit. *Chrysalis* 1997; 2(5) :23-24.

Walcutt H. Time for a Change. *Chrysalis* 1997;2(5) :25-26.

Williams W. *The Spirit and the Flesh : Sexual Diversity in American Indian Culture*. Boston : Beacon Press, 1986.

Claude Renoir, *Madame Georges Charpentier et ses enfants*, Georgette (6 ans) assise sur le terre-neuve et Paul (3 ans), assis près d'elle, 1878.

Entrevue avec Colette CHILAND

PAR MARTIN St-André et Louisiane Gauthier

Philosophe et médecin de formation, Colette Chiland a été professeur de psychologie clinique à l'Université René Descartes (Paris V), psychiatre au Centre Alfred-Binet (Association de Santé Mentale du 13ᵉ arrondissement de Paris), analyste formateur à la Société Psychanalytique de Paris. Ses premières recherches ont porté sur l'enfant et l'école (une étude longitudinale s'étendant sur vingt ans). Elle s'est ensuite intéressée à la femme, la psychanalyse et le monde moderne, puis à la psychopathologie différentielle des sexes. Enfin, elle a été amenée à voir en consultation et en traitement des enfants, des adolescents et des adultes souffrant de troubles de l'identité sexuée. C'est en s'appuyant sur sa vaste expérience clinique, ses recherches et ses réflexions qu'elle a répondu à nos questions.

P.R.I.S.M.E.: *A votre avis, quel a été l'impact de la révolution féministe sur les processus identificatoires des filles et des garçons?*

Dr CHILAND: Le féminisme naît au 19ᵉ siècle et a vraiment abouti à une révolution. Au cours des trois dernières générations, les choses ont profondément changé pour nous, femmes d'Occident. Si je considère ce qui se passait au moment où, adolescente, j'ai commencé mes études supérieures en 1944, et ce qui se passe maintenant, la situation des filles et des garçons et leurs rapports ne sont plus du tout les mêmes.

La Révolution française avait proclamé les droits de l'homme et du citoyen, et non ceux de la femme et de la citoyenne. Ce n'est que depuis 1945 que les femmes, en France, ont recueilli les fruits de la Révolution française et qu'elles votent. La contraception a fantastiquement changé le paysage parce qu'elle a créé une nouvelle forme de sexualité adolescente: les garçons ne vont plus faire leur initiation au bordel, mais ont des relations avec des filles de leur milieu; la double morale a rétrocédé. À noter que la contraception est entre les mains des femmes, si elles veulent bien et si elles savent s'en servir.

Malgré ces changements considérables, l'égalité n'est pas complètement gagnée. À l'heure actuelle en France, on discute de la parité et il y a une proposition de loi pour que les femmes occupent dans la vie politique une place aussi importante que celle des hommes. Il y a encore des différences de salaires entre hommes et femmes; pourtant le principe *«A travail égal, salaire égal»* ne constitue pas une revendication agressive à l'égard des hommes, il relève de la pure et simple équité. Cependant il y a eu une transformation considérable de la condition féminine en France, en Occident, au moins dans certaines classes sociales, et l'on peut espérer que l'on ne reviendra pas en arrière, que cette révolution est un acquis et s'étendra au monde où les femmes sont totalement soumises au pouvoir des hommes (on va aujourd'hui en Afghanistan jusqu'à interdire aux filles d'aller à l'école).

En Occident, au contraire, les filles ont accès aux mêmes études que les garçons, la co-éducation des sexes est quasiment la règle. Les rôles parentaux ont changé; les hommes s'intéressent aux nourrissons et participent volontairement aux tâches parentales dès l'aube de la vie sans avoir peur de perdre leur virilité. On a une autre image de ce que sont un homme et une femme.

P.R.I.S.M.E.: *En quoi les fonctions paternelle et maternelle ont-elles été modifiées par la révolution féministe?*

Dr CHILAND: Il y a eu des femmes féministes militantes pour exiger de leurs maris qu'ils partagent les tâches au foyer. Certaines l'ont fait de manière caricaturale: j'ai vu des femmes dresser un tableau des tâches ménagères et, montre en main, chiffrer le temps que le mari devait y consacrer. Mais ce qui est nouveau et intéressant est que des hommes ont trouvé naturel, puisque leur femme travaillait, de prendre part aux tâches ménagères et aussi aux tâches parentales; ils ont pris du plaisir à s'occuper des bébés et des enfants sans se sentir rabaissés, dévirilisés.

Cela dit, l'organisation de la vie familiale continue généralement de reposer sur les épaules de la femme plus que sur celles du mari. Le travail des femmes soulève un problème réel: les enfants ont besoin des soins parentaux et il faut que quelqu'un les assume. Y a-t-il un dommage pour l'enfant et pour le père à ce que le père les assume en partie? Tout dépend de la manière dont il le fait. Et il lui reste un rôle proprement paternel à jouer.

P.R.I.S.M.E.: *Pensez-vous qu'il risque d'y avoir une sorte de nivellement des rôles maternel et paternel, et que cela peut avoir des impacts sur le développement des garçons et des filles?*

Dr CHILAND: Je ne crois pas. Ce qui a de l'impact et est fâcheux, c'est qu'un homme ne se sente pas bien d'être un homme et une femme d'être une femme. Si un homme se sent bien d'être un homme, il ne perd rien à faire la cuisine éventuellement — et il y a des hommes qui aiment faire la cuisine et la font très bien — et à s'occuper de son bébé. C'est une question de position interne : une femme revendiquant contre les hommes ou un homme ayant peur de perdre sa virilité en faisant ceci ou cela, c'est beaucoup plus fâcheux que ce qu'on pourrait appeler le nivellement des rôles maternel et paternel.

La différence entre les hommes et les femmes ne va pas disparaître, elle va être travaillée autrement. On va peut-être comprendre que la différence fondamentale entre un homme et une femme est leur différence sexuelle, qui tient à leurs organes génitaux, leur vécu corporel, leur cycle psychosexuel, leur position dans le coït et la procréation. Cette différence sexuelle peut être interprétée autrement qu'elle ne l'a été traditionnellement, c'est-à-dire ne pas conduire à une infériorisation de la femme.

P.R.I.S.M.E.: *Comment vous apparaît le rapport mère-fille aujourd'hui, et à quelles difficultés particulières expose-t-il les filles qui doivent s'individualiser et trouver leur voie par rapport au modèle maternel?*

Dr CHILAND: Il y a une culpabilité féminine spécifique à réussir à la fois dans deux registres, le registre de ce qui est connoté de féminin dans la culture et est féminin, c'est-à-dire la maternité, et le registre de ce qui est connoté de masculin, c'est-à-dire la réussite professionnelle. Cette culpabilité s'accroissait et devenait plus difficile à dépasser quand la fille avait devant elle une mère qui avait été prisonnière des stéréotypes du passé et s'était vu interdire tout ce qui est ouvert à la fille; la fille se sentait coupable de dépasser la mère. Mais c'était vrai il y a une ou deux générations beaucoup plus que maintenant où les adolescentes ont des mères qui ont déjà franchi des étapes dans la libération et la revalorisation d'elles-mêmes.

P.R.I.S.M.E.: *La période autour de la naissance amène un accomplissement des rôles sexuels tant chez l'homme que chez la femme. Pourtant on observe une incidence élevée de dépression périnatale chez la femme, et de plus en plus, on repère une dysphorie post-partum chez l'homme. Nous aimerions entendre vos réflexions sur les raisons intrapsychiques qui peuvent entraver cette transition vers la parentalité chez les nouveaux parents.*

Dr CHILAND: Chez la femme, il y a un changement de régime hormonal important. Sur le plan physiologique, c'est un formidable événement que la grossesse, l'accouchement, la délivrance, l'allaitement. Sur le plan psychologique, c'est un événement non moins formidable: l'enfant était au-dedans d'elle et il est maintenant dehors; il lui faut s'ajuster à cet être qui ne correspond naturellement jamais tout à fait à ce qu'elle avait imaginé, il lui faut reconnaître son droit à exister comme individu destiné à l'autonomie, se dévouer à lui pour qu'il se sépare d'elle…

Et puis il y a la fatigue réelle de la succession des tétées, des biberons, des changes, des réveils nocturnes. Au début, il n'y a plus de place pour rien d'autre. Winnicott a parlé de la préoccupation maternelle primaire, de la place que l'enfant prend dans la vie de la mère. Il y a aussi un accaparement primaire, si j'ose dire, qui n'est pas l'élation de l'intimité avec le bébé, mais l'épuisement à la tâche avant d'avoir trouvé un rythme et une organisation viables.

La différence sexuelle peut être interprétée autrement qu'elle ne l'a été traditionnellement, c'est-à-dire ne pas conduire à une infériorisation de la femme.

Si le père se déprime, sans qu'il y ait eu chez lui des phénomènes physiologiques aussi importants, c'est en partie pour les mêmes raisons que la mère d'avoir à s'ajuster à ce bébé réel et à renoncer au bébé imaginaire. C'est aussi pour d'autres raisons. Il y a une certaine envie du rôle maternel qui affleure à la conscience aujourd'hui plus qu'autrefois. La couvade, c'est une manière de retirer de l'importance à la mère. Il y a aussi, à côté de la joie d'être père, la peur de perdre de la place auprès de son épouse (surtout chez les «primipères»), une jalousie à l'égard de l'enfant. Il y a le bouleversement de la vie quotidienne, qui ne sera jamais plus ce qu'elle était avant.

P.R.I.S.M.E.: Comment ces changements dans la position des hommes vis-à-vis des femmes et vis-à-vis de la paternité se concrétisent-ils en clinique (demande et motifs de consultation…) et quelles exigences cela pose-t-il pour l'intervenante ou le thérapeute féminin?

Dr CHILAND: A proximité de l'accouchement, le père a bien d'autres interlocuteurs que le psychiatre d'enfants; il rencontre l'accoucheur, le pédiatre, etc.

L'expérience du psychiatre d'enfants est qu'il voit les pères beaucoup plus souvent qu'autrefois lors d'une consultation pour les enfants. Il y a quarante ans, il fallait insister pour voir le père, et l'on n'y parvenait pas toujours. Aujourd'hui, le père vient de lui-même et tient à prendre part au processus thérapeutique dans la plupart des cas. Nous aussi nous avons changé; après le développement des investigations et traitements familiaux, nous considérons comme allant de soi que le père doive s'impliquer dans la consultation et le traitement.

Être une femme fait parfois problème, d'autant que, dans la pratique publique, les parents rencontrent une équipe dont beaucoup de membres sont des femmes (assistante sociale, psychologue, orthophoniste). Le père risque de se sentir devant un tribunal de femmes. Il est important qu'il y ait des hommes dans les équipes, si le psychiatre est une femme. S'il y a des hommes qui éprouvent le besoin de rencontrer un homme, pensant qu'ils seront mieux compris, il y en a aussi qui se confient volontiers à une femme.

Ce n'est pas seulement le fait que nous soyons des femmes qui intervient, c'est la représentation que les patients en ont. Nous pouvons faire l'objet de projections terrifiantes alors que nous sommes dans une position de bienveillance. Les psychiatres, hommes ou femmes, font toujours peur...

P.R.I.S.M.E.: *Pensez-vous que les limites imposées par la parentalité, en terme de définition des rôles sexuels, tendent à accroître la dysphorie du post-partum, a fortiori si les parents doivent temporairement renoncer à une certaine «fluidité» des rôles qu'ils avaient pu mettre en place avant l'arrivée d'un enfant?*

Dr CHILAND: J'ai déjà répondu en partie à cette question plus haut. Je vais vous raconter une anecdote. J'avais, au cours d'une conférence, dit que la grossesse faisait vivre à la femme des choses difficiles dans son corps, comportait des dangers (il y a peu de temps encore, bien des femmes mouraient en couches). J'ai vu un homme, un jeune père militant, se lever et protester violemment sur ma méconnaissance des dangers corporels que la grossesse faisait courir au père: *«La preuve en est les rituels auxquels se soumettent les Indiens guayaqui pour se protéger contre les dangers de la grossesse.»* Il ne pouvait pas mieux dire l'envie et la peur à l'égard de la femme.

Une des limites non franchissables de la différence des sexes, c'est que l'homme ne peut qu'engendrer et que la femme enfante. Pendant des siècles, diverses cultures se sont efforcées de minimiser le rôle de la femme, elle ne serait qu'un réceptacle, le principe actif viendrait de l'homme, etc.

L'envie à l'égard de la femme s'exprime librement chez le petit garçon qui, vers trois ou quatre ans, interroge sa mère et découvre avec tristesse qu'il ne pourra pas avoir de bébés dans son ventre et de gros seins pleins de lait. Mais ensuite la culture exige de lui qu'il refoule cette envie. Il la remplace par le dénigrement de la fille et de la femme. Plus libre aujourd'hui d'exprimer son envie à l'égard de la femme, l'homme aura peut-être moins besoin de la dénigrer, de la dévaloriser.

Plus libre aujourd'hui d'exprimer son envie à l'égard de la femme, l'homme aura peut-être moins besoin de la dénigrer, de la dévaloriser.

P.R.I.S.M.E.: *Croyez-vous que des réactions d'envie à l'égard de l'homme par la femme (liberté, maintien de l'accomplissement professionnel, occasions de gratifications ludiques avec l'enfant) en période post-partum peuvent contribuer à des états dysphoriques importants et à transformer un peu en «guerre des sexes» quelque chose qui se déroule beaucoup sur le registre narcissique?*

Dr CHILAND: La dysphorie de l'immédiat post-partum est plus liée à l'accouchement qu'à ces causes d'envie à l'égard de l'homme que vous énumérez, qui surviendront plus tard, quand la femme mesurera ce qu'elle perd à cause de son enfant si elle n'a pas trouvé un équilibre de vie satisfaisant pour elle. Ou bien elles existent avant toute maternité, comme envie non pas du seul pénis, mais de la condition masculine.

P.R.I.S.M.E.: *Comment réagissez-vous devant la situation et l'impact possible de la féminisation sur les services en santé mentale de l'enfant et de l'adolescent?*

Dr CHILAND: Il ne s'agit pas de la seule féminisation des services de santé. Il s'agit de la féminisation de l'enseignement. En France et dans beaucoup de pays, le corps enseignant comprend beaucoup plus de femmes que d'hommes. En France, on a décidé depuis quelques années que les hommes pouvaient enseigner à l'école maternelle ; il y a même des hommes dans des crèches. C'est très bien, les résultats ont été positifs. Mais on reste démuni, en particulier au niveau de l'école élémentaire où, dans certains établissements, il n'y a aucun homme, alors que les garçons ont besoin de la présence et de l'intervention d'hommes.

J'ai déjà évoqué plus haut le fait que les équipes de psychiatrie de l'enfant et de l'adolescent comprennent beaucoup de femmes, ce qui fait problème. De même les équipes judiciaires sont largement féminines. Il y a quelques années, apprenant qu'on refusait parfois de nommer une femme juge d'enfants, j'étais révoltée de ce que je prenais comme une mesure hostile aux femmes. En fait, le juge pour enfants doit s'occuper, entre autres, de la délinquance juvénile, qui est majoritairement masculine. L'absence d'hommes dans l'équipe est très préjudiciable.

J'ai toujours veillé dans mon équipe à recruter des hommes. Mais on se trouve confronté à un problème quand les candidatures de femmes sont de meilleure qualité que les candidatures d'hommes. Si l'on pratique ce que j'appelle «la prime au pantalon» et qu'on prenne un candidat médiocre simplement parce qu'il est un homme, le résultat est pire encore que la féminisation de l'équipe.

P.R.I.S.M.E.: A l'intérieur de votre clinique, utilisez-vous les formats de cothérapie homme - femme pour suivre des familles, des enfants ou des dyades?

Dr CHILAND: Oui. Nous en avons eu l'indication dans la psychothérapie familiale où il est préférable d'avoir un couple mixte de cothérapeutes. Nous avons aussi organisé des petits groupes de thérapie, en particulier pour de très jeunes enfants, et j'ai toujours maintenu et réussi à appliquer le principe qu'il y ait au moins un homme dans un groupe de trois thérapeutes.

P.R.I.S.M.E.: A propos de l'homosexualité, avec les mouvements sociaux et cliniques actuels qui reconnaissent de plus en plus des étapes développementales dans la formation de l'identité gaie et lesbienne, croyez-vous que nous avons maintenant trop tendance à négliger certains écueils identificatoires dans le développement de l'homosexualité?

Dr CHILAND: On ne sait pas grand-chose sur la constitution de l'homosexualité. Des positions doctrinales s'affrontent; certains soutiennent que l'homosexualité ne peut être que d'origine biologique, mais les preuves qu'on en apporte sont bien minces; ou bien que l'homosexualité est psychogène. La seule position raisonnable est de poursuivre les observations. Même si l'on trouvait des facteurs biologiques, ils se déploieraient en interaction avec l'environnement psychologique et social comme tous les phénomènes psychologiques complexes.

Le plus sérieux des écueils identificatoires semble être que l'homosexuel n'a pas établi une relation d'attachement et d'identification satisfaisante avec le parent de même sexe, sans que le parent soit nécessairement en cause.

Le plus sérieux des écueils identificatoires semble être que l'homosexuel n'a pas établi une relation d'attachement et d'identification satisfaisante avec le parent de même sexe.

On est à l'heure actuelle en difficulté pour étudier avec sérénité le problème de l'homosexualité. Dire que c'est un problème, c'est encore trop du point de vue des militants, pour qui le seul problème est celui de l'homophobie. Les homosexuels veulent que leur sexualité soit placée sur le même pied que l'hétérosexualité, avec une revendication au droit au mariage et à la parentalité. Quelle que soit la solution que l'on trouvera pour pallier les problèmes humains des couples homosexuels, la situation des couples homosexuels vis-à-vis de la procréation et de l'élevage des enfants n'est pas la même que celle des couples hétérosexuels.

Aux États-Unis, j'ai entendu dire que, lorsqu'un adolescent avait une fois un fantasme homosexuel, à plus forte raison une réalisation homosexuelle, il était un homosexuel; si d'aventure il évoluait vers l'hétérosexualité, c'est qu'on en avait fait un homosexuel contrarié...

P.R.I.S.M.E.: *Pour le bénéfice des intervenants qui reçoivent en consultation des adolescents homosexuels ou transsexuels, quels sont les écueils particuliers à ces prises en charge et quelles recommandations feriez-vous en ce qui a trait à l'accueil, l'examen et la prise en charge de ces patients?*

Dr CHILAND: J'ai plus d'expérience dans le domaine des adolescents ayant des troubles de l'identité sexuée que dans le domaine de l'homosexualité.

L'adolescent qui vient consulter pour homosexualité vient parfois sur l'insistance de ses parents, et il faudra alors détendre la situation familiale pour que l'orientation de l'adolescent se clarifie. S'il vient de lui-même, c'est que cette homosexualité est pour lui conflictuelle et on peut alors travailler avec lui. Deux affirmations contraires sont également fausses l'une et l'autre: qu'on ne peut jamais rien pour un homosexuel, qu'on peut toujours changer l'orientation sexuelle...

Dans le domaine des troubles de l'identité sexuée, je pense, avec Leslie Lothstein (Etats-Unis), qu'on doit presque toujours tenter un travail psychothérapique.

P.R.I.S.M.E.: *Pouvez-vous élaborer davantage sur votre vision de la parentalité et de l'homosexualité?*

Dr CHILAND: Dans tout désir d'enfant, il y a une composante narcissique et une composante objectale. La composante narcissique, c'est qu'on veut un enfant pour soi, pour se réparer (il réussira dans la vie tout ce qu'on a raté), pour se survivre à soi-même, triompher de la mort, pour veiller sur soi quand on sera vieux (quel leurre dans la société contemporaine!), etc. La composante objectale, c'est de vouloir un enfant pour lui, parce qu'on aime la vie, qu'on la trouve bonne en dépit du spectacle quotidien du monde, parce qu'on est prêt à suivre l'enfant dans les virtualités qu'il montrera sans attente impérieuse de ce qu'il doit être, etc.

La demande de parentalité des homosexuels comporte au départ un poids de composante narcissique lourd. Avoir un enfant, c'est faire reconnaître sa normalité, c'est triompher du problème de l'homosexualité et des limitations naturelles qu'elle comporte. Quand on est capable de procréer par soi-même, personne ne s'en mêle. Mais quand on a besoin de recourir au socius (l'assistance médicale à la procréation, les agences pour l'adoption), le socius s'en mêle et cherche à déterminer le moindre risque pour l'enfant à venir et pour la société.

Alors qu'il y a carence d'enfants à adopter et pléthore de parents candidats à l'adoption, est-il raisonnable de ne pas chercher à donner à l'enfant un foyer le moins problématique possible?

Alors qu'il n'y a pas d'impossibilité à procréer par soi-même, est-il raisonnable d'y consacrer des ressources médicales toujours insuffisantes par ailleurs ?

Si l'on considère l'intérêt de l'enfant, on ne dispose en fait d'aucune étude sérieuse de longue durée prouvant qu'il y a ou n'y a pas de nocivité à être élevé par un couple d'homosexuels (il existe des études militantes). Nous savons seulement ce que souffrent les enfants qui n'ont qu'un père ou qu'une mère et nous en savons assez pour dire que c'est une situation à risque, même si les enfants résilients s'en sortent bien. Est-ce qu'avoir deux pères et pas de mère ou deux mères et pas de père constitue un risque du même ordre ?

La différence des sexes et des générations a un rôle structurant. L'individu dans notre culture demande beaucoup et on lui demande beaucoup. Que gagnera-t-il à la suppression de repères fondamentaux ?

Quittant le terrain des considérations psychologiques pour regarder ce qui se passe dans la société, on peut avoir la pensée qu'on n'attaque pas sans dommages la construction symbolique que la société a édifiée sur la base de la différence naturelle entre les sexes. C'est la position d'Irène Théry par exemple. Elle rejoint ainsi les psychanalystes qui pensent que la différence des sexes et des générations a un rôle structurant. L'individu dans notre culture demande beaucoup et on lui demande beaucoup. Que gagnera-t-il à la suppression de repères fondamentaux ?

P.R.I.S.M.E.: *Est-ce que les positions sur l'homosexualité et la parentalité sont trop monolithiques, dans la mesure où elles ne tiennent pas suffisamment compte de la variabilité des individus gais et lesbiennes?*

Dr CHILAND: Je crois avoir suffisamment répondu pour qu'on comprenne que ce n'est pas un jugement de valeur sur l'individu gai ou lesbien. Nous n'avons pas à nous prononcer sur la valeur des parents qui procréent eux-mêmes, nous serions d'ailleurs bien en peine de le faire correctement à tout coup. Le problème est que nous sommes en train de «perdre la boussole du sexe», ce qui n'arrangera rien aux complexités du monde moderne.

P.R.I.S.M.E.: Que recommanderiez-vous à des parents qui observent des comportements féminins chez leur garçon, ou de «garçon manqué» chez leur fille? Quand devraient-ils se montrer dissuasifs plutôt que tolérants?

Dr CHILAND: Avec Susan Bradley et Kenneth Zucker (Toronto), je pense qu'il ne faut pas que les parents encouragent les comportements de genre contraires au sexe biologique dans lequel l'enfant est élevé. Ce sont souvent des parents qui, d'une manière générale, ne savent pas poser de limites et qui ont besoin qu'on les aide. Il ne s'agit pas de persécuter l'enfant, mais de recadrer l'enfant dans la réalité. Avant qu'on ait pu faire un travail approfondi avec les parents, ce qui est nécessaire pour une évolution de l'enfant, il faut leur donner des directives simples quant aux limites. En fait les deux parents d'un enfant qui a des troubles de l'identité sexuée ont une position compliquée vis-à-vis de la masculinité et de la féminité, ce pourquoi on ne peut pas se contenter de traiter seulement l'enfant.

P.R.I.S.M.E.: Selon vous, quelles sont les perspectives du mouvement féministe et l'impact de son évolution éventuelle sur le fait d'être fille ou d'être garçon?

Dr CHILAND: J'ai des éléments empiriques pour vous répondre. Marie-Claude Suant a fait une thèse à l'université René Descartes (*Masculinité et féminité chez l'enfant à la phase de latence*, 1991) dans laquelle elle a étudié la manière dont le message féministe passait chez les enfants. En particulier, elle a étudié ce qu'ils comprenaient de ce message tel qu'il est formulé dans des livres pour enfants des *Editions des femmes*. J'en prendrai deux exemples.

Rose Bombonne illustre bien un premier message féministe de demande d'égalité des droits. Autrefois les éléphants pouvaient se distinguer à leur couleur, les mâles étaient gris et les femelles roses; mais pour garder leur belle couleur rose, les petites éléphantes ne devaient manger que des graines d'anémone et, pour ce faire, étaient maintenues dans un enclos, tandis que leurs frères et leurs cousins gambadaient librement dans la forêt et mangeaient ce qu'ils voulaient. Un jour, Rose Bombonne, une éléphante plus entreprenante que les autres saute la palissade, gambade et mange tout ce qu'elle veut, mais elle perd sa couleur rose; les autres éléphantes l'imitent et c'est depuis ce temps-là qu'on ne peut plus reconnaître le sexe des éléphants à leur couleur.

Les Bonobos à lunettes véhicule un autre message féministe avec lequel on peut ne pas être d'accord: les femmes seraient beaucoup plus heureuses sans les mecs qui les exploitent... Les Bonobées mettent à la porte leurs maris, des singes qui ressemblent comme des frères à des cadres prétentieux, et coulent ensuite une vie heureuse dans les palétuviers avec leurs enfants.

Les enfants ne comprennent ni l'un, ni l'autre de ces messages. Ils sont trop préoccupés à construire leur identité sexuée et, pour faire face au traumatisme de la différence des sexes, ils ont besoin de s'appuyer sur les stéréotypes sociaux, même quand leurs mères sont des militantes féministes. Aux mères qui ne portent que des pantalons, les filles réclament qu'elles «se fassent belles» et mettent des robes...

De même on voit les enfants constituer spontanément des groupes de jeu sexués dès l'école maternelle. Chacun s'appuie sur ses pairs pour faire face à ce phénomène qu'il y a deux sexes et dénigre l'autre sexe: les filles sont pleurnichardes, les garçons brutaux, etc. À la puberté, d'autres intérêts prévaudront et le dénigrement fera place à un désir de rapprochement.

Il ne faut pas confondre différence et inégalité. Il ne sert à rien de nier l'existence de différences entre hommes et femmes, elles s'inscrivent au plan des faits. Mais la différence sexuée ne doit pas entraîner une inégalité, une infériorisation et une oppression des femmes, l'égalité s'inscrit au plan du droit.❖

Principaux ouvrages de Colette Chiland

L'enfant de six ans et son avenir. PUF, 1971
Mon enfant n'est pas fou. Centurion, 1989
L'enfant, la famille, l'école. PUF, 1989
Homo psychanalyticus. PUF, 1990
Changer de sexe. Éditions Odile Jacob, 1997

Des adolescents nous disent ce qu'ils en pensent

A la question *«Qu'est-ce que ça veut dire, pour toi, être une fille en 1998»*, voici ce que des adolescentes de 15 et 16 ans qui fréquentent l'école secondaire nous ont répondu :

F1 : *C'est pas différent d'être un garçon. Être toi, c'est ça qui compte.*

F2 : *Faire ce que t'as le goût, quand t'as le goût (si c'est possible, bien sûr) mais pas s'empêcher parce qu'on est une fille ou qu'on est trop gênée.*

On s'occupe encore trop de ce que les autres pensent de nous. J'sais pas pourquoi. On dirait que c'est plus fort que nous. Même quand on dit :«J'm'en fous», c'est pas toujours vrai. On fait comme si on s'en foutait.

A la question *«Qu'est-ce que ça veut dire, pour toi, être un garçon en 1998»*, voici ce qu'ont répondu des adolescents de 15 et 16 ans :

G1 : *Ca, c'est trop dur à répondre! T'en as pas d'autres que celle-là?* (des questions)

G2 : *Tripper juste assez pour avoir du fun, mais pas trop pour pas avoir trop de problèmes.*

Ex : *trop de cours échoués*
couler ton année
avoir tes parents sur le dos
avoir l'air d'un vrai niaiseux

C'est sûr qu'il faut quand même prendre ses responsabilités.

G1 : *C'est se respecter puis respecter les autres, autant les gars que les filles.*

Respecter : *t'achales pas, t'ambitionnes pas dessus, tu laisses faire quand ça fait pas ton affaire.*

Crois-tu que les gars et les filles sont égaux?
Est-ce qu'il y a des aspects, des activités que tu considères exclusifs
aux gars ou aux filles?

G1 : *Les filles peuvent toutes faire les mêmes choses que les gars, mais ça veut pas dire que ça va être équilibré.*

Ex : dans les sports :

1. *Gars et filles font du basket. Pas la même intensité de jeu, pas la même force, ne pourraient pas le faire ensemble.*

2. *Certains sports sont OK pour les gars mais ce serait plus que non que les filles le fassent. Ex : la boxe. Un gars, ça le valorise, on l'admire. Une fille, on trouverait ça stupide.*

G2 : *Elles peuvent tout faire mais ce sera pas pareil, c'est sûr.*

Ex : *Quand on se tient en gang, les gars, ça déconne, ça parle de sports. Les filles, eux autres, vont parler des films, des acteurs qu'elles trouvent beaux, des chanteurs qu'elles trouvent bons. Elles vont parler des autres filles quand elles sont pas là. Elles aiment ça parler des problèmes* (faire des problèmes).

Ex : *Si t'es dans un groupe de musique avec des chums, les problèmes commencent quand y a des filles qui arrivent. C'est pour ça que moi, j'aime mieux pas avoir de filles même pour chanter.*

F1 : *On est égaux mais y a des choses que je ferais pas.*

Ex : *Aller veiller dans un bar juste avec ma gang de filles, on se ferait achaler.*

J'y vais, mais des gars et des filles ensemble.

G1 : *Oui mais moi, je laisserais pas une fille rentrer tard toute seule le soir. Si elle revient pas avec ses amies, j'vais aller la reconduire.*

Propos recueillis par *Michèle Lambin.*

L'orientation homosexuelle:

un modèle de développement et ses enjeux particuliers à l'adolescence

Richard **MONTORO**

L'auteur est psychiatre et directeur médical de l'Unité de transition à l'Hôpital Général de Montréal et il exerce au CLSC Métro (Equipes SIDA et Santé mentale) et à l'Université Concordia. Il a obtenu une maîtrise en sciences cliniques et il est professeur chargé de cours au Département de psychiatrie de l'Université McGill.

Adresse:
Hôpital Général de Montréal
1650, avenue Cedar
Montréal (Québec) H3G 1A4

Il est difficile d'estimer le nombre d'adolescents gais, lesbiennes ou bisexuels. L'adolescence est une période d'expérimentation et de recherche impliquant plusieurs aspects de l'identité, y compris celui de l'orientation sexuelle. Dans une étude à grande échelle comprenant plus de 36 000 étudiants de niveau secondaire au Minnesota, Remafedi et coll. (1992) ont relevé que 11% des sujets se disaient incertains de leur orientation sexuelle. Un pour cent seulement des étudiants se décrivaient comme lesbienne, gai ou bisexuel alors que 4,5% de l'échantillon et 6,4% des jeunes de 18 ans rapportaient avoir eu des désirs homoérotiques. Les expériences homosexuelles sont cependant encore plus fréquentes: une autre étude démontre que 6% des filles et 17% des garçons ont eu une expérience homosexuelle avant l'âge de 19 ans (McAnarney et coll., 1992). Étant donné la nature délicate de ces informations, il est probable que ces chiffres se situent bien en deçà du taux véritable des adolescents qui se reconnaissent des désirs, des comportements et une orientation non hétérosexuels.

L'origine de l'orientation sexuelle demeure un sujet très contesté. Elle résulterait d'une interaction complexe entre des facteurs biologiques, psychologiques, familiaux et culturels. L'auteur présente un modèle de développement de l'orientation homosexuelle à l'adolescence en décrivant chacune des étapes de ce processus: confusion, comparaison, tolérance, acceptation, fierté et synthèse. Il discute ensuite des problématiques du suicide et de l'infection au VIH en considérant les risques particuliers auxquels se trouvent confrontés les jeunes gais, lesbiennes ou bisexuels. L'auteur énonce finalement quelques paramètres pouvant aider les professionnels de la santé dans leur prise en charge de ces jeunes et de leurs familles.

La pression sociale obligeant à dissimuler ses désirs homosexuels s'exerce davantage parmi les adolescents que chez les adultes. Une étude sur le harcèlement au sein des écoles secondaires américaines rapporte que le type de harcèlement considéré le plus troublant est de se faire traiter d'homosexuel (American Association of University Women, 1993). Selon Marsiglio (1993), 89% des adolescents âgés entre 15 et 19 ans considéraient l'activité sexuelle homosexuelle comme étant dégoûtante, et seulement 12% se disaient capables d'être amis avec un homme ouvertement gai. L'augmentation récente de violence contre les gais peut être attribuée à la visibilité croissante des lesbiennes et des gais, et au rapport reconnu entre l'homosexualité et le SIDA (D'Augelli et Dark, 1995).

Il est donc nécessaire pour les intervenants qui oeuvrent auprès des adolescents de se familiariser avec les différentes problématiques auxquelles fait face l'adolescent ou l'adolescente qui éprouve des désirs pour quelqu'un du même sexe. Il est particulièrement troublant de penser qu'une grande partie des suicides adolescents peut être reliée à une orientation non hétérosexuelle, et que beaucoup de jeunes gais et lesbiennes songent au suicide avant d'intégrer leur orientation sexuelle (Hartstein, 1996; Gibson, 1989). Une autre problématique urgente est le risque de contracter le VIH chez les jeunes hommes gais et bisexuels, l'utilisation du condom étant inconsistante dans ces milieux.

Au-delà de ces dangers, les jeunes qui doivent intégrer et révéler leur orientation non hétérosexuelle à leurs familles et leurs amis ainsi qu'aux autres personnes de leur entourage vivent un stress important. Ceux et celles qui choisissent de ne pas révéler leur orientation ou qui sont incertains de leurs désirs sexuels risquent par ailleurs de compromettre leur développement (Malyon, 1981). Tout adolescent, qu'il soit gai, lesbienne ou bisexuel, est exposé régulièrement à des commentaires homophobes et celui ou celle qui s'affiche comme étant homosexuel devient une cible directe au harcèlement verbal et souvent physique. Nous présentons ici un modèle de développement de l'orientation homosexuelle puis nous discutons des difficultés qu'une orientation non hétérosexuelle occasionne dans notre société, et enfin des interventions possibles auprès de cette population en indiquant les ressources disponibles dans la région montréalaise.

Développement de l'orientation gaie ou lesbienne

L'origine de l'orientation sexuelle demeure un sujet vivement contesté. De plus en plus, on conceptualise le fait de l'orientation sexuelle comme résultant d'une interaction complexe entre des facteurs biologiques, psychologiques, familiaux et culturels. Par exemple, deux études réalisées à partir d'échantillons de jumeaux (Bailey et Pillard, 1991, chez les hommes, et Bailey et coll., 1993, chez les femmes) démontrent les limites du facteur génétique. Chez les jumeaux mâles monozygotes, la concordance était de 52% pour l'homosexualité et chez les jumeaux dizygotes, de 22%, ce dernier résultat étant semblable à la concordance existant chez des frères qui n'étaient pas jumeaux. Pour les frères adoptés, la concordance est de 11%, ce qui est légèrement au-dessus de la fréquence retrouvée dans la population générale. Les proportions étaient semblables chez les femmes: 48% pour les jumelles monozygotes, 16% chez les jumelles dizygotes et les soeurs non jumelles, et 6% pour les soeurs adoptées.

Le facteur génétique n'est donc pas le seul déterminant de l'orientation sexuelle, les facteurs environnementaux (biologiques et/ou psychosociaux) peuvent aussi être en cause. Malgré le nombre important d'articles théoriques publiés, aucune étude n'a démontré une fréquence plus élevée d'un quelconque facteur développemental chez les homosexuels par rapport aux hétéro-sexuels. Nonobstant l'origine indéfinie de l'orientation sexuelle, nous nous emploierons ici à expliquer le développement de l'identité sexuelle chez l'adolescent soit gai, lesbienne ou bi-sexuel.

Comme chez les hétérosexuels, les désirs érotiques des non-hétérosexuels apparaissent au cours de l'enfance et se cristal-lisent à l'adolescence. Plusieurs études (D'Augelli et Hershberger, 1993; Herdt et Boxer, 1993) constatent que la plupart des adultes qui se considèrent gais ou lesbiennes disent avoir commencé à réaliser leur orientation sexuelle au début de leur adolescence. Quoi qu'il en soit, toute jeune lesbienne ou tout adolescent gai ou bisexuel apprend qu'il est nécessaire de dissimuler son orienta-tion. Il y a cependant un prix psychologique à payer pour cette abnégation (Martin, 1982). Ces jeunes, face à l'hétérosexisme omniprésent dans notre société, intègrent ces attitudes négatives et développent un «moi négatif». Ce «moi négatif» correspond en partie à leurs désirs sexuels mais il peut inclure également tous les aspects de leur identité qu'ils perçoivent comme étant inac-ceptables pour autrui.

Weinberg (1972) a été le premier à utiliser le terme d'ho-mophobie (envers soi-même) pour décrire ce processus. Souvent, l'adolescent qui se sent obligé de se cacher, se sentira inauthentique dans ses relations avec d'autres personnes. Le pro-cessus dit de «sortir du placard» implique la réintégration et la valorisation de ces parties rejetées et dévalorisées de soi-même. Chez les adultes gais et lesbiennes, l'équilibre psychologique est meilleur chez ceux et celles qui se montrent ouverts à propos de leur orientation sexuelle et qui n'essaient pas de la dissimuler.

Plusieurs modèles de développement de l'orientation sexuelle ont été décrits mais il importe de noter que la définition de l'orientation sexuelle varie d'une culture à l'autre. Par exemple, un homme qui aime pénétrer un autre homme n'est pas considéré comme homosexuel dans plusieurs cultures sud-américaines et méditerranéennes. Le modèle de Cass (1996) s'appuie sur une définition nord-américaine de l'orientation homosexuelle, soit la présence de désirs sexuels et romantiques à l'égard de quelqu'un du même sexe. Les comportements sexuels ne font pas nécessairement partie de l'orientation sexuelle.

D'après ce modèle, il existe six étapes dans la formation de l'identité homosexuelle, celles de la confusion, de la comparaison, de la tolérance, de l'acceptation, de la fierté et enfin de la synthèse de l'identité. Ce modèle s'applique aux personnes qui cheminent vers une orientation homosexuelle et non à la formation de l'orientation hétérosexuelle, bien que dans cette dernière puissent être inclus des comportements homoérotiques. Le tableau suivant résume les étapes de ce processus.

Étapes dans la formation de l'identité gaie et lesbienne*

Première étape:	Confusion	*Je ne suis peut-être pas hétérosexuel (le)*
Deuxième étape:	Comparaison	*Je suis peut-être homosexuel(le)*
Troisième étape:	Tolérance	*Je suis possiblement homosexuel(le)*
Quatrième étape:	Acceptation	*Je suis probablement homosexuel (le)*
Cinquième étape:	Fierté	*Hourrah! Je suis homosexuel(le)*
Sixième étape:	Synthèse	*Je suis qui je suis.*

* Adapté de Cass, 1996.

Avant même que le concept d'homosexualité ait acquis une signification personnelle, l'individu a déjà une idée de ce qu'il est: il présume que son orientation sexuelle est celle de la majorité et reconnaît que l'hétérosexualité est désirable et que l'homosexualité est indésirable.

Dans la première étape (Confusion), l'individu observe que certains de ses comportements (actes, pensées, et sentiments) pourraient indiquer une orientation homosexuelle. L'impact de cette supposition pour un individu dans notre société est immense et les réactions peuvent varier entre la curiosité, la confusion et l'angoisse. L'objectif à cette étape est de résoudre la confusion née de cette découverte et ses deux issues possibles sont d'accepter la possibilité de cette orientation homosexuelle et la considérer comme étant désirable, ou de l'accepter mais en la considérant indésirable. D'un autre côté, la personne peut décider de ne pas accepter la possibilité de son orientation homosexuelle et d'en suspendre ainsi le développement.

Les deux groupes qui émergent de cette première étape doivent ensuite considérer les implications de leur identité homosexuelle potentielle (Comparaison). La crainte de la stigmatisation et celle de faire partie d'une minorité dévalorisée font alors surface. De plus, la personne commence à reconnaître que les attentes liées à l'identité hétérosexuelle, telle qu'avoir des enfants, pourraient ne plus s'appliquer. La continuité entre le passé, le présent et le futur est brisée. Les réactions alternent entre des sentiments de perte et de deuil, et un sentiment de réconfort qui fait suite à une meilleure compréhension de la différence que ces personnes ont souvent ressentie.

Idéalement, l'individu sort de cette étape en estimant que les bénéfices sont plus grands que les coûts et il tente d'utiliser des stratégies pour dévaloriser l'hétérosexisme présent dans la société. Par contre, si l'individu perçoit que les coûts sont plus grands que les bénéfices, il essaiera d'inhiber ou même d'éliminer ses comportements homosexuels. Il en résultera pour lui ou pour elle une image négative de son homosexualité ou un arrêt de son développement dans cette direction.

Ceux ou celles qui accèdent à la troisième étape (Tolérance) reconnaissent qu'ils sont, au moins partiellement, homosexuels et se concentrent maintenant sur les besoins sociaux, sexuels et émotionnels reliés à leur identité. Ceci nécessitera la divulgation de leur orientation à d'autres personnes mais, pour l'instant, la menace de l'hétérosexuel présumé hétérosexiste est trop grande. L'individu va donc consacrer ses énergies à prendre contact avec d'autres gais ou lesbiennes et ce faisant, augmenter son estime de soi et diminuer son sentiment d'aliénation. Si ces contacts sont positifs, il sortira de cette étape en éprouvant une plus grande satisfaction de son orientation sexuelle; par contre, s'ils sont insatisfaisants, l'individu essaiera de limiter ses contacts avec d'autres homosexuels et dévalorisera son orientation sexuelle ou même en suspendra le développement.

Dans la quatrième étape (Acceptation), l'individu s'accepte, plus ou moins positivement, selon ce qu'il a vécu dans les étapes précédentes. Malgré cette acceptation, le sentiment intérieur d'être homosexuel est encore fragile car l'hétérosexualité continue d'être vue comme étant plus désirable. Les contacts avec d'autres gais et lesbiennes se multiplient et l'individu commence à révéler son orientation à quelques hétérosexuels bien choisis. Suivant cette expérience où il se sent confirmé dans son orientation, l'individu commence à penser que *les gais sont aussi bons que les straights*. La tolérance assumée à l'étape précédente se transforme en acceptation.

Idéalement, la personne sort de cette étape avec un sentiment d'identité homosexuelle stable qui lui permet de tolérer les attitudes négatives de la société. Par contre, si la personne a de la difficulté à se constituer un réseau qui lui confirme son identité homosexuelle, son sentiment d'aliénation se trouvera renforcé et elle aura de la difficulté à gérer ses réactions vis-à-vis de l'hétérosexisme.

Au cours de la cinquième étape (Fierté), l'individu réalise qu'il y a une différence entre sa propre acceptation de son homosexualité et le rejet de celle-ci par la société. Il reconnaît que l'hétérosexisme présent dans son environnement l'empêche de vivre sa vie pleinement. La colère que ceci engendre chez lui mène à une dévalorisation marquée de l'hétérosexualité et à un rejet de l'idéologie qui donne aux hétérosexuels une position privilégiée dans notre société. La personne plonge alors dans la culture gaie et lesbienne et expérimente fortement des sentiments d'appartenance au groupe. La combinaison de fierté et de colère amène l'individu à abandonner ses stratégies de dissimulation et à se confronter activement à l'hétérosexisme. Si l'individu perçoit des réactions négatives, il les interprète comme autant de preuves que sa colère est justifiée, et son développement est alors suspendu. Par contre, s'il perçoit des réactions positives en réponse à ses confrontations, la division entre eux et nous ne peut plus être défendue, et la prochaine étape (Synthèse) est enclenchée.

Quand l'homosexualité est acceptée personnellement et idéologiquement par au moins quelques hétérosexuels, l'individu ne peut plus diviser la société entre les «bons» homosexuels et les «mauvais» hétérosexuels; les hétérosexuels sympathisants sont réévalués positivement et les hétérosexuels antipathiques sont d'autant plus dévalorisés par lui. Les sentiments de colère, d'aliénation et de frustration s'amoindrissent car l'ennemi monolithique a été réduit en nombre et est perçu de manière plus individuelle. Les interactions avec une diversité de personnes renforcent l'identité intérieure de l'individu et son identification à son groupe homosexuel est réduite de ce fait. L'individu se reconnaît une appartenance à la société et s'identifie comme étant plus que simplement homosexuel. Son identité homosexuelle est maintenant intégrée à son identité personnelle, ce qui renforce son estime de soi et le sentiment chez lui d'être en contrôle sur sa vie.

+++

Comme il en est pour toutes les théories du développement, l'individu peut toujours revenir à des étapes antérieures à l'occasion de certaines périodes de sa vie. Ceci peut même l'amener à renégocier des difficultés mal résolues au cours de telle étape, par exemple, l'intériorisation d'une identité homosexuelle négative. Il n'y a pas de parcours uniforme et certains individus peuvent progresser rapidement durant l'adolescence pendant que d'autres le feront plus lentement. Il est par conséquent important de situer à quelle étape se trouve l'individu avec qui on travaille, afin de mieux saisir les problématiques qu'il présente. Par exemple, une discussion sur les aspects idéologiques de l'oppression des homosexuels est inappropriée quand la personne ressent qu'elle n'a pas d'avenir (deuxième étape).

Finalement, il est important de se rappeler que la formation de l'orientation sexuelle n'intervient pas de façon isolée par rapport aux autres processus du développement de l'identité. L'école, la famille et la présence de problèmes psychologiques sont autant de facteurs qui peuvent influencer le développement de l'identité homosexuelle.

Problématiques rencontrées chez l'adolescent gai ou lesbienne

Le suicide La relation entre le suicide complété et l'orientation homosexuelle est controversée. Les grands chercheurs sur la question du suicide chez les jeunes (Pfeffer, Shafii et Brent) ne discutent jamais de l'orientation sexuelle des enfants et des adolescents qu'ils ont étudiés. Ce n'est que récemment que Shaffer (1993) a commencé à discuter de l'orientation sexuelle présumée des adolescents qui se suicident. Dans son étude, Gibson (1989) mentionne que malgré les taux élevés de tentatives de suicide chez les gais et les lesbiennes, surtout durant leur jeunesse, le lien entre les tentatives suicidaires et les suicides complétés est incertain. Néanmoins, Gibson suggère que les jeunes homosexuels pourraient représenter jusqu'à 30% des suicides complétés, estimation qui n'a malheureusement pas encore été validée.

Remafedi et coll. (1991) ont trouvé que 30% de leur échantillon de 137 adolescents gais ou bisexuels âgés de 14 à 21 ans avaient fait une tentative de suicide. Vingt pour cent des tentatives ont nécessité une hospitalisation. Les trois quarts des premières tentatives suivaient l'auto-identification du jeune comme homosexuel, mais seulement un tiers des tentatives étaient reliées aux difficultés propre à l'homosexualité. Rotheram-Borus et coll. (1994) ont noté que 38,6 % de leur échantillon de 139 gais ou bisexuels âgés de 14 à 19 ans qui se présentèrent à une agence de services sociaux avaient fait une tentative de suicide. Le stress relié à l'homosexualité était plus élevé chez ceux qui avaient fait des tentatives que chez ceux qui n'en avaient pas fait. Par contre, le niveau de stress général était égal dans les deux groupes. Kruks (1991) a rapporté que de 25% à 30% des jeunes itinérants étaient homosexuels. La population itinérante est reconnue pour avoir de multiples problèmes et un taux de suicide élevé; dans son échantillon, 53% des jeunes gais itinérants avaient fait au moins une tentative, et 47 % plus d'une tentative de suicide.

Aucune des études n'a porté sur une population générale où serait inclus un groupe contrôle de jeunes hétérosexuels ou un groupe contrôle de jeunes gais sans problèmes multiples. Néanmoins, ces études rapportent de façon consistante un taux élevé de tentatives de suicide. Souvent les idées suicidaires sont un moyen de retrouver le pouvoir que ces jeunes semblent avoir perdu dans une société hétérosexiste. L'abus de substances est également utilisé pour gérer le stress qui, malheureusement, ne fait qu'augmenter le risque de suicide. Les jeunes gais et lesbiennes ont souvent peu de soutien de leurs familles mais vivent plutôt des conflits et de l'hostilité ouverte qui sont d'autres facteurs de risque reconnus chez les adolescents suicidaires.

Le VIH Les adolescents gais et bisexuels représentent un groupe à risque de contracter le VIH. Les trois quarts des adolescents mâles semblent avoir été infectés par des relations sexuelles avec d'autres hommes (Centers for Disease Control, 1994). Malgré des programmes d'éducation, le taux de séroconversion demeure élevé chez les adolescents gais et bisexuels (Denning et coll., 1997).

Povinelli et coll. (1996) ont examiné les facteurs qui amènent un jeune gai ou bisexuel à se soumettre aux tests de dépistage du VIH. Des facteurs de susceptibilité tels les comportements sexuels à risque et l'abus de substances semblent inciter au dépistage; de même, des facteurs de mobilisation, tels un réseau d'amis qui comprennent l'homosexualité, des échanges sur l'homosexualité avec un médecin ou un autre intervenant, et la présence d'un partenaire stable augmentent le taux de dépistage. Par contre, le jeune âge et le fait d'habiter avec sa famille s'avèrent avoir une influence négative sur le taux de dépistage, ce qui peut refléter des contraintes économiques et des craintes concernant le dévoilement de l'orientation sexuelle et/ou les résultats du dépistage.

Les facteurs associés aux comportements médicaux ne sont pas nécessairement reliés aux comportements sexuels à risque. Rotheram-Borus et coll. (1995) ont évalué les facteurs prédictifs d'un changement positif dans le comportement sexuel des jeunes gais et bisexuels (14 à 19 ans) pendant l'année suivant une intervention de 20 séances échelonnées sur trois semaines. La réduction des niveaux d'anxiété, de dépression et d'abus de substances, et une meilleure estime de soi sont des prédicteurs d'amélioration dans les comportements sexuels à risque. Bien d'autres facteurs tels les connaissances sur le SIDA, les sentiments d'auto-efficacité et d'autocontrôle, et le soutien d'un ami ou d'une partenaire ne semblent pas influencer directement la fréquence des comportements sexuels à risque.

> *M. B est un jeune homme intelligent de 17 ans qui entreprend des études à l'université. Il se plaint d'une dépression légère mais chronique depuis les deux dernières années. Il parle ouvertement de son homosexualité et dit s'accepter assez bien. Quand on lui demande comment il gère sa sexualité, il devient silencieux. «C'est fou», explique-t-il, «quand j'ai mes périodes creuses, on dirait que rien ne m'importe sauf d'être avec un homme». Il est inquiet car il a eu plusieurs comportements sexuels à risque au cours de la dernière année. Il accepte de subir les tests de dépistage du VIH. Le résultat est positif.*

Interventions auprès de l'adolescent gai ou lesbienne

Le plus grand obstacle auquel font face les adolescents gais, lesbiennes et bisexuels est celui de l'invisibilité. L'intervention la plus simple et la plus efficace pour tous ceux qui oeuvrent auprès des adolescents est d'éliminer l'hétérosexisme qui s'insinue discrètement dans nos interactions avec ces jeunes. En discutant de sexualité, il est important de ne pas prendre pour acquis que le jeune homme devant nous veut avoir une copine, ou s'il a une copine, qu'il est forcément hétérosexuel. Les questions devraient éviter d'exclure la possibilité des désirs homoérotiques. Par exemple, la discussion peut s'engager en demandant à l'adolescent s'il pense à sortir avec quelqu'un. On peut enchaîner en mentionnant que certains garçons sont intéressés par les filles, et d'autres, par des garçons, et lui demander ce qu'il en pense. Même si l'adolescent ou l'adolescente ne dévoile pas son orientation homosexuelle, ces questions sont rassurantes car elles indiquent qu'il ou qu'elle n'est pas seul(e), et pourront ainsi faciliter la discussion lors d'une prochaine visite.

Si l'adolescent dévoile ses comportements homosexuels (désirs, pensées ou actes), il est important d'essayer de le situer en fonction du modèle de développement de l'orientation homosexuelle décrit précédemment. Il est inapproprié de dire à un adolescent qu'il est homosexuel s'il en est aux premières étapes de son développement. Il est également inapproprié de lui dire qu'il est trop jeune pour savoir s'il est gai quand il vous l'annonce. Le développement étant influencé par une multitude de facteurs, un adolescent ou une adolescente de 18 ans pourra aussi bien être dans la deuxième que dans la sixième étape. L'identification de cette étape permet à l'intervenant de se concentrer sur les questions appropriés à l'adolescent en cause plutôt que sur l'homosexualité en général.

Finalement, il est important d'évaluer d'autres aspects de la vie de l'adolescent, surtout l'abus de substances, les idées suicidaires et les comportements sexuels à risque, et si nécessaire, des ressources professionnelles appropriées devraient être suggérées dans chaque cas. La relation de l'adolescent avec ses amis et sa famille devrait être explorée, tout en rassurant celui-ci sur la confidentialité de l'entretien. Une intervention auprès de la famille serait peut-être appréciée par l'adolescent, mais souvent il n'est pas prêt à affronter cette réalité. Les réactions des familles peuvent varier entre l'acceptation de la situation et l'expulsion de la maison, et il est donc préférable d'explorer avec le jeune le moment propice pour avoir cet échange avec les parents.

Les familles éprouvent souvent beaucoup de difficultés à faire face à l'homosexualité de leurs enfants lesbiennes, gais et bisexuels. Les réactions initiales varient entre la tolérance et le rejet total. Même les parents les plus ouverts doivent vivre le deuil de l'enfant souhaité: l'enfant hétérosexuel qui réalisera leurs rêves et leur donnera des petits-enfants. Une perception pathologique de l'homosexualité existe encore dans la population générale et beaucoup de parents se croient coupables de l'homosexualité de leur enfant. Les parents peuvent aussi avoir peur que leurs enfants ne puissent jamais trouver de partenaire ou qu'ils souffrent du statut d'une minorité indésirable. Souvent, les parents auront de la difficulté à tolérer la sexualité de leur enfant dans son expression concrète. Une mère m'expliqua:

> *J'ai une fille et un garçon qui sont tous deux adultes. Les deux sont en couple. Je ne pense jamais à ce que fait ma fille au lit, j'imagine qu'elle doit faire comme moi. Mais l'image de mon fils dans le lit avec son copain me vire à l'envers! Mon mari ne peut même plus dire le mot 'anal'.*

Les parents doivent franchir les étapes dans leur propre processus d'acceptation de l'homosexualité de leur enfant: confusion, comparaison, tolérance, acceptation, fierté et synthèse. Étant donné que les enfants n'annoncent leur orientation homosexuelle que vers la fin de leur développement, les parents ne seront souvent pas prêts dans un premier temps à discuter des aspects se rapportant aux étapes plus avancées du développement, malgré le besoin réel qu'a l'enfant de voir confirmer par ses parents son orientation sexuelle. Une fois acceptée (et non seulement tolérée) l'orientation homosexuelle de l'enfant, un facteur particulier s'ajoute pour les parents: la culpabilité d'avoir participé à l'hétérosexisme et de ne pas avoir été présents auprès de leur enfant durant cette période difficile de sa vie.

Ressources

Étant donné le rôle central que peuvent avoir les relations avec d'autres personnes, gais ou lesbiennes, dans le développement de l'identité homosexuelle, l'utilisation de ressources pour les jeunes, lesbiennes, gais et bisexuels, est fortement recommandée. *Projet 10* est une ressource pour les adolescents qui s'interrogent sur leur sexualité. Les groupes se rencontrent au Centre de la Jeunesse et de la Famille Batshaw hebdomadairement pour des groupes de discussion menés par un intervenant. L'adolescent n'a qu'à téléphoner pour avoir un rendez-vous avec un intervenant avant de se joindre à un groupe francophone ou anglophone.

Pour les adolescents qui sont plus confortables dans leur identité homosexuelle, *Jeunesse Lambda* est un groupe social pour lesbiennes, gais et bisexuels âgés de moins de 25 ans qui se retrouvent chaque semaine pour une discussion et des activités sociales. Il existe également des lignes téléphoniques en français *(Gai Écoute)* et en anglais *(Gay Line)* où les adolescents peuvent s'adresser pour obtenir de l'information ou simplement pour parler.

Pour les parents d'enfants gais ou lesbiennes, il existe deux ressources d'entraide: *Parents d'enfants gais* et le chapitre local de PFLAG *(Parents and Friends of Lesbians and Gays)*. Les numéros de téléphone de ces ressources sont donnés à la fin de cet article.

✳✳✳

Cet article visait à résumer les enjeux importants auxquels doit faire face l'adolescent gai, lesbienne ou bisexuel. Au-delà de ces particularités, ces jeunes ont les mêmes besoins d'amour et d'autoréalisation que les adolescents hétérosexuels et il s'agit souvent de permettre une communication ouverte et non biaisée pour le constater.❖

Quelques ressources:

Projet 10/Project 10
932-7161

Jeunesse Lambda
528-7535

Gai Écoute (francophone)
866-0103

Gay Line (anglophone)
987-3000

Parents d'enfants gais
282-1087

PFLAG (surtout anglophone)
488-4608

The author addresses some of the relevant issues to gay and lesbians adolescents. Some basic statistics are discussed and a model of adolescent sexual identiy formation is outlined with a presentation of each phase: confusion, comparison, tolerance, acceptance, pride and synthesis. Suicide and HIV infection are examined more closely given that this population is particularly at risk. General guidelines are given to help the health care professional interact effectively with this "hidden" population and their families. Montreal resources for gay and lesbian teenagers are listed at the end.

Références

American Association of University Women. Hostile Hallways: *The AAUW Survey on Sexual Harassment in America's Schools*. Washington, D.C.: American Association of University Women, 1993.

Bailey JM, Pillard RC. A genetic study of male sexual orientation. *Arch Gen Psychiat* 1991;48:1089-1096.

Bailey JM, et coll. Heritable factores influence sexual orientation in women. *Arch Gen Psychiat* 1993;50:217-223.

Cass V. Sexual orientation identity formation: A western phenomenon. In: Cabaj RP, Stein TS. (eds) *Textbook of Homosexuality and Mental Health*. Washington, D.C.: American Psychiatric Press Inc. 1996:227-251.

Centers for Disease Control. *HIV/AIDS Surveillance Report*. Atlanta: Center for Infectious Diseases, Division of HIV/AIDS, 1994.

D'Augelli AR, Dark LJ. Vulnerable populations: lesbian, gay and bisexual youth. In: Erong LD, Gentry JH, Schlegel P. (eds) *Reason to Hope: A Psychosocial Perspective on Violence and Youth*. Washington D.C.: American Psychological Association, 1995:177-196.

D'Augelli AR, Hershberger SL. Lesbian, gay, and bisexual youth in community settings: personal challenges and mental health problems. *Amer J Comm Psychol* 1993;21: 421-448.

Denning PH, Jones JL, Ward JW. Recent trends in the HIV epidemic in adolescent and young gay and bisexual men. *Journal of Acquired Immunew Deficiency Syndromes and Human Retrovirology* 1997;16:374-379.

Gibson P. *Gay male and lesbian youth suicide, in ADAMHA, Report of the Secretary's Task Force on Youth Suicide*, Vol 3 (DHHS Publ No ADM- 89-1623). Washington, D.C.: U.S. Government Printing Office. 1989:110-142.

Hartstein NB. Suicide risk in lesbian, gay, and bisexual youth. In: Cabaj RP, Stein TS. (eds) *Textbook of Homosexuality and Mental Health*. Washington, D.C.: American Psychiatric Press Inc., 1996:819-837.

Herdt GH, Boxer AM. *Children of Horizons: How Gay and Lesbian Teens are Leading a New Way Out of the Closet*. Boston: Beacon Press, 1993.

Kruks G. Gay and lesbian homeless/street youth: special issues and concerns. *Journal of Adolescent Health* 1991;12:515-518.

Malyon AK. The homosexual adolescent: development issues and social bias. *Child Welfare*. 1981;60: 321-330..

Marsiglio W. Attitudes toward homosexual activity and gays as friends: a national suvey of heterosexual 15- to 19-year-old males. *Journal of Sex Research* 1993;30:12-17.

Martin AD. Learning to hide: socialization of the gay and lesbian adolescent. *Journal of Homosexuality* 1988;15:163-184.

McAnarney ER, Kreipe RE, et coll. *Textbook of Adolescent Medicine*. Philadelphia: WB Saunders, 1992.

Povinelli M, Remafedi G. Trends and predictors of human immunodeficiency virus antibody testing by homosexual and bisexual adolescent males, 1989-1994. *Arch Ped Adolesc Med* 1996;150: 33-38.

Remafedi G, Farrow JA, Desher RW. Risk factors fore attempted suicide in gay and bisexual youth. *Pediatrics* 1991;87:869-875.

Remafedi G, Resnick M, Blum R, et coll. Demography of sexual orientation in adolescents. *Pediatrics* 1992;89:714-721.

Rotheram-Borus MJ, Hunter J, Rosario M. Suicidal behavior and gay related stress among gay and bisexual male adolescents. *Journal of Adolescent Research* 1994;9: 498-508.

Rotheram-Borus MJ, Rosario M, et coll. Predicting patterns of sexual acts among homosexual and bisexual youths. *Amer J Psychiat* 1995;152:588-595.

Shaffer D. Suicide: risk factors and the public health. *American Journal of Public Health* 1993;83:171-172.

Weinberg G. *Society and the Healthy Homosexual*. New York: St. Martin's, 1972.

Homosexualité et comportements suicidaires chez l'adolescent: *trois cas cliniques*

JACK **STRULOVITCH**

L'auteur a une maîtrise
en service social et il exerce
à l'Unité de soins intensifs
pour adolescents du
Département de psychiatrie
de l'Hôpital de Montréal
pour Enfants.

Il est superviseur clinique
à la Faculté de service social
de l'Université McGill.

Adresse:
4018, Ste-Catherine ouest
Montréal (Québec) H3Z 1P2

Au cours des dernières décennies, nous avons été témoins d'une nette augmentation du suicide chez les jeunes. Selon Remafedi et al (1991), les taux de suicide ont quadruplé dans le cas des jeunes hommes au cours des vingt-cinq dernières années et le suicide est devenu la seconde cause de mortalité dans la population adolescente. De façon coïncidente, la recherche dans ce domaine s'est considérablement développée afin d'arriver à une meilleure compréhension du comportement suicidaire et, par suite, à des approches plus efficaces de traitement et éventuellement de prévention dans ce domaine.

L'Hôpital de Montréal pour enfants est l'un des deux centres de soins tertiaires situé dans la région métropolitaine qui offre des services à un bassin de population d'environ un million et demi de personnes. Ainsi, le Département de psychiatrie reçoit chaque année près de 125 adolescents présentant des risques suicidaires élevés qui sont évalués par l'Unité de soins intensifs pour adolescents. Cette équipe d'intervention est composée d'un psychiatre, d'un travailleur social, d'une infirmière clinicienne, d'une ergothérapeute, d'un spécialiste en counseling et d'un consultant en pastorale. Le mandat

Les adolescents homosexuels, gais, lesbiennes ou bisexuels, font face à des pressions et des défis spécifiques qui peuvent mettre en péril leur développement et leur équilibre affectif. En plus d'être rejetés par leurs familles et harcelés par leurs pairs, ces jeunes risquent de connaître des échecs scolaires, de s'adonner à la consommation de drogues, à la délinquance et à la prostitution. On note en outre un taux élevé de comportements suicidaires dans cette population. L'auteur présente les cas de trois adolescents qui furent évalués à l'occasion d'une tentative de suicide et il discute des formes d'aide qui peuvent être apportés à ces jeunes et de la nécessité pour les intervenants et les enseignants de revoir leurs attitudes et leurs préjugés vis-à-vis de l'homosexualité.

de l'Unité est de procéder rapidement à une évaluation psychiatrique et de fournir une prise en charge, c'est-à-dire d'intervenir à ce moment de crise que traversent ces adolescents alors qu'ils sont admis dans nos services avec des troubles psychiatriques souvent sévères. L'équipe a développé au cours des années une expertise dans l'évaluation et le traitement de cette population.

Le comportement suicidaire chez l'adolescent se présente sous de multiples facettes et il comporte tout autant de variables socioculturelles et psychiatriques. Les tâches développementales qui attendent l'adolescent ne sont pas faciles à remplir et peuvent provoquer, y compris dans le meilleur des cas, de l'anxiété ou des difficultés d'ordres divers. C'est à cette étape que l'adolescent construit son identité en tant que séparée de celle de ses parents, qu'il noue des relations significatives avec ses pairs et apprend à contenir ses pulsions sexuelles. Les adolescents gais, lesbiennes ou bisexuels doivent aussi affronter ces tâches mais dans une société qui leur offre une information souvent insuffisante ou inadéquate, d'où leur sentiment d'être encore plus isolés et non bienvenus.

Une notion généralement acceptée dans nos milieux est à l'effet que les adolescents ne peuvent être conscients de leur orientation sexuelle au cours de leur jeune âge, et que l'aveu d'idéations homosexuelles correspond «simplement à une phase». Selon Remafedi (1987), c'est en moyenne vers l'âge de 14 ans que le jeune se reconnaît lui-même comme homosexuel. Lorsque l'adolescent révèle son orientation sexuelle, les défis qui l'attendent dans sa famille, parmi ses pairs et les personnes qu'il côtoie à l'école et dans le mouvement religieux qu'il fréquente risquent d'être nombreux. Par contre, les jeunes qui décident de cacher ou même d'ignorer leur orientation sexuelle s'exposent à d'autres pressions qui pourront se traduire par des difficultés à faire face à la réalité et qui se perpétueront bien au-delà de l'adolescence.

Ce n'est que depuis quelques années que les chercheurs considèrent l'orientation sexuelle comme un des facteurs de risque de comportements suicidaires. Dans les trois cas que nous présentons ici, les idées ou les gestes suicidaires sont clairement associés à l'orientation sexuelle révélée ou non de chacun par ces adolescents.

Le cas de John

John, un adolescent de 16 ans, fut amené à l'urgence de l'hôpital par la police qui l'avait trouvé sur un pont où il était sur le point de se suicider. Il avait écrit plusieurs lettres d'adieux à sa famille et à ses amis. Hospitalisé sur le champ, il fut évalué par l'Unité de soins intensifs le jour suivant, en compagnie de ses parents et de sa soeur âgée de 11 ans. L'adolescent reconnut que sa dépression avait commencé il y a sept mois, après qu'il eut révélé à sa mère qu'il était homosexuel. Celle-ci n'en parla au père que le soir de l'admission de John à l'hôpital.

John décrivit sa mère comme ayant été non soutenante au cours de cette période, alors qu'elle le pressait constamment de changer d'orientation sexuelle. Dans le groupe religieux qu'il fréquentait, les adolescents croyaient aussi qu'il devait changer. John s'était lié avec un autre garçon mais il avait mis fin à cette relation un mois auparavant, sur l'insistance de sa mère. Par la suite, sa consommation occasionnelle de drogues s'était radicalement transformée: il fumait au moins trois fois par jour du haschich et consommait des drogues hallucinogènes durant les fins de semaine. Il présentait aussi des signes de dépression tels que de l'hypersomnie, une perte d'appétit et ses résultats scolaires avaient chuté. John vivait douloureusement la perte de son ami et se sentait en conflit avec son orientation sexuelle. Il avoua qu'il n'avait pas eu le courage de se lancer du haut du pont, craignant de survivre à la chute et de rester paralysé.

Les parents demandèrent à être vus seuls. Ils rapportèrent que lorsque John avait trois ans, la famille avait eu un terrible accident d'auto dans lequel son petit frère, alors âgé de un an, fut tué sur le coup. Les parents furent longtemps hospitalisés et l'état du père nécessita une très longue réadaptation. Le père se demandait si cet accident pouvait être la cause de l'homosexualité de John, et il ressentait qu'il avait désormais perdu ses deux fils. La mère comprenait l'homosexualité de son fils comme une «lubie» ou un caprice qui lui passerait et le père avouait pour sa part qu'il serait très ennuyé si son fils restait homosexuel. Ils acceptèrent néanmoins de soutenir leur fils et se dirent heureux qu'il soit sorti indemne de cette crise.

John resta à l'hôpital pendant une semaine. Il se sentait profondément soulagé que son père soit enfin au courant de son orientation sexuelle. Les parents choisirent un thérapeute dans leur propre milieu pour les aider à faire face aux sentiments de perte et de confusion qu'ils vivaient. John fut suivi en thérapie individuelle et décida de participer à un groupe d'adolescents appelé Project 10. Ce programme mis en place par un organisme communautaire offre de l'aide et du soutien à des jeunes, garçons ou filles, homosexuels de tous les milieux socioculturels; tous les services fournis en français et en anglais par un personnel qualifié sont confidentiels.

Rencontré à l'occasion d'un suivi, John semblait assez satisfait. Il avait renoué avec son ami et se préparait en vue d'être admis dans une école de théâtre. Il était toujours confronté à cette idée chez ses parents voulant qu'il soit possible pour lui de changer d'orientation sexuelle. Il se sentait davantage soutenu par des gens en dehors de sa famille mais il pouvait maintenant faire face à ses problèmes plus efficacement. Il mentionna aussi qu'il avait cessé toute consommation de drogues. Il avait repris un travail à temps partiel et poursuivait des études en musique. Il projetait de quitter la maison dès qu'il entrerait au collège.

Le cas de Robert

Robert, 16 ans, fut admis à l'hôpital après avoir pris une soixantaine de comprimés d'acétaminophène. Au cours de la soirée, il avait avalé vingt comprimés et s'était endormi en espérant ne pas se réveiller. En se levant le lendemain matin, il avait ingéré une quarantaine de comprimés et était parti pour l'école. Il avait alors confié à une amie avoir pris des médicaments et c'est après qu'elle en eut informé un conseiller scolaire que Robert fut amené en ambulance à l'hôpital.

L'adolescent admit qu'il se sentait déprimé depuis quelques mois et qu'il avait songé au suicide. Ouvertement homosexuel, il se dit harcelé constamment par des garçons de l'école. La «goutte d'eau» qui avait fait déborder le vase, selon lui, était un message énumérant «les dix principales raisons pour lesquelles Robert devrait être renvoyé de l'école». Sur cette liste qui avait circulé dans toute l'école figuraient de multiples références à son homosexualité et à ses comportements efféminés.

Deux ans auparavant, sur l'avis de son conseiller scolaire, Robert avait révélé à ses parents qu'il était homosexuel. Ne sachant trop comment réagir, ses parents avaient immédiatement cherché conseil. Ils participèrent à six rencontres de counseling et Robert fut de son côté suivi par un thérapeute pendant quelques mois. Même s'il sentait que la démarche avait été utile, Robert dit que ses parents avaient évité le sujet par la suite et n'avaient jamais discuté avec lui de questions touchant son homosexualité. Il avait mis ses parents au courant du harcèlement qu'il subissait à l'école mais ceux-ci se centraient uniquement sur ses résultats scolaires qu'ils jugeaient insuffisants.

Lors de la rencontre avec la famille, les parents dirent qu'ils s'étaient sentis coupables de n'avoir pas mieux soutenu leur fils au cours de cette période. Ils n'étaient pas conscients des pressions qu'ils exerçaient sur leur fils et disaient ignorer la gravité du harcèlement que Robert subissait à l'école. Durant l'entrevue, les parents avouèrent certaines réactions que soulevaient chez eux les comportements de leur fils. La mère dit qu'elle n'aimait pas la voix efféminée de son garçon, certaines de ses manières et surtout le fait qu'il ait révélé à trop de monde son orientation sexuelle. Elle était aussi fâchée qu'il ait complètement rasé sa poitrine et ses bras. La mère réalisa qu'il s'agissait là de ses propres difficultés et qu'il lui fallait travailler à les résoudre. Le père pensait de son côté qu'il s'agissait d'une phase transitoire et il ne parvenait pas à comprendre pourquoi son fils avait autant de filles comme amies.

Robert fut hospitalisé quelques jours puis il retourna chez lui et prit congé pendant un certain temps avant de retourner à l'école. Il souhaitait poursuivre sa thérapie individuelle avec le conseiller scolaire qu'il connaissait bien. L'Unité prit contact avec l'école et le directeur assura qu'une rencontre du personnel serait organisée pour discuter des mesures à mettre en place. Les parents reconnurent qu'ils avaient besoin de soutien et reprirent contact avec le thérapeute qui les avait déjà suivis. Robert rapporta par la suite qu'il se sentait mieux; il avait été touché par le souci et l'affection que lui avaient témoignés ses parents et la sympathie manifestée par ses amis et le personnel de l'école.

Le cas de Mary

Mary, 16 ans, fut amenée à l'hôpital par ses parents après que le conseiller scolaire ait été mis au courant par une amie de Mary de son intention de se suicider. Mary projetait apparemment de prendre une «overdose» après une présentation orale en classe. Le lendemain de son hospitalisation, la famille fut rencontrée par l'Unité de soins intensifs. Mary resta silencieuse tout au long de cette première entrevue. Les parents rapportèrent qu'elle semblait déprimée au cours des derniers jours. S'isolant dans sa chambre, elle leur parlait peu et avait de la difficulté à se lever pour aller en classe. L'adolescente était aussi préoccupée par son poids et essayait de manger moins.

Quelques mois auparavant, les parents avait consulté l'Unité des troubles alimentaires de l'hôpital mais l'adolescente refusa de s'engager en thérapie individuelle, selon la recommandation qui lui avait alors été faite. Les parents firent aussi entendre que leur fille leur avait semblé déprimée après avoir passé quelque temps à la campagne avec une amie au cours des vacances d'été. Selon eux, Mary était tombée amoureuse de cette fille qui l'avait peut-être repoussée.

Alors qu'elle était hospitalisée, Mary fut rencontrée par l'infirmière clinicienne de l'unité. Tout en acceptant de collaborer, elle refusa de révéler les raisons de ses pensées suicidaires à moins que la clinicienne l'assure de la confidentialité de l'entretien. Elle permit cependant à l'équipe de rencontrer le travailleur social de son école pour discuter de ses problèmes. Celui-ci les informa que Mary avait des difficultés à faire face à son orientation homosexuelle, en parti-

culier de la révéler à ses parents; Mary lui avait dit qu'elle n'était pas prête à leur en parler. L'adolescente reçut son congé de l'hôpital quelques jours plus tard et accepta d'être suivie sur une base individuelle et dans le cadre d'une thérapie familiale. Après six rencontres, la famille mit fin au traitement de façon abrupte. Mary s'engagea pour sa part dans un groupe de thérapie par l'art mais elle se montra distante et n'aborda aucune question touchant sa sexualité. A la dixième rencontre, elle annonça à son thérapeute qu'elle quittait le groupe pour se joindre à Project 10 afin de travailler des questions liées à son identité.

Discussion

Une revue des écrits les plus récents révèle qu'un nombre significativement élevé d'adolescents homosexuels (lesbiennes, gais ou bisexuels) font une tentative de suicide. Selon l'étude réalisée par Gibson (1989), la majorité des gestes suicidaires posés par des jeunes gais ou lesbiennes surviennent au cours de l'adolescence. Il a aussi noté qu'entre 20% et 30% des adolescents homosexuels avaient tenté de se suicider.

D'autres chercheurs ont rapporté des chiffres semblables démontrant des risques suicidaires plus élevés chez les adolescents homosexuels. Sur les 137 jeunes homosexuels âgés de 14 à 21 ans étudiés par Remafedi et al (1991), 30% avaient attenté au moins une fois à leur vie. Une autre étude menée par Rotheran-Borus et al (1994) a signalé que plus de 35% des garçons homosexuels ou bisexuels connus d'agences sociales avaient tenté de se suicider.

Plusieurs chercheurs qui ont étudié la problématique du suicide chez les adolescents ont jusqu'à présent ignoré l'orientation sexuelle en tant que facteur de risque dans ces cas. Aussi bien, certains croient que les tentatives de suicide et les suicides complétés représentent deux groupes bien distincts. Il est pourtant reconnu qu'une tentative de suicide représente un facteur de risque majeur d'un suicide éventuellement complété. Si le passage à l'acte suicidaire entraîne des bouleversements pour l'adolescent et sa famille, il est aussi un signal avertissant que des changements doivent être apportés dans l'environnement psychosocial du jeune pour qu'il atteigne un niveau de fonctionnement approprié à son âge et un équilibre mental satisfaisant.

Même si John est apparu soulagé que son secret soit connu de son père, ses parents continuaient de se sentir coupables et honteux. Le père croyait que l'homosexualité de son fils était due à une mauvaise expérience qu'il avait eue avec une fille; il avait alors offert d'amener John chez une prostituée dans l'espoir de le voir changer d'orientation sexuelle. Gonsiorek (1988) a indiqué qu'après avoir révélé à leur famille leur orientation homosexuelle ou après que celle-ci ait été découverte, plusieurs jeunes risquent d'être rejetés, maltraités ou encore tenus responsables de la désorganisation familiale. Tout au cours du suivi, John n'avait plus de pensées suicidaires même si ses parents le pressaient constamment de changer d'orientation sexuelle. Selon John, le thérapeute de ses parents leur avait dit qu'il avait été lui-même homosexuel dans sa jeunesse mais qu'il avait réussi ensuite à rencontrer une femme qui lui convenait. Le père de John passait maintenant plus de temps avec lui et l'amenait dans des salles de billard.

Avant d'être hospitalisé, John ne connaissait pas les ressources existant pour les jeunes homosexuels dans la région de Montréal. Très isolé, il n'avait jamais parlé à quiconque de son homosexualité. Martin et Hetrick (1988) ont souligné que l'isolement était un problème majeur pour ces jeunes qui disposent souvent de peu d'information alors que les stéréotypes négatifs circulant sur l'homosexualité leur sont continuellement présentés de même qu'à leurs pairs hétérosexuels. Les trois adolescents dont l'histoire est rapportée ici ont joint Project 10 tôt après leur admission à l'hôpital.

Dans le cas de Robert, les marques d'affection de ses parents ont fait en sorte que ses idées suicidaires sont disparues. Leur manque d'empathie et leur incompréhension du harcèlement dont il était l'objet l'avaient amené à se sentir encore plus isolé et triste. Même si ses parents étaient conscients de son orientation sexuelle, ils n'abordaient pas le sujet et Robert se trouvait seul avec ses questions, se demandant comment il pourrait développer des relations dans l'avenir.

Le harcèlement est un facteur de stress courant chez les jeunes homosexuels, lesbiennes ou bisexuels, et chez Robert en particulier, cela avait lourdement entamé son équilibre émotif. Il pouvait parler ouvertement de son homosexualité avec certains amis alors que d'autres étudiants faisaient constamment des remarques grossières et malveillantes à son endroit. Au courant de la situation, l'école était incapable de modifier le comportement des élèves.

Au cours de cette revue, on a pu vérifier que les adolescents qui révèlent leur orientation sexuelle risquent davantage d'être victimes de harcèlement. Dans l'étude de Pilkington et D'Augelli (1995), 80% des jeunes gais, lesbiennes ou bisexuels ont dit être la cible de remarques sur leur orientation sexuelle et d'affronts verbaux de la part de leurs pairs. Dans l'étude de Remafedi (1991), 40% des adolescents rapportaient qu'ils avaient subi de la violence physique. Robert attribuait le harcèlement à son faible rendement scolaire mais il disait avoir de la difficulté à se concentrer, et ceci à cause de la peur toujours présente d'être harcelé. Quant à John, il avoua les craintes qu'il avait alors que, du fait de son hospitalisation, certains de ses compagnons de classe se trouvaient maintenant au courant de son orientation sexuelle.

On reconnaît aussi que les adolescents homosexuels risquent davantage d'abuser des drogues. Dans le cas de John, le suivi à l'hôpital, la révélation à ses parents de son homosexualité et la reprise de contact avec son ami l'ont aidé à cesser toute consommation. Il devint conscient que la drogue représentait pour lui une tentative d'auto-médication.

Pour sa part, Mary était incapable de discuter ouvertement de son orientation sexuelle avec l'équipe de soin à qui elle a cependant permis d'en parler avec le travailleur social qui la connaissait déjà. Les difficultés des parents purent être travaillées dans le cadre de la thérapie familiale et c'est ensuite que le père de Mary décida d'entreprendre une thérapie personnelle. L'adolescente éprouva des difficultés à faire confiance aux intervenants de l'équipe hospitalière et elle opta plutôt pour le type d'aide offert par Project 10. L'équipe acquiesça à sa demande de confidentialité et respecta sa décision de s'engager dans ce programme.

Project 10 fut créé par Virginia Vribe en 1985. Cette enseignante ressentait que l'école où elle enseignait à Los Angeles ne parvenait pas à répondre aux besoins des adolescents gais et lesbiennes: les objectifs du programme étaient de lutter contre l'échec scolaire et d'offrir à ces jeunes un environnement où ils ne se sentent pas continuellement harcelés. Le programme offre du counseling et des formes d'aide susceptibles d'améliorer la sécurité des jeunes homosexuels et de prévenir le décrochage scolaire. Le nom *Project 10* a été repris de recherches antérieures (par Kinsey, 1948) qui suggéraient qu'au moins 10% de la population était exclusivement homosexuelle.

Selon Martin (1982), les adolescents homosexuels réalisent rapidement qu'ils appartiennent à l'une des minorités les plus méprisées par la société. Plusieurs études ont démontré que l'orientation sexuelle jouait un rôle important dans d'éventuelles tentatives de suicide. L'environnement social, la famille et les amis influencent aussi les attitudes de ces adolescents, lesquelles ont un impact certain sur leur estime de soi et leur équilibre affectif. Les choix qu'ont à faire les jeunes homosexuels sont difficiles et leur situation est souvent loin d'être idéale.

Pour la plupart de ces adolescents, incluant ceux présentés ici, les problèmes familiaux sont au centre de leurs difficultés. Recherchant un environnement protecteur en même temps qu'ils tentent de construire leur autonomie (comme tous les adolescents), plusieurs de ces jeunes vivent sous la menace d'être rejetés par leurs parents et de devoir quitter prématurément la maison. Ils servent fréquemment, et surtout dans les familles dysfonctionnelles, de bouc émissaire. De fait, on a relevé que les jeunes homosexuels étaient plus souvent victimes d'abus physiques et verbaux dans leur milieu familial (Gonsiorek, 1988).

La présence de facteurs de risque suicidaires autres que l'orientation sexuelle doit également être recherchée. La dépression, l'anxiété, les préoccupations en lien avec la mort et les comportements suicidaires présents dans la famille sont autant de facteurs de risque sérieux dans ces cas. La coexistence de ces traits de comorbidité avec l'orientation sexuelle - dont l'interaction contribue à un risque suicidaire accru - n'a pas été bien étudiée jusqu'ici, même si l'expérience clinique indique que ces troubles doivent être pris en compte dans le plan de soin et les approches thérapeutiques utilisées.

Conclusion

Les adolescents homosexuels doivent avoir les moyens de développer une attitude positive et de l'espoir en leur avenir. Mettre fin à la discrimination et à la stigmatisation dont ils sont souvent victimes est plus facile à dire qu'à faire. Il s'agit donc pour les familles, les dirigeants de groupes religieux, les intervenants en santé mentale et les enseignants de considérer leurs propres attitudes face à l'homosexualité afin de saisir l'impact négatif de ces préjugés sur le bien-être psychologique des jeunes homosexuels. Toux ceux qui sont en contact avec ces jeunes ou qui leur offrent des services doivent être conscients que ce groupe d'adolescents est plus vulnérable et davantage sujet à des comportements suicidaires.

Les familles qui découvrent que leur enfant est homosexuel, gai, lesbienne ou bisexuel devraient être prises en charge rapidement et de façon proactive par des professionnels qui comprennent leurs difficultés et peuvent leur offrir l'empathie et les repères susceptibles de les guider dans leur démarche. Les groupes de soutien ont aidé bien des adolescents et leurs familles mais il ne s'en trouve habituellement que dans les centres urbains. Il est important d'informer ces jeunes des ressources existantes et aussi de lieux d'accueil disponibles, s'ils se trouvaient rejetés par leurs familles. Les parents doivent aussi comprendre que les thérapies visant à changer l'orientation sexuelle de leur fils ou de leur fille aboutissent en général à des échecs et vont à l'encontre des connaissances cliniques actuelles dans ce domaine.

Le milieu scolaire doit pour sa part prendre conscience de son rôle qui consiste à offrir un environnement sécuritaire à tous les adolescents qui fréquentent l'école de même qu'à les sensibiliser à la problématique des groupes minoritaires. Le personnel scolaire sera particulièrement sensible aux formes de discrimination dont ces étudiants font l'objet de la part de leurs pairs et aussi des enseignants. Le fait de réagir aux actes de violence et au harcèlement ne suffit pas: il faut instaurer des programmes de prévention et une règle de tolérance zéro vis-à-vis de ces attitudes et de ces comportements. Les enseignants et les professionnels du milieu scolaire devraient être en mesure de fournir l'information disponible sur la sexualité, la santé et sur les écrits s'intéressant à cette population, tout autant qu'il leur appartient d'informer les jeunes sur le Sida et sur les précautions à prendre contre les risques d'infection.

Les intervenants qui reçoivent en consultation des adolescents homosexuels doivent être attentifs au fait que l'orientation homosexuelle est un facteur de risque associé au suicide et, par conséquent, se montrer sensibles aux besoins spécifiques de ces jeunes. Par-dessus tout essentielle, une attitude de tolérance et d'ouverture devrait aider les jeunes homosexuels à développer une identité positive et leur faciliter l'accès aux ressources nécessaires à leur épanouissement.

Traduit par *Denise Marchand*

Gay, lesbian and bisexual adolescents face added pressures during a period of time when significant developmental tasks must be achieved. Many of these adolescents experience school related problems, running away from home and delinquency, substance abuse, prostitution and significantly greater risk of sui-cidal behaviour. Social workers, clinicians and all mental health professionals working with suicidal adolescents must be sensitive to this increased risk in order to adequately help gay youths diminish the stressors associated with their sexual orientation and achieve their full potential. Practitioners need to identify the contribution of their own personal attitudes and beliefs concer-ning homosexuality to the efficacy of therapeutic interventions, and must un-derstand the issues of concern for this particular group. Much is already known about the risk factors associated with adolescent suicidal behaviour in general; concomitant mental illness, substance abuse, prior suicidal attempt(s), expo-sure to suicide and available means. The homosexually oriented suicidal ado-lescent must also cope with challenges specific to his or her homosexuality, which may include such issues as isolation. In this paper, a series of three cases of suicidal behaviour in homosexually oriented adolescents are presen-ted, focusing on the various stressors that are specific to this particular popu-lation of suicidal youth. The author reviews the psychosocial stressors common to each and discusses possible therapeutic strategies, taking into considera-tion the contribution of the homosexuality to the suicidal behaviour. Any com-munity resource for the treatment of suicidal adolescents must take into consideration the special needs of this significant population of suicidal ado-lescents.

Références

Gibson P. Gay male and lesbian youth sui-cide. In: *ADAMHA Report to Secretary's Task Force on Youth Suicide.* U.S. Washington, D.C.: Government Printing Office, 1989;3:110-142.

Gonsiorek JC. Mental health issues of gay and lesbian adolescents. *Journal of Adolescent Health Care* 1988;9:114-122.

Kinsey AC, Pomeroy M, Martin CE. *Sexual Behaviour in the Human Male.* Philadelphia: Saunders, 1948, 804p.

Martin AD. Learning to Hide: socialization of the gay adolescent. *Adolescent Psychiatry* 1982;10:52-65.

Martin AD, Hetrick ES. The stigmatization of the gay and lesbian adolescent. *Journal of Homosexuality* 1988;15:163-184.

Pilkington NW, D'Augelli AR. Victimization of lesbian, gay and bisexual youth in community settings. *Journal of Community Psychology* 1995;23:33-56.

Remafedi G. Male Homosexuality: the adolescent's perspective. *Pediatrics* 1987;79:326-330.

Remafedi G, Garrow JA, Deisher RW. Risk factors for attempted suicide in gay and bisexual youth. *Pediatrics* 1991; 87:869-875.

Rotheran-Borus MJ, Rosario M, Meyer-Bahlburg HFL. Sexual and substance use acts of gay and bisexual male adolescents in New York City. *Journal of Sex Research* 1994;31:47-57.

Des adolescents nous disent ce qu'ils en pensent

Qu'est-ce qui caractérise les rapports gars-filles aujourd'hui? Est-ce différent du temps de tes parents?

F2, G2: *Aujourd'hui on est vraiment proches. Y a pas de différences entre être ami avec une fille ou ami avec un gars. On peut être aussi bien avec l'un ou l'autre.*

F2, G2 : *T'es pas obligé d'avoir un copain/une copine pour avoir des amis de l'autre sexe.*

F2 : *Si t'as un copain, tu peux avoir des amis gars et sortir avec eux. Ca dérangera pas. Mais c'est sûr que ton copain, c'est ton copain.*

F1 : *C'est sûr que c'est différent. Les filles, on prend plus notre place. Moi, par exemple, j'ai des condoms avec moi quand je sors avec mon chum. Surtout au début. Je prendrais pas le risque qu'il en ait pas.*

F1, F2, G1, G2 : *Je prends toujours des condoms au début d'une relation, pour pas prendre de risque. Ca, dans les écoles, ils nous en ont assez parlé. C'est quand ça fait un bout de temps qu'on est ensemble qu'on n'en prend plus.* (Référence à l'engagement plus qu'à la durée de la relation).

Couple grec. Oinochoé

Est-ce différent de ce que vivait ton père ou ta mère? Si oui, en quoi?

G1 : *T'es plus libre qu'avant!*

Ex : *C'est moins sévère. T'es pas obligé d'aller à l'église.*

G2 : *Ca a l'air! D'la façon dont ils parlent!*

F1 : *Les filles étaient moins libres*

Ex : *Elles rentraient plus de bonne heure. Aujourd'hui, on rentre en même temps que la gang. Y avait des places où elles ne pouvaient pas aller. Aujourd'hui, on va toutes dans les bars avec nos amis.*

F2 : *On est plus libres, c'est sûr. Ca veut pas dire qu'on prend moins nos responsabilités.*

Ex : *l'école. Mais c'est pas de la même façon. On s'en fait moins que nos parents sur l'avenir : j'sais pas s'ils étaient comme ça quand ils étaient jeunes.*

G1 : *On dirait qu'il y a plus de violence. Y'avait pas l'air d'avoir ça, les gangs avant. Aujourd'hui, tu prends pas de risques, tu niaises pas avec ça. C'est pas le temps de dévisager quelqu'un dans le métro.*

F2 : *On peut davantage être soi-même, même s'il y a plus de violence. On s'habille comme on veut, puis ça dérange pas. On n'est pas obligées d'être des poupées! Mais faut dire que j'aime ça quand même, le linge! Mais pas n'importe lequel. En tout cas, pas celui qu'aime ma mère!*

F1,F2, G1, G2 : *Aujourd'hui, c'est sûr que t'as hâte d'avoir 18 ans, mais c'est pas comme avant. D'un côté, y a rien là. Tu vas faire la même chose après. On dirait que c'est plus les parents qui tiennent aux 18 ans.*

Propos recueillis par *Michèle Lambin.*

133

Louise ou Richard?
Évaluation psychologique d'une adolescente transsexuelle

MARYSE ST-ONGE

L'auteure est psychologue clinicienne rattachée au Service psychiatrique des adolescents et à l'Equipe de crise du Département de psychiatrie de l'hôpital Sainte-Justine.

Âgée de dix-sept ans et neuf mois, Louise consulte à l'Urgence de notre hôpital en raison d'idées suicidaires. Elle attribue en grande partie celles-ci à son incapacité à vivre plus longtemps dans un corps de fille, se considérant au fond comme un garçon. Parallèlement à cette consultation, elle vient d'entreprendre des démarches à l'Hôtel-Dieu de Montréal pour y subir une intervention chirurgicale en vue de changer de sexe. En accord avec l'autre établissement, il est convenu que les évaluations psychiatrique et psychologique seront menées à Sainte-Justine, et Louise est informée de ce que nos conclusions seront transmises à l'équipe de l'Hôtel-Dieu.

Entrevues avec Louise

Louise se présente à notre bureau, contente que les psychiatres lui offrent la possibilité qu'on l'aide dans sa démarche de transformation sexuelle et qu'on lui permette enfin de voir sa masculinité révélée. Nous sommes d'abord surprise de la voir, petite et frêle, nous ayant imaginé, après avoir entendu sa voix au téléphone, quelqu'un de costaud et d'imposant. De prime abord, bien qu'elle cherche à les camoufler avec une casquette, nous remarquons les traits fémi-

Adresse : 3100, Ellendale Montréal (Québec) H3S 1W3

L'auteure présente Louise, une jeune femme qui consulte en raison de son sentiment d'être au fond un garçon et de son désir conséquent de changer de sexe. Les entretiens cliniques et le contenu des épreuves projectives ne permettent pas de conclure à la présence d'une dysphorie de genre chez elle. Son désir de réassignation sexuelle repose davantage sur une grande difficulté à assumer sa féminité, difficulté qui sera analysée en fonction de certains aspects identificatoires et des enjeux objectaux qu'elle sous-tend.

nins de son visage. Sa tenue vestimentaire, composée de jeans surmontés d'amples et d'épais chandails, apparaît également davantage comme un moyen de camoufler sa féminité que comme une façon d'affirmer une quelconque virilité. Bien qu'elle nous demande de l'appeler Richard, elle ne s'offusque nullement devant notre refus.

En entrevue, Louise précise qu'elle remet en question depuis plus de dix ans son identité féminine. Le récit qu'elle fait de son enfance demeure pauvre et reprend en tous points les histoires souvent relatées par les individus présentant une dysphorie de genre (garçon manqué, refus de porter des vêtements féminins, jouets masculins, etc.; voir Stoller, 1978). En l'écoutant, nous demeurons sceptique, ayant l'impression que tout cela relève davantage d'une reconstruction élaborée à partir d'informations prises ici et là. Louise nous a d'ailleurs précisé que c'est en voyant un documentaire sur le transsexualisme qu'elle avait enfin compris ce qui lui arrivait.

Chez elle, c'est au moment de la puberté que les difficultés scolaires et de comportement (agressivité, consommation de drogue et d'alcool) apparaissent. Louise vit alors un sentiment de révolte en voyant tous ces garçons acquérir de façon inéluctable des caractéristiques sexuelles masculines alors qu'elle est non seulement emprisonnée dans un corps de femme, mais qu'elle en subit de plus les transformations. L'entrée dans une école strictement réservée aux filles n'apportera pas le calme escompté. Alors que nous nous attendons bien naïvement à l'entendre parler de la difficulté pour un garçon à contenir ses fantaisies ou à freiner son attirance à l'égard des filles, nous sommes surprise de l'entendre nous dire que le plus difficile était le fait qu'elle n'avait que deux professeurs masculins à regarder. A notre demande, elle nous explique qu'elle avait alors un grand besoin de modèles d'identification masculine. Durant son bref séjour dans cette école, elle racontera à certaines filles qu'elle est un garçon déguisé en fille, et que ce manège est rendu nécessaire parce que des criminels ont menacé son père de s'en prendre à ses enfants. Elle ne terminera pas son secondaire en dépit d'un bon potentiel intellectuel.

Nous avons peu d'informations sur son histoire familiale, Louise se montrant peu loquace à ce sujet. La mère dira ne pas avoir été disponible pour Louise sur le plan affectif durant sa première année de vie, compte tenu de ses problèmes de dépendance éthylique. Les parents se sont séparés alors qu'elle était âgée de sept ans et elle a vécu par la suite avec son frère, aujourd'hui dans la vingtaine, et sa mère. Les parents auraient été surpris lorsque Louise les a informés de son désir de changer de sexe; tous deux croyaient plutôt que leur fille était homosexuelle. Aux psychiatres, les parents confirment les difficultés éprouvées par Louise depuis son entrée dans l'adolescence et disent ne s'être nullement sentis choqués par l'orientation sexuelle de leur fille. La mère affirme avoir elle-même déjà eu des désirs homosexuels à l'égard d'une autre femme, désirs qui n'ont toutefois jamais été agis. Par ailleurs, depuis sa séparation, madame n'a pas refait sa vie avec un autre homme. De son côté, le père s'est remarié et a eu un autre enfant. Monsieur travaille dans un milieu où il côtoie beaucoup d'homosexuels et dit s'être toujours bien entendu avec eux.

De plus, Louise ne se montre nullement réticente à aborder son image d'elle-même, sa féminité et sa relation amoureuse avec une autre jeune femme. Elle déteste son corps de femme, cherche à cacher ses seins et craint constamment qu'on remarque qu'elle n'a aucun renflement dans son pantalon. Aucun plaisir sexuel n'est associé à ce corps féminin, dit-elle, et elle refuse catégoriquement que sa partenaire sexuelle touche à ses organes génitaux. Elle prétend aimer l'autre comme le ferait un garçon et elle se défend bien d'être lesbienne. Aussi, elle se sent frustrée de ne pas pouvoir procurer à l'autre une entière satisfaction, et son envie parfaitement consciente d'avoir un pénis est vue comme le seul garant de cette satisfaction pour l'autre.

Au cours de l'évaluation, Louise mettra fin à sa relation amoureuse, et c'est avec colère qu'elle nous dira s'être aperçue que l'autre avait des désirs homosexuels à son égard et qu'il importait donc peu à cette dernière qu'elle devienne un homme. Par ailleurs, lorsque nous lui demandons si elle ne s'est jamais sentie attirée par les garçons, elle monte le ton et nous dit qu'elle n'est pas une «tapette». Enfin, c'est avec un profond dégoût qu'elle nous parlera de ses menstruations. Elle relate ainsi le souvenir de ses premières menstrues:

> *C'est arrivé au début de mon secondaire. J'étais en classe et j'ai soudain l'impression d'uriner dans mon pantalon. J'ai paniqué, car ça ne s'arrêtait pas. Je ne comprenais pas ce qui m'arrivait. En me levant, je vois du rouge sur ma manche de chandail et je me dis que je me suis coupée.*

Aujourd'hui, elle évite de sortir lorsqu'elle est menstruée, craignant de tacher son pantalon sans s'en rendre compte et anticipant la réaction de ses copains qui la fréquentent en croyant qu'elle est un garçon.

En tentant d'illustrer ce qu'elle appelle son *«pouvoir de prémonition»*, Louise nous raconte en détail un premier rêve:

> *Je suis dans ma chambre. Le bas de mes posters sur le mur est tout mouillé, je les essuie. Ma mère entre. Elle n'a pas de corps, seulement une tête, diabolique. Elle a un long couteau avec des incrustations sur le manche qu'elle me plante dans le ventre* [elle se réveille, prise de grosses douleurs au ventre; puis, se rendort]. *Ma mère essaye de me mettre sous mon lit, mais je ne passe pas vu le couteau qui est resté planté. Elle me le retire* [elle se réveille à nouveau avec de violentes douleurs au ventre] *et me place sous le lit. Elle va voir son amie de femme en pleurant et lui dit : «il s'est suicidé».*

Puis elle nous relate un second rêve:

> *Mon frère prend sa moto et fait monter ma mère. Ils s'engagent en sens inverse sur la route et un gros camion à ordures les frappe. On ne retrouve pas leur corps, seulement la moto. Puis je vois ma mère dans un cercueil portant une robe que je ne lui connais pas.*

Louise nous expliquera en quoi consiste les aspects prémonitoires (le couteau revu chez une amie et la grand-mère paternelle décédée quelques jours plus tard qui porte la même robe que sa mère dans le rêve), mais elle se refuse à tout travail d'association sur la signification de ceux-ci, nous disant ne rien y comprendre.

Contenu des épreuves projectives

Bien qu'elle se dise réceptive face aux tests projectifs, dans les faits, il en sera tout autrement. Louise demeure collaborante, mais elle devient mal à l'aise, comme si elle craignait tout à coup ce que nous pourrions découvrir. L'affect prend alors une tonalité plus dépressive, et le ton de son discours suggère qu'elle sent la partie perdue. Tout comme pour ses rêves, le contenu projectif laisse voir une vie imaginative riche, mais qui ne vient nullement corroborer le discours tenu par l'adolescente depuis le début de sa démarche. Il apparaît plutôt que son désir de transsexualisme est entre autres basé sur une grande confusion à l'égard de son image corporelle et sur les ambiguïtés qui teintent son rapport aux imagos parentales.

Dans le matériel projectif, la féminité est présente comme premier choix identificatoire, mais est conflictuelle et vécue dans une perspective d'être blessée, écrasée et non reconnue. La relation triadique est nommée, mais c'est davantage le versant négatif de l'oedipe, avec ses dimensions homosexuelles, qui apparaît au premier plan. Par ailleurs, une certaine confusion persiste quant à l'identité de genre de la figure maternelle. Bien que non significatives lorsque sorties de leur contexte et analysées de façon isolée, certaines réponses au TAT sont toutefois révélatrices et illustrent ces quelques données:

> (relation homme/femme): «être la femme du maire»;
> (relation père/fille): «une fille et son père...» Elle parle, mais son père n'est pas là. Elle parle de mariage avec sa mère... Elle veut marier un garçon et son père, l'homme le plus sévère de la ville, entre pendant qu'elle parle de cela. Elle ne sait plus quoi dire et le père avec son air méchant lui dit «tu n'as pas le droit de faire ça». Sa mère s'en mêle et tout s'arrange. Ils se marient et ont des enfants.

Dans cette histoire, comme dans toutes celles comportant une triade, une certaine confusion s'installe à la lecture du récit, en raison notamment de l'imprécision qui accompagne les pronoms personnels (qui marie qui?). Par ailleurs, la description faite de la figure paternelle comme d'un être dur, inaccessible, apeurant, etc., rejoint celle des patientes homosexuelles de McDougall (1964).

Discussion

L'évaluation psychologique ne nous permet pas de conclure à la présence d'une dysphorie de genre chez cette adolescente. L'identité est bel et bien féminine, mais il est clair que Louise se trouve en quelque sorte dans une impasse sur le plan identificatoire. Sa demande de transformation sexuelle repose-t-elle vraiment sur le désir de devenir un garçon ou ne témoigne-t-elle pas davantage du refus de sa féminité? Quels ont été chez Louise les obstacles à un développement féminin harmonieux et à un sentiment bien assuré de son identité sexuelle? Tant dans son discours conscient que dans le contenu projectif, nous avons pu constater sa difficulté à s'assumer comme sujet féminin dans le désir de l'autre.

Par ailleurs, le dégoût manifeste qu'elle exprime face à l'homosexualité démontre bien qu'il lui est tout aussi difficile d'accepter son amour des femmes et la dimension homosexuelle que cela sous-tend. C'est comme si sur le plan des choix objectaux, tant l'hétérosexualité que l'homosexualité sont difficiles à intégrer, d'où en partie l'impasse. Dans le devenir féminin, il ne semble exister pour Louise d'autres finalités que le désespoir, la non-reconnaissance, la souffrance, voire la mort. Par ailleurs, le jeu des identifications aux deux parents peut-il avoir été complexifié par l'ambiguïté qui teinte leur propre identité de genre?

Être un sujet féminin et avoir comme objet de désir un autre sujet féminin semblent deux réalités difficilement conciliables pour elle. Rappelons d'abord que le matériel projectif laisse clairement voir que ses investissements objectaux sont principalement guidés par la recherche de relations tendres et aimantes avec les femmes, relations qui ont l'allure d'une relation mère-enfant. Il appert néanmoins que ses fantasmes et ses désirs à l'endroit des figures féminines ne sont pas syntones au moi. Aussi, en devenant un garçon, rendrait-elle plus acceptables ses désirs pour une femme? D'un autre côté, son besoin de marquer un écart, une différence via le sexe lui évite du même coup l'indifférenciation qu'impliquerait le rapport au même sexe. Par ailleurs en demeurant une fille, ne risque-t-elle pas d'être l'objet des désirs homosexuels de la mère, lui faisant redouter du même coup l'accomplissement de la relation fusionnelle? Être un garçon la sauverait donc de cette poussée régressive.

Dans une autre optique, même dans son lien aux femmes, Louise ne semble pas certaine de pouvoir être aimée et reconnue en tant que fille. Devenir un garçon viserait ainsi surtout à acquérir et à offrir ce phallus qu'elle croit essentiel au désir de l'autre, substitut maternel, et à être en retour aimée et reconnue, même si ce n'est qu'en étant l'objet partiel de l'autre.

Accéder à l'hétérosexualité n'apparaît pas comme étant plus facile à réaliser. D'une part, Louise semble rejeter toute identification à la mère génitale dans son rôle de partenaire sexuelle. L'expression de l'hétérosexualité est ressentie comme étant non seulement interdite, mais perçue par l'adolescente comme inacceptable pour la figure maternelle. D'autre part, les relations hétérosexuelles s'accompagnent de fantasmes d'agression dans lesquels l'adoption d'une position féminine semble de fait équivaloir à être pénétrée, blessée et écrasée. Notons que des fantasmes similaires teintent également les relations homosexuelles lorsque l'autre décide d'adopter une attitude virile à son égard. Enfin, est-ce seulement en devenant un garçon qu'elle peut avoir accès sans crainte au tiers paternel et au monde masculin? Ne serait-ce qu'en étant un garçon et en s'identifiant à la figure paternelle qu'elle peut se rapprocher de cette dernière?

✳✳✳

Pour Louise, devenir un homme n'était garant de plus de bonheur qu'en apparence et risquait aussi d'amener des désillusions et peu de soulagement. Lorsque nous avons transmis à l'adolescente nos impressions, elle est demeurée silencieuse et ne paraissait pas choquée de nous entendre la confirmer dans sa féminité. Avant de quitter notre bureau, elle nous a dit également que ce n'était que lorsqu'elle passait devant l'Hôpital ou qu'elle pensait à notre prochain rendez-vous qu'elle se rappelait alors qu'elle était une fille et que cela la faisait sourire.

Compte tenu que la patiente avait atteint l'âge de dix-huit ans, nous ne pouvions lui offrir dans un cadre pédopsychiatrique un suivi psychothérapeutique. Nous avons transmis nos impressions diagnostiques aux membres de l'équipe de l'Hôtel-Dieu et avons convenu avec eux qu'en dépit des doutes qui persistaient quant à une possible dysphorie de genre, il était important que Louise soit prise en charge par eux.

Dans un premier temps, ceux-ci ont proposé que la jeune femme soit examinée en endocrinologie et en chirurgie afin de compléter le bilan de réassignation sexuelle. Non seulement nous ne voyions pas de contre-indications sur le plan psychiatrique à la réalisation de ce bilan, mais il s'avérait important que des investigations physiques complètent l'examen psychique afin d'aider Louise à accepter sa condition. Notre évaluation à elle seule n'avait pas réussi à modifier ses convictions et celle-ci persistait dans son désir de devenir un garçon. Un arrêt des procédures d'évaluation à ce moment-là aurait posé certaines questions sur le plan éthique. D'une part, nous ne pouvions prévoir comment réagirait cette jeune femme qui a déjà privilégié l'acting-out dans le passé et qui a présenté des idées suicidaires. D'autre part, nous ne pouvions pas non plus ignorer le risque de voir Louise se tourner vers d'autres établissements et se maintenir dans un processus d'évaluation sans fin et ce, sans qu'aucune aide ou autre intervention ne soient jamais entreprises.

Selon les résultats obtenus en endocrinologie et en chirurgie, un traitement hormonal et des rencontres régulières avec un psychologue devaient être proposés à Louise par l'équipe de l'Hôtel-Dieu et ils devaient s'échelonner sur une période d'un an. Ce ne serait que par la suite qu'une décision sera prise quant à l'intervention chirurgicale.

Après plusieurs annulations, Louise s'est enfin présentée à son rendez-vous avec l'endocrinologue. Par contre, nous ne savons pas à l'heure actuelle si elle a poursuivi les démarches et si elle a accepté de rencontrer le psychologue.❖

The author presents the case of Louise, an adolescent evaluated with regard to her feeling of being a boy and her desire to change sex. Subsequent clinical interviews and the content of projective tests give no evidence of gender dysphoria in this patient. The desire for sexual reassignation represents an important difficulty in assuming her female role which will be analyzed through identificatory aspects and object relations.

Références

Fast I. Developments in Gender Identity: Gender differentiation in girls. *Int J Psycho-Anal* 1979;60:443.

Mc Dougall J. De l'homosexualité féminine. In : Chasseguet-Smirgel J. (ed.) *La sexualité féminine*. Paris: Payot, 1964.

Stoller RJ. *Masculin ou Féminin*. Paris: PUF, 1989.

Stoller RJ. *Recherches sur l'identité sexuelle*. Paris: Gallimard, 1978.

Tyson P. A developmental line of gender identity, gender role and choice of love object. *J Amer Psychoan Assoc* 1982; 30(1):61.

Lucian Freud, *Bella et Esther*, 1988

143

Quels avantages/désavantages perçois-tu à être un garçon?

G1 : *On peut déconner en gang sans contrainte.*
On n'a pas à faire attention.
On peut rire sans arrière-pensée.
Avec les filles, faut se retenir parce que ça risque de les offusquer. En fait, plutôt de les blesser.

G1 : *On n'a pas les problèmes des filles : les menstruations, accoucher. Même si on a l'air «tough», on est peut-être un peu douillet.*

G2 : *En gang de gars, tu peux pas commencer à parler de tes problèmes si tu files pas. T'es mieux de garder ça pour toi ou d'aller voir une amie de fille ou vraiment un bon chum de gars, mais tout seul, pas avec d'autres.*

G1, G2: *En même temps, tu sais que tu peux toujours compter sur tes amis : ils vont toujours être là.*

Quels avantages/désavantages perçois-tu à être une fille?

F1 : *Des jours, je trouve qu'il n'y a pas d'avantage.*

Ex : *Faut toujours que mes parents sachent où je vais, comment je reviens. Sont fatigants. Y ont toujours peur que je me fasse violer! Moi, j'y pense des fois, mais pas souvent, j'ai pas peur.*

F2 : *Mon frère, y pouvait amener sa blonde coucher à la maison, il ne se faisait pas achaler. Moi, pour amener mon chum... ça va être dur. Pis ça, je trouve pas ça correct.*

F1, F2 : *On peut jaser entre filles des heures à parler des gars qui nous intéressent. Avec un gars, ils se tannent plus vite.*

F2 : *Même si un gars t'intéresse, faut que tu fasses attention de pas trop t'avancer. On dirait que les gars aiment ça avoir l'impression d'être venu nous chercher. Sinon, ils se reculent.*

F2 : *Un gars qui couraille les filles, ça dérange pas trop les gars, on dirait, alors qu'une fille qui le fait passe pour une pute.*

F1 : *On peut vivre une relation tellement franche avec sa meilleure amie, tout se dire sans avoir peur. Y a pas vraiment de gars avec qui c'est aussi facile. Des fois, oui.*

Si tu avais un message à donner à ceux de ton sexe aujourd'hui, quel serait-il?

F1 : *Si t'as un copain (un chum), vis pas juste pour lui. Continue de sortir avec tes amies. Sont encore là. Tu vas juste être malheureuse si tu te coupes de tout le monde.*

F2 : *Si un gars t'intéresse, va pas trop vite, tu risques de lui faire peur puis de le perdre, même si ça a l'air qu'on peut le faire. Puis s'il te dit non, alors qu'y a même pas d'autre fille qui l'intéresse, essaye de pas trop vivre ça rejet. Ca veut pas dire que c'est toi, le problème.*

G1 : *Faites attention aux filles. On niaise pas avec «ça» (dans le sens : «faut les respecter»).*

Si tu avais un message à donner à ceux de l'autre sexe aujourd'hui, quel serait-il?

G1 : *Si tu veux être une fille aujourd'hui, laisse-toi pas faire, surtout par les gars. Si tu te laisses faire, t'es foutue. Ils vont toujours ambitionner sur toi.*

G2 : *Soyez plus directes quand vous voulez pas. Comme ça, si les gars comprennent pas, ça sera pas votre problème.*

G2 : *Si t'as plus le goût de sortir avec ton chum, essaye pas à tout prix de rester ami. Quand tu y dis ça, il te croit. Souvent, c'est parce que tu te sens trop coupable de casser avec.*

G1 : *Les filles, embarquez-vous pas trop vite!*

F1 : *Les filles, on aime ça des gars qui parlent, on voudrait que ce soit comme avec nos amies de filles, des fois. Mais ça a l'air que ça vous fatigue!*

F1, F2: *Quand on fait l'amour avec notre copain, on aime tellement ça, la tendresse, puis se sentir respectée, c'est tellement bon.*

As-tu toujours été sûr(e) de ton orientation sexuelle? As-tu déjà eu des doutes? En as-tu parlé?

4/4 – *Oui, j'ai toujours été sûr(e).*

G1 : *Depuis que j'ai 6 ans que les filles m'intéressent.*

Propos recueillis par *Michèle Lambin.*

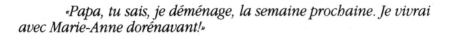

«*Papa, tu sais, je déménage, la semaine prochaine. Je vivrai avec Marie-Anne dorénavant!*»

Ma petite fille, dans la tendre vingtaine, a rassemblé jusqu'à la dernière goutte de courage pour m'annoncer tout haut ce que j'avais pressenti depuis au-delà d'un an, et dont j'étais sûr depuis six mois : mon Élizabeth était gaie.

Que de fois avais-je envisagé ce moment où l'inévitable serait mis en mots. Ce moment à la fois tant appréhendé et espéré où je ne voudrai me pencher que sur la confiance qu'Élizabeth m'accorde, que sur son désir d'être libérée d'un si gros secret. Surtout pas sur ma peine de la savoir choisir un chemin aussi ardu. On souhaite tellement le plus simple, le meilleur pour ses enfants. Non plus sur ma douleur, la peur de m'être trompé, d'avoir failli à mon rôle de père. Qu'aurais-je pu faire de différent? Qu'aurais-je pu faire autrement? L'ai-je dégoûtée des hommes? Mon Dieu, éclairez-moi! Pardonnez-moi!

Je ne veux que penser à elle, à sa confiance en moi, au fait que je tiens à notre relation au-delà de tout. Surtout au-delà des convenances et des préjugés! Toute ma vie, j'ai préféré l'authenticité aux faux-semblants même si j'ai toujours été sensible à la perception que les gens avaient de moi. Sensible, mais pas dépendant. Je n'ai jamais nié qui j'étais, ce n'est pas aujourd'hui que je commencerai. Je suis papa d'une fille gaie, que j'adore. Voilà! C'est fait, c'est dit. Ca se vit. Je le vis déjà. C'est dur, mais moins quand sa petite fille se confie à nous. C'est ça qui prend toute la place, qui est le plus important pour moi.

C'est bien ce qui m'a permis tranquillement de continuer à badigeonner les pièces de viande sur le barbecue avant de déposer mon pinceau et de me tourner vers Élizabeth. Je m'approchai d'elle, la pris par le cou : «*Tu es bien sûre d'être heureuse dans ça?*»

J'étais si soulagé d'avoir eu le temps d'apprivoiser cette réalité. J'ai pu ajouter ce à quoi je tenais vraiment : *«Ce qui compte dans ta vie, ce n'est pas ce que je pense, ni ce que les autres pensent. C'est que tu sois bien avec le choix que tu as fait de ta vie. Tu es une adulte depuis un bon moment. Ca, je le respecte. Bien sûre, j'aurais préféré te voir t'engager dans une avenue plus conventionnelle. Ce n'est pas le cas. Tu demeures ma fille que j'aime et que je continuerai d'aimer et d'aider.»*

Je l'étreignis tendrement. Probablement pour la première fois de ma vie avec autant de tendresse. J'ai senti chez elle un tel soulagement, comme si un énorme nuage noir venait de disparaître d'un seul coup. Je lui ai demandé :

– *Tu l'as dit à maman?*

– *Oui, il y a quelques minutes...*

– *Puis?*

– *Elle a de la peine, mais c'est correct. Elle voulait que je t'en parle moi-même.*

J'étais heureux que sa mère ait favorisé cette situation entre Élizabeth et moi. Ca renforçait le lien qui prenait tant de place pour moi. Je me suis surpris à penser qu'à aucun moment, nous n'en avions parlé, sa mère et moi. Mettre en mots était si difficile... d'autant plus que je ne voulais rien brusquer. Ce qui me ressemble tout à fait : laisser les gens que j'aime venir vers moi de peur de les bousculer... En fait, respecter leur rythme m'est plus facile que d'apprendre à respecter le mien.

J'ai continué : *«Et Marie-Anne, comment vit-elle ça?»*

– *«Elle est très embarrassée face à vous deux. Elle craint que vous lui en vouliez.»*

Il m'a été facile de répondre que j'aimais Marie-Anne, qui est une fille mature et douce. J'ai même badiné un peu en disant à Élizabeth que Marie-Anne pourra lui apporter une dose de sagesse que les années ne lui ont pas encore mise dans le coco.

Élizabeth n'a pas vu les larmes qui ont coulé sur mes joues lorsque j'ai retourné l'agneau sur la grille et qu'elle rejoignait sa mère. Était-ce la peine ou le soulagement? Probablement les deux. La peine d'avoir pu me tromper et de ne pas avoir transmis à la société une enfant qui réponde aux attentes conventionnelles. Et le soulagement d'avoir été réceptif, d'avoir eu un comportement responsable devant une fille qui avait les boules face à la lourde tâche de dire à son père qu'elle risquait de le décevoir.

Autant le dialogue avec sa sœur aînée avait toujours été franc et direct, établissant ainsi une complicité indéfectible entre Isabelle et moi, autant un mur invisible semblait s'être érigé entre Élizabeth et moi, et ce, à peine quelques jours après sa naissance. Je n'ai jamais su comment m'y prendre pour que ce soit simple, facile de communiquer avec elle. Et voilà que l'occasion se présentait à moi de mettre les premières pierres à l'eau pour bâtir un pont entre nos deux rives. Allais-je tout gâcher parce que mon enfant fait partie de la minorité gaie? Jamais. Oh non, jamais!

Bien sûr, lorsque je me suis rendu à l'évidence que ma fille fréquentait assidûment Marie-Anne, en fait qu'elle était en amour, ça m'a donné un coup au cœur. Mais pas à l'esprit. En mon cœur, car il est dur de supporter les remous de la culpabilité. Sans compter que mon éducation ne m'a jamais préparé à vivre une telle situation, ni à reconnaître l'homosexualité comme mode de comportement social. Mais c'est dans un moment comme celui-ci que je suis reconnaissant à la vie de m'avoir appris à respecter les choix des autres, mêmes s'ils ne correspondent pas aux miens. Au moment où le doute a fait place à la certitude quant au choix de vie d'Élizabeth, ma réaction a été immédiate: je l'aimais, même si ça faisait mal. Je voulais qu'elle le sente. C'est comme si déjà, le pourquoi n'occupait plus mes pensées. Certains diront qu'il s'agit de fuite ou de négation. C'est possible, Mais pour moi, le passé est passé; on ne peut le réinventer. J'imagine souvent l'image du conducteur qui, le nez rivé sur le rétroviseur, finit invariablement par emboutir un arbre, à la première courbe venue.

Ai-je tort? Est-ce réglé en moi? Sûrement pas. La vie se chargera de m'aider à cheminer peu à peu, à apprivoiser cette réalité dans laquelle, malgré l'ambivalence de mes sentiments, je désire avant tout que ma fille sache à quel point je l'aime... ❖

Frida Kalho, *Autoportrait aux cheveux coupés*, 1940.

Œdipe et culture

Observations sur la construction de l'Œdipe à l'adolescence

MOUNIR H. SAMY

"Sais-tu seulement de qui tu es né?"

Œdipe Roi, Sophocle

Psychiatre et psychanalyste, l'auteur dirige l'Equipe du West Island au département de psychiatrie de l'hôpital de Montréal pour Enfants. Il est professeur agrégé au Département de psychiatrie de l'Université McGill.

Il est entendu qu'il est impossible de comparer objectivement des cultures[1] entre elles. Il faudrait pour cela qu'un observateur se place lui-même en dehors de toute référence culturelle, ce qui est impensable puisque la culture est indissociable de l'humain. Une certaine ethnocentricité est donc inévitable si l'on veut approfondir la réflexion sur la spécificité culturelle de la construction de l'œdipe à l'adolescence. C'est donc conscient des limites inhérentes à une telle étude que je fais référence à ce que j'appellerai ici l'«œdipe ethnique».

Dans cet essai, je tenterai moins de démontrer l'importance de la culture dans la formation et la transformation de l'œdipe, et donc de la personnalité - cette preuve ayant déjà été faite (LeVine, 1973; Esman, 1990) - que de voir comment l'influence culturelle est mise en œuvre dans la construction de l'œdipe.

L'œdipe ethnique est discuté ici par rapport à la culture occidentale prédominante en Amérique du Nord. Il ne s'agit pas de mettre tout ce qui est ethnique dans le même sac; seul, un réductionnisme très téméraire

Adresse:

4018, Ste-Catherine ouest, Montréal (Québec) H3Z 1P2.

L'auteur discute de l'impact de la culture dans la formation et la transformation de l'oedipe, en particulier au moment de l'adolescence. Il propose la notion d'oedipe ethnique qui tient à une caractéristique propre aux personnes venant du bassin méditerranéen et de plusieurs pays d'Asie, soit l'importance donnée à la famille et le relâchement incomplet des liens premiers qui unissent l'enfant à sa mère. S'appuyant sur la théorie freudienne et sur la contribution de Mélanie Klein, il discute de l'évolution et des difficultés particulières à ces adolescents d'origines ethniques diverses par comparaison avec les jeunes nord-américains.

trouverait à l'ensemble des individus dits ethniques un trait psychologique unique et commun.

L'Œdipe ethnique

Qu'entendons-nous par l'œdipe ethnique? Il émerge de manière empirique, à travers mes années de travail auprès des adolescents, une caractéristique propre à ceux qui en général viennent du bassin méditerranéen, du Moyen-Orient et de plusieurs pays d'Asie. Cette caractéristique se résume à une observation bien simple: l'importance donnée à la famille et son rôle dans l'organisation de la personnalité.

Dans la mesure où les liens familiaux deviennent et restent constituants de la perception de soi et du monde, il se forme une conscience générale collective par opposition à la conscience individuelle qui est au centre des sociétés occidentales et la pierre angulaire, notamment de la notion des droits de l'homme, de la démocratie et, à présent, de la rectitude politique, notions somme toute survalorisées dans ces sociétés.

Mais en quoi consiste cette propriété culturelle en rapport avec la construction de l'œdipe et comment est-elle formatrice de la personnalité? Comment aussi influence-t-elle chez l'enfant l'épreuve toujours grandissante du réel? En tentant de répondre à ces questions, je propose l'hypothèse suivante: l'œdipe ethnique se distingue par le relâchement incomplet des liens premiers qui unissent l'enfant à sa mère. Je voudrais également suggérer que cet aspect particulier de l'œdipe ethnique est à l'origine d'une multitude de manifestations socioculturelles dont celles dont se rapportant à la religion ou à la nourriture et à travers lesquelles l'attachement à la mère prend forme et expression.

Les deux Madames Bovary ou l'Ordre des choses

Afin de mettre en relief ce non-relâchement de la mère chez la personne ethnique, je donnerai un exemple par le contraire, tiré de *Madame Bovary* de Gustave Flaubert.

Quand le père du docteur Bovary décède, sa mère, devenue veuve, vient habiter chez son fils et sa bru. Les conflits entre les deux madames Bovary ne se font pas attendre. Le docteur Bovary, malgré sa faiblesse de caractère (ou peut-être à cause d'elle), prend parti pour sa femme contre sa mère. Mais ce jour-là, faisant exception, il réprimanda son épouse. *«Non, non,* lui dit alors sa mère, *tu l'aimes mieux que moi, et tu as raison, c'est dans l'ordre des choses.»* (C'est nous qui soulignons), (Flaubert, p. 282).

En effet, c'est bien dans «l'ordre des choses» dans une société occidentale et je dirais d'autant plus, dans la société nord-américaine que les liens de la nouvelle famille supplantent en importance et en priorité ceux remontant à la famille d'origine, c'est-à-dire à l'objet premier. C'en est même, aux yeux de cette société, une condition de la résolution du conflit œdipien.

Mais imaginez un instant que cette scène, par ailleurs tout à fait banale, se passe dans un autre pays. Supposons par exemple que madame Bovary mère soit hindoue, grecque ou égyptienne. Cet ordre des choses occidental serait perçu comme une hérésie innommable. La bru serait châtiée pour son insolence et bien vite remise à sa place. Quant au fils, il serait vertement réprimandé pour n'avoir pas mieux protégé sa mère contre les attaques de sa femme. A moins, bien sûr, que la mère ne plonge dans la dépression de celle qui est persécutée et qui vit le martyre aux mains de ceux à qui elle a tout donné. Ce qui en l'occurrence renforce encore notre argument. D'ailleurs, Mme Bovary mère n'est pas totalement résignée, car elle ajoute tout de suite après: *«Au reste, tant pis ! Tu verras... Bonne santé car je ne suis pas près, comme tu dis, de venir lui faire des scènes.»* Et nous savons les malheurs qui attendent le pauvre M. Bovary.

La position naturelle du fils et de la bru en est une de filiation avec toute la loyauté, la déférence et le respect qui en découlent. Cette subordination est dictée par la barrière générationnelle et peut s'énoncer ainsi: *«Je suis ta mère et tu es mon fils. Je suis parent et tu es enfant. Cela est immuable jusqu'à la mort et l'avènement de ta puberté ou même de ton mariage n'y fera rien».* Il n'est pas étonnant de voir cet aspect de la barrière générationnelle déplacé et généralisé à toute personne aimée et à toute forme d'autorité morale ou civile.

Inutile de dire qu'en Amérique du Nord, les choses sont différentes. Le principe derrière de telles interactions est plutôt celui du respect des individualités et des droits de la personne. En l'occurrence, les droits individuels de l'épouse (qui est épouse avant d'être bru) seraient pour ainsi dire «négociés» contre les droits individuels de la belle-mère (qui est mère et belle-mère avant d'être parent) par l'époux (qui est père de famille avant d'être fils ou enfant). Je caricature à peine. Jeunes et vieux sont des individus égaux aux yeux de la société de droits et toute inégalité va en fait dans le sens inverse où les privilèges du jeune sont de loin plus importants et l'avantagent en tous points sur le moins jeune. Ces aspects socioculturels, et bien d'autres qui nous sont familiers, prennent leur source dans la nature et l'intensité du lien avec l'objet premier qui caractérise, selon nous, l'œdipe ethnique.

Avant d'aller plus loin, faisons un survol psychanalytique de la question œdipienne à l'adolescence afin de faire ressortir ce qui distingue, dans sa construction, l'œdipe ethnique et la pertinence d'une telle distinction dans notre travail quotidien auprès des adolescents et des familles migrantes. Je m'attarderai sur la contribution de Mélanie Klein parce que, d'une part, elle affirme l'importance de la relation d'objet qui est au cœur de notre sujet et, d'autre part, elle explique au mieux les difficultés extrêmes que l'on rencontre souvent dans le travail avec les adolescents.

L'Œdipe à l'adolescence : de Freud à Klein[2]

Selon la théorie classique, l'œdipe est clos à la fin de la phase phallique avec la constitution du surmoi et se répète à l'adolescence dans le sillon des manifestations de la puberté. Cette «théorie classique de la récapitulation» (Blos, 1979) a été révisée et enrichie par plusieurs. Erikson (1956) y a ajouté une dimension sociale et, dans une perspective où le développement est entièrement traversé par la quête identitaire, il a fait ressortir deux fonctions constituantes de l'adolescence, soit la formation de l'autonomie et celle de l'identité. Nous savons tous la valeur empirique de l'apport d'Erikson dans notre travail.

Peter Blos, tout en restant profondément freudien, dresse une critique approfondie de la théorie classique. Selon lui, l'expansion formidable du moi depuis l'enfance modifie dans son essence l'œdipe adolescent. La résolution œdipienne n'est pas achevée dans le décours de la phase phallique. *«Nous pouvons parler,* dit Blos, *d'une résolution œdipienne à deux temps ou biphasique. Une première à la petite enfance et une seconde à l'adolescence»* (Blos, 1979, p. 494). Son raisonnement s'appuie sur le fait que seul l'œdipe direct (c'est-à-dire le désir sexuel dirigé vers le parent de sexe opposé) est amené à un certain dénouement durant l'enfance. Par contre, l'œdipe inversé (ou négatif) qui se rapporte au parent du même sexe ne sera résolu qu'à l'adolescence. Laufer (1968) et Ladame (1981) mettent l'accent sur le conflit que représente pour l'enfant pubère la génitalisation de sa sexualité et son impact sur le moi corporel. Pour atteindre la génitalisation du moi corporel, l'adolescent doit dès lors pouvoir contenir, dans la représentation de soi, les organes génitaux et leur fonction sexuelle et reconnaître ces mêmes organes et cette même fonction à ses objets adultes.

La réforme de la théorie classique confirme l'importance de la période adolescente dans la construction définitive de la personnalité (Blos, 1968). On ne pourra plus dire que tout se joue avant l'âge de cinq ans. En façonnant à son tour la personnalité, le travail de l'œdipe adolescent représente en quelque sorte une *«seconde chance»* (l'expression est de P. Blos).

Conception kleinienne de l'oedipe ou l'importance de la position dépressive

Pour Mélanie Klein, le complexe d'œdipe s'amorce dès que le self est perçu dans un lien libidinal avec ses objets (Klein, 1945/1975) et n'attend pas, comme c'est le cas pour Freud, la génitalisation de la sexualité. Cette théorie reconnaît par conséquent un œdipe prégénital d'ordre oral et anal[3].

Comme nous le savons, ce développement s'opère par le passage souvent répété de la position schizo-paranoïde, où l'angoisse primitive de persécution est prédominante, à la position dépressive qui fait face à la perte et à l'angoisse de séparation, et permet au sujet par le travail du deuil, une meilleure épreuve du réel. A partir d'un premier œdipe oral, qui a pour objet le sein maternel, s'élaborera l'œdipe phallique qui concerne l'objet total.

L'œdipe évolue ainsi avec le développement de la relation d'objet. Dans l'œdipe archaïque, le nourrisson est en deçà de la différence des sexes, en deçà de la différenciation des individualités distinctes du moi et de l'objet, et de la reconnaissance des individualités parentales. Cet œdipe primitif est aussi dominé selon l'interprétation kleinienne par les pulsions sadiques plutôt que libidinales avec pour conséquence un désir toujours plus grand de réparation. Klein écrit : *«Le noyau des sentiments dépressifs infantiles, c'est-à-dire la peur qu'a l'enfant de la perte de ses objets d'amour par suite de sa haine et de son agressivité, fait partie de ses relations d'objet et de son complexe d'œdipe dès le début»* (Klein, 1945/1975).

Avec l'œdipe tardif, nous assistons à la sexualisation des rapports et au début d'une différenciation sexuelle et générationelle qui conduira à une meilleure épreuve de la réalité. Toujours selon Klein, le besoin de réparation dont la fonction consiste à sauvegarder la relation avec le bon objet, sera grandement enrichi par l'épanouissement des pulsions génitales. Elle établit une corrélation entre la décrue des pulsions sadiques et l'émergence des pulsions génitales qu'elle appellera d'ailleurs «pulsions de réparation». Sous l'influence de la culpabilité, qui n'est rien d'autre que l'angoisse de perte de l'objet, l'enfant sera amené à annuler, par des moyens libidinaux, l'effet de ses pulsions sadiques plus primitives. En libérant les possibilités relationnelles du moi, la génitalité deviendra un moyen privilégié de réparation symbolique, et en partie réelle, de l'individu. Cette démarche se poursuivra jusqu'à l'âge adulte.

Il apparaît donc que les attributs de l'œdipe phallique (celui de la théorie classique) se confondent avec ceux de la position dépressive de Mélanie Klein: intégration des aspects clivés du moi et de l'objet, différenciation sexuelle et générationnelle et accès à la réparation symbolique; le tout s'exprimant dans le vécu par une meilleure épreuve du réel.

La divergence principale de Klein, c'est justement d'avoir fait de l'œdipe de la théorie classique une partie intégrante de la position dépressive, *«destituant le complexe d'œdipe de son rôle de complexe nucléaire de la vie psychique et attribuant ce rôle d'organisateur primordial à la position dépressive»* (Petot, 1979, p. 187). Mais sans l'œdipe, la position dépressive perdrait sa raison d'être puisque sa tâche principale est la perlaboration de la relation aux objets parentaux. Elle précède et fonde toute relation d'amour et donc l'amour œdipien. *«L'élaboration de la position dépressive se confond en dernière analyse avec la névrose infantile et avec le complexe d'oedipe».* (Petot, 1982, p.74)

En résumé, Mélanie Klein approfondit notre compréhension de la situation œdipienne à plusieurs niveaux: elle mise sur le conflit objectal plutôt que pulsionnel; elle décrit un œdipe archaïque prégénital, lequel est présent dès le début; elle accorde aux pulsions sadiques une importance organisatrice et, finalement, elle incorpore la résolution du complexe d'œdipe à la perlaboration de la position dépressive et au besoin de réparation.

Nous voyons que, depuis Freud, la théorie classique de l'œdipe a gagné en profondeur et en étendue. L'œdipe est au cœur de la dimension verticale et horizontale du développement. Le problème œdipien traverse la question de la relation d'objet telle qu'elle se présente depuis la petite enfance jusqu'à l'âge adulte. L'œdipe n'est plus alors confiné au stade phallique, ne se réduit pas à régir la relation triadique de l'enfant. Il est plutôt une dimension intégrante du développement selon la théorie de la relation d'objet préconisée par Klein.

Le deuil de l'enfance

L'adolescence est la réaction psychologique d'un individu à l'avènement de sa puberté, laquelle, en rendant la sexualité et les organes génitaux semblables à ceux des parents, sonne le glas de l'enfance. A travers le travail de l'œdipe, l'adolescence vient marquer et accomplir le deuil de l'enfance. Du même coup, les représentations infantiles du moi et du monde extérieur, ainsi que des nouveaux objets qu'il contient, seront modifiées en profondeur afin de rendre possible l'accès au monde adulte. Le deuil de l'enfance ne se fait pas d'une pièce mais tout au long du développement. Le sevrage en est déjà une première étape alors que la fin de l'adolescence marquera un nouvel ordre de réalité.

L'abandon graduel et inexorable de la relation exclusive avec la mère est déjà apparent dans l'autonomie grandissante et les acquisitions successives de l'enfant. Mais bien plus important et difficile est l'abandon des fantasmes infantiles construits autour de la relation avec la mère. Le deuil de l'enfance ne trouve son sens véritable que dans l'abandon des fantasmes infantiles qui maintiennent le moi-objet idéalisé. En effet, c'est surtout dans ce processus de «désidéalisation» que deuil et développement sont inséparables.

Seul le deuil des fantasmes infantiles (c'est-à-dire le deuil des événements intrapsychiques qui se rapportent à la relation avec l'objet premier) ouvre la porte au réel. Blos nous rappelle qu'une ligne stable de démarcation entre fantasme et réalité n'existe pas avant l'adolescence (Blos, 1979, p. 475). C'est en effet ainsi que s'établira la frontière entre le fantasme et le réel, entre la fiction et la réalité, entre la réalité psychique et la réalité externe, mais aussi la frontière entre les représentations infantiles du passé qui sont dictées par le clivage et l'identification projective, et celles du jeune adulte où l'objet externe évolue selon sa propre individualité. Même les parents deviennent alors «des gens» ou des personnes comme les autres, aux yeux de l'enfant devenu adulte.

La maîtrise du réel, héritière du deuil et de la résolution de l'œdipe, est un autre objectif de la position dépressive et, comme nous l'avons vu plus haut, elle passe par la différenciation des sexes et des générations. Elle peut s'exprimer ainsi: *Je suis moi, je suis un homme et je viens d'une femme qui est aussi ma mère*».

On saisit ici l'importance de renoncer aux liens libidinaux qui rattachent l'enfant à l'objet premier et l'ampleur de cet événement irrépressible. L'importance de l'abandon des liens à la mère pour la construction de la personnalité à l'adolescence n'a d'égale que celle du maintien de ces mêmes liens pour la survie du nourrisson.

Nous croyons que si ce passage s'applique à toute adolescence (ethnique ou non), il ne s'opère néanmoins pas partout de la même manière. Le deuil dans l'œdipe ethnique épargne, selon nous, certains aspects de la relation première avec la mère, et partant, il fait une place plus grande à la famille d'origine et admet, de ce fait, le maintien d'une conscience collective. Cette conscience s'étendra à la famille élargie, au clan, à la tribu ou à l'ensemble du groupe d'appartenance. De cette conscience collective dérivent les différentes caractéristiques individuelles et socioculturelles que l'on attribue volontiers aux communautés dites ethniques.

Caractéristiques de l'oedipe ethnique

La spécificité de l'œdipe ethnique et les ramifications socioculturelles qui en découlent se manifestent dans différents aspects structurants de la personnalité. Arrêtons-nous un moment sur la différenciation des générations et des sexes et sur le rapport de la sexualité à la culture.

Différenciation des générations La barrière générationnelle est la pierre angulaire du tabou de l'inceste et constitue la tâche du premier œdipe qui s'en acquittera par la formation du surmoi. Mais cette frontière est également un élément vital de toute fonction parentale: c'est elle qui détermine si on est en présence d'un enfant et d'un parent. C'est essentiellement elle qui porte et contient la vie de l'enfant et c'est elle qui donne un sens à l'autorité morale dont jouissent les parents. C'est grâce à cette barrière générationelle que l'enfant peut aimer et haïr à l'extrême, et en toute sécurité.

Il est d'autant plus important de pouvoir compter sur cette autorité morale lorsque, par exemple, le développement physique de l'adolescent de 1m80 ne correspond pas nécessairement avec son degré d'autonomie.

Alors que la différenciation générationnelle fait souvent défaut dans les sociétés occidentales, elle est parfois trop rigide dans la famille ethnique, souvent amplifiée par l'idéalisation des parents, surtout de la mère. Le danger le plus grand auquel s'exposent les adolescents d'aujourd'hui est celui d'une émancipation prématurée et désordonnée. Ils grandissent trop vite et on sait que la liberté sans autonomie mène au chaos. Si l'adolescent ethnique est relativement protégé de cette déroute, il est par contre vulnérable et sujet à une maturation précoce. Sur lui incombe depuis longtemps la responsabilité de rendre sa mère heureuse et de lui aussi dépend la réalisation des ambitions parentales. Ses succès feront la gloire de sa famille et ses déboires éclabousseront le nom qu'il porte. Il ou elle sera toujours le fils ou la fille de quelqu'un. En nommant leur premier-né à la naissance, les parents dans plusieurs pays arabes changent du même coup de nom : on ne les connaîtra plus par leur prénom mais comme père et mère de untel, par exemple, ils seront désormais appelés Abou-Omar et Om-Omar.

En contrepoids à l'adolescent trop sérieux et hypermature, on trouve celui (ou celle) qui est écrasé par la pression familiale et dont le degré de dépendance fait différer toute tentative d'émancipation.

Sur le plan socioculturel, la différenciation générationnelle s'exprime par le respect dû aux aînés et le rapport de subordination à toute forme d'autorité, qu'elle soit sociale, religieuse, politique ou simplement morale et symbolique comme dans la relation médecin-patient. Ce rapport de subordination en est un de confiance plutôt que de soumission.

> *Devant l'angoisse d'une famille tunisienne où l'un des fils était donneur pour une transplantation de moelle épinière chez son frère aîné, le chirurgien a pensé qu'expliquer les détails de l'opération et surtout dans leur langue atténueraient les inquiétudes des parents. Mais il n'en était rien: ni l'enfant, ni les parents n'étaient intéressés aux détails de l'opération. Ils voulaient surtout savoir si le chirurgien croyait en Dieu, s'il était un homme de bien et s'il avait lui aussi des enfants. Ils avaient davantage besoin de se sentir en confiance que de maîtriser l'inconnu des techniques chirurgicales.*

Cet esprit de filiation restera intact même après le mariage et les époux ne sauraient manifester de l'affection en présence des parents sans les offenser. L'émancipation restera incomplète même après l'acquisition d'une indépendance économique et sociale. Les rapports entre le citoyen et l'état, si différents de l'Occident à l'Orient, peuvent être compris dans cette même optique.

Différenciation des sexes

Un autre aspect de la démarche œdipienne est celui de la dissociation de l'image des parents combinés (Klein, 1929/1968, p. 257) et l'abandon de l'image de la mère phallique. Processus encore une fois de désidéalisation et de désillusionnement nécessaire à l'épreuve de la réalité, celle ici de la différence des sexes. Alors que la différenciation des générations est la clé de voûte de l'autonomie (le Surmoi étant l'agent auto-normatif par excellence), la différenciation des sexes est au fondement de l'identité. Elle dépend de la réussite de la double identification de l'enfant à son père et à sa mère, c'est-à-dire à l'harmonisation des aspects masculins et féminins de sa personnalité à l'intérieur d'une identité de genre (mâle ou femelle) établie depuis longtemps. De cette fonction dépendra la difficile tâche d'intégrer entre eux amour et sexualité, tâche devancière du véritable engagement amoureux et de l'intimité affective dans le sens d'Erikson (1959).

Si la frontière générationnelle a été érigée avec le dénouement du premier œdipe, la différence des sexes, par contre, ne sera implantée qu'avec celui du second œdipe et résultera, comme le dit Blos, de la résolution de l'œdipe inversé (Blos, 1979). L'identité sexuelle de l'adolescent sera déterminée par le destin de ses liens libidinaux et sadiques envers son père, et celle de la fille, par le destin de ses liens envers sa mère. Ainsi, l'adolescent s'apprête à faire son entrée dans le monde adulte. Au surmoi qui, au départ, régissait la relation triadique de l'enfant s'ajoutera le moi idéal, en partie culturellement modelée, qui posera les balises de sa relation avec les autres et marquera sa place dans la société.

La sexualisation précoce des liens affectifs, largement légitimée par la nouvelle moralité dans le monde occidental (Esman, 1990, p. 69), est à la source de nombreux problèmes médicaux, psychologiques et psychosociaux chez nos adolescents. Les relations sexuelles précoces conduisent à la confusion identitaire et à l'érosion de l'estime de soi. L'engagement amoureux, fondement de la relation de couple et donc de la famille, qui va de soi en d'autres temps et lieux, a pris chez nos jeunes adultes, la dimension d'un défi insurmontable. Le taux effarant de divorces et l'éclatement de la cellule familiale ont entre autres pour effet de mettre les aléas de la vie amoureuse et sexuelle des parents à l'avant-plan de la vie psychique de l'enfant. Ceci explique peut-être le double problème de la précocité du comportement sexuel et celui de la crainte de l'engagement amoureux.

Les difficultés identitaires de l'adolescent ethnique sont ailleurs. La loyauté affective envers la mère, qui explique l'intensité de l'angoisse de castration, est souvent à l'origine d'un clivage entre amour et sexualité. L'amour est idéalisé pour ne pas dire purifié, alors que la sexualité, même incontournable, restera un exutoire périphérique *«Je n'épouserai jamais les filles avec qui j'ai du sexe»*, me disait un jeune Italien. Une jeune fille juive séfarade, sachant bien que ses parents n'accepteront jamais un mariage mixte, se sentait étrangement attirée par les garçons de culture différente.

Chez les adolescentes, cette même loyauté à l'objet premier se manifeste par l'importance donnée à la perte de leur virginité, symbole de la brisure émancipatoire qui ne trouvera son consentement que par le cautionnement familial et social qu'est le mariage. De surcroît, la jeune mariée fera de sa mère son guide et sa confidente la plus intime et, plus tard, la gardienne attitrée de ses enfants, comme si, pour se réconcilier, il fallait partager avec celle-ci tous les fruits de son émancipation.

Parmi les difficultés identitaires du jeune homme ethnique, mentionnons le machisme et son dérivé, le complexe de la Madone. Le machiste affiche un désir de domination sur la femme. Ce besoin de pouvoir et de contrôle est à la mesure de l'angoisse de castration et de la dépendance quasi existentielle mais rarement avouée à la femme-mère. Dans le complexe de la Madone, le clivage entre amour-affection et sexualité érotique est à son comble. Toutes les femmes sont sexuellement suspectes, sauf la mère qui elle, de toute évidence, est une sainte. La sexualité de la mère, bien qu'intellectuellement inévitable, est souvent marquée par un déni massif. *«Elle a bien dû faire l'amour pour m'avoir, me dit un jour un jeune Libanais, mais je sais qu'elle n'a pas eu de plaisir, elle ne faisait que son devoir... d'ailleurs elle me l'a dit.»*

Le machisme est aussi une défense utilisée pour compenser la difficulté à intégrer les éléments identificatoires qui se rattachent à la mère, ajoutés à la haine matricide que génère l'état de dépendance. C'est une tentative illusoire de disposer des pouvoirs d'un phallus qui, en fait, est resté en possession de la mère et sous son contrôle. L'objet omnipotent et idéalisé est aussi l'objet de persécution, tel les deux côtés d'une médaille. *«Peu importe ce que font les enfants ou ce qui leur arrive, c'est toujours de ma faute»* me disait en larmes une mère de trois jeunes enfants. Les deux parents sont professionnels, le père est portugais et la mère canadienne anglaise. D'autre part, l'infidélité serait une manière de se venger mais aussi de se prémunir contre la perte de la femme-mère irremplaçable.

Les conflits qui résultent de cette dépendance rendent difficile une intimité véritable dans le couple. Les enfants, qui dans les sociétés traditionnelles ont une place très spéciale, sont au cœur de la famille, logés entre les parents et investis d'une affection toute particulière. Dans la même logique, cet amour pour l'enfant qui, souvent, porte à l'attachement plutôt qu'à l'individuation, est le prolongement de la relation des parents à leurs propres parents. En plus de la tradition qui veut qu'on donne aux enfants le prénom de leurs grands-parents, il n'est pas rare de les appeler *«mon papa»* ou *«ma maman»*, pour marquer l'affection qu'on leur porte. L'essence des liens qui unissent à la mère est à présent tournée vers les enfants et, par le fait même, transmise à la génération suivante. Dans le raisonnement de l'abandon incomplet de ces liens, ils resteront ainsi à l'écart de la sexualité adulte.

Sexualité et culture

L'importance de la sexualité adulte tient au fait qu'elle est inéluctablement émancipatoire ou incestueuse (Samy, 1992). Chez l'adolescent occidental, poussé à tout prix vers l'indépendance et l'individuation, la sexualité vient à propos pour l'aider à s'affranchir et se définir. Les interdits qui viendront la réglementer seront d'ordre psychologique (incluant la crainte de grossesse), éthique et à présent, médical à cause du Sida. En contraste, face à la sexualité de l'adolescent ethnique, se dresseront des interdits plus vigoureux de nature familiale, morale, religieuse et sociale qui enchâsseront ses nouvelles responsabilités face aux attentes parentales. La sexualité est de toute manière signe de danger; elle ne peut être émancipatoire (ni certes incestueuse) car elle est perçue comme venant briser ou affaiblir l'emprise parentale et l'appartenance collective de l'individu. En conséquence, elle ne saurait avoir une légitimité autre que celle octroyée par la collectivité à travers le mariage.

La mère habite l'enfant et le tabou de l'inceste ne souffre aucune dérogation. L'intensité accrue de l'angoisse de castration est structurante de la personnalité (Freud, 1918/1955). Au machisme mentionné plus haut s'ajoute le sens aigu attribué à la fierté et à l'honneur. Par ailleurs l'insulte ultime que l'on puisse faire à un homme est de porter atteinte à l'idéal de sa mère.

Mythes et religions réfèrent à la place de la mère dans l'inconscient collectif. Le fondement des mythes de l'Inde (Hindou) repose sur la possession maternelle de l'enfant mâle pour qui la mère choisira plus tard celle qui sera l'épouse de son fils (Guzder, 1992).

La mère est aussi et même premièrement nourriture. Qui connaît bien les sociétés que je décris ici, sait l'importance donnée à la nourriture et à tout ce qui s'y rattache. La nourriture est non seulement symbole d'affection et d'ouverture à l'autre, mais aussi la concrétisation d'un lien entre les personnes. L'hospitalité est une chose sacrée dans plusieurs pays arabes et sera protégé de tout mal celui qui entre en la demeure et partage l'eau et le pain. Klein voit dans l'exercice de l'hospitalité la relation avec la mère en particulier (Klein, 1959/1975). La nourriture, dès le début, est inséparable de la protection et du maintien des liens d'amour et donc au concept de réparation décrit plus haut.

Nous pensons que les pulsions de réparation ne peuvent disposer de la nouvelle sexualité adolescente que dans la mesure où les liens libidinaux dirigés vers la mère ont été relâchés, réprimés ou transformés dans la fonction symbolique. Ce processus étant normativement différent et incomplet dans les sociétés traditionnelles, il est possible dès lors que les pulsions réparatrices propres à la position dépressive aient gardé une certaine fixation orale, d'où le sens profond et considérable de la nourriture et de la religion dans ces sociétés.

La culture fait plus que régir la sexualité, elle agit sur tous ses aspects au cours du développement, jusqu'à en modeler foncièrement la signification et les formes d'expression.

Œdipe Roi et ses Reines

L'œdipe du mythe hellénistique semble être l'exemple original de l'œdipe ethnique, tel que décrit dans cette étude. L'Œdipe Roi de Sophocle en dramatise en effet les signes distinctifs jusqu'au tragique.

Œdipe Roi a tout entrepris pour se défaire de ses parents et, ce faisant, est entré dans le monde de la sagesse, du courage et même de la renommée. Pourtant, sa fuite sera vaine. Il est un migrant même s'il est profondément attaché à ceux qui lui ont donné leur amour et leur affection. Œdipe a deux mères: celle de la représentation psychique aux liens libérateurs et l'autre, plus primitive, gravée dans sa chair. Il réussit à couper les liens avec ses parents psychologiques (adoptifs), les seuls dont il soit conscient. Une force plus grande que la sienne l'attire et le réincorpore à ses parents biologiques, ceux de la chair, de la terre originelle, des tabous et des fantasmes inconscients. Son histoire est inscrite dans un ordre qui se situe au-delà de son individualité et il est dérisoire de vouloir y échapper.

Le vrai trauma œdipien, c'est l'effondrement de cette frontière qui doit séparer le fantasme de la réalité et le passé du présent. Alors qu'Œdipe Roi croyait fuir vers le futur, chacun de ses pas le ramenait vers le passé. En l'absence du deuil de l'enfance, il devient impossible de saisir véritablement le réel.

Conclusion

L'importance de la relation mère-enfant dans la construction de la personnalité est probablement le consensus le plus évident tant dans les théories que dans la pratique analytique. Si, au départ, la qualité de l'intensité de ces liens marque le psychisme de l'enfant, la forme et le degré de leur renonciation décident de l'issue de l'adolescence. A l'adolescence comme dans l'enfance, le destin des liens aux objets parentaux dépend du dénouement de l'œdipe. Or l'œdipe est largement déterminé par la culture.

Par «œdipe ethnique», nous voulions cerner ce que plusieurs sociétés traditionnelles ont en commun sans pour autant en nier les différences, que nous savons être vastes et profondes, et succomber à un «culturalisme» étroit (Lebovici, avant-propos in Moro, 1994, p. 14).

L'œdipe ethnique se distingue, selon nous, par l'abandon incomplet des liens qui attachent l'individu à sa mère. Cette hypothèse est explorée dans les aspects structurants de la personnalité, notamment la différenciation des sexes et des générations. L'évolution du concept d'œdipe depuis Freud, en particulier l'apport de Mélanie Klein, confirme l'influence profonde de l'œdipe tout au long du développement et sa place dans l'organisation de la personnalité adulte. L'étude de l'œdipe ethnique offre un éclairage à plusieurs traits propres aux personnes et aux sociétés que nous décrivons, parmi lesquels la place de la famille, le rapport à la sexualité, la signification de la nourriture et le rôle particulier de la religion.

La démarche œdipienne en est toujours une de deuil. Elle affranchira l'individu de ses illusions infantiles et lui permettra de mieux comprendre et saisir le réel. En définissant les modalités infinies de ce deuil, qui d'ailleurs n'est jamais total, la culture nous apporte une multiplicité de perspectives (Gibeault, 1989) d'une réalité qui restera toujours en quelque sorte insaisissable. Le thérapeute doit être sensible à ces faits afin que la compréhension soit, à chaque pas, le guide de l'intervention.❖

SAMY, M. H.

The author studies the impact of culture on the construction of the œdipus during adolescence. He introduces the notion of «ethnic œdipus» which characterizes people from the Mediterranean region and several Eastern countries in contrast to the Western North American society. He observes that in traditional societies the family remains important throughout life and becomes a constituent of the sense of self. His main thesis is that the relinquishment of the primary object (mother) is different and incomplete in the ethnic œdipus wich explains a number of traits proper to cultural communities such as the importance of the extended family, religion and food and differences in the relation of sex to culture. He reviews the concept of œdipus since Freud, in particular the kleinian contribution. This review stresses the importance of the relinquishment of the ties with the mother for the resolution of the œdipus situation and for the grief work necessary to the adult perception of reality. In the light of these considerations the author describes the strength and risks for the adolescent passage in both societies.

Notes

1 Les mots «culture» et «ethnie» sont employés comme synonymes pour les besoins de ce texte.
2 Cette section s'inspire largement d'un travail précédent par l'auteur (voir Samy, 1992).
3 Étant donné l'importance du complexe d'œdipe dans la formulation freudienne, cet enrichissement du concept, au lieu de paraître une dissidence, pourrait plutôt être taxé «d'ultra-freudisme» (Petot, 1979, p. 187).

Références

Blos P. Character formation in adolescence. *Psychoan Study Child* 1968; 23 : 245-263.

Blos P. Modifications in the classical psychoanalytic model of adolescence. In *The adolescent passage : developmental issues*. New York : Int Univ Press, 1979.

Erikson EH. The problem of ego identity. J *Amer Psychoan Assoc* 1956; 4 : 56-121.

Erikson EH. *Identity and the life style. Psychological Issues,* Monograph 1. New York : Int Univ Press, 1959.

Esman AH. *Adolescence and Culture.* New York : Columbia University Press, 1990.

Flaubert G. *Madame Bovary.* Edition Phidal, 1995.

Freud S. *From the history of an infantile neurosis.* Standard Edition. Londres : Hogarth Press. 1955;XVII : 3-122.

Gibeault A. Destins de la symbolisation. Présenté au 49ième Congrès des psychanalystes de langue française des pays romans, Mai 1989.

Guzder J. Indian Mythic Paradigms and their developmental implications. Présenté à la Société Canadienne de Psychanalyse, Février 1992.

Klein M. (1929) Les situations anxiogènes de l'enfant In : *Essais de psychanalyse,* Traduit par M. Derrida , Paris : Payot, 1968 :257.

Klein M. (1945) The Oedipus complex in the light of early anxieties. In : *Love Guilt and Reparation and other Works 1921-1945. Writings of Melanie Klein,* Vol. 3. New York : Delacorte Press, 1975 : 370-419.

Klein M. (1957) Our adult world and its roots in infancy. In : *Envy and gratitude, and other works 1946-1963. Writings of Melanie Klein,* vol. 4. New York : Delacorte Press, 1975 : 247-263.

Ladame F. *Les tentatives de suicide des adolescents.* Paris :Masson, 1981, (2ᵉ édition, 1987).

Laufer M. The body image, the function of masturbation and adolescence : problems of the ownership of the body. *Pyschoanal Study Child* 1968 ; 23 : 114-137.

LeVine RA. *Culture, Behavior, and Personality.* Chicago : Aldine Publ. Co, 1973.

Moro MR. *Parents en Exil - Psychopathologie et migrations.* Paris : PUF, Coll. Le fil rouge, 1994.

Petot J M. *Mélanie Klein : premières découvertes et premier système 1919-1932.* Paris : Dunod, 1979 :187.

Petot J M. *Mélanie Klein : le moi et le bon objet, 1932-1960.* Paris : Dunod, 1982 : 74.

Samy M. Suicide et adolescence : perspective sociale et analytique. In : Caglar H. (éd.) *Adolescence et suicide.* Paris : Editions ESF, 1989 : 70-71.

Samy M. L'adolescence: une perspective kleinienne. *P.R.I.S.M.E.* Printemps 1992; 2, 3 : 300-321.

Sophocle Œdipe Roi In : *Tragiques Grecs, Eschyle Sophocle.* Bibliothèque de la Pléiade. 1967.

CLINIQUE ET DISTINCTIONS GÉNÉRIQUES

Les garçons sont-ils vraiment plus vulnérables que les filles au divorce de leurs parents?

FRANCINE CYR

L'auteure est psychologue et professeure agrégée au Département de psychologie de l'Université de Montréal. Elle a été psychologue clinicienne à l'hôpital de Montréal pour enfants de 1983 à 1992. Elle travaille en bureau privé auprès d'enfants et de familles et ses intérêts en recherche sont dirigés vers le divorce et la médiation familiale.

Dans cet article, nous faisons le point sur la question de la vulnérabilité des garçons et des filles au divorce des parents. A cette fin, nous avons procédé à une recension des études portant sur les effets du divorce sur les enfants. Au cours de cet exercice, deux constats se sont imposés à nous : d'abord, l'absence d'études récentes s'intéressant spécifiquement à la variable du sexe de l'enfant comme facteur discriminant de l'adaptation de l'enfant au divorce de ses parents. Ceci nous amène à repenser le fait que d'être garçon ou fille constitue un facteur primordial à considérer lorsqu'on tente de prédire l'impact de la séparation parentale sur l'enfant.

Cette variable joue bien entendu un rôle dans l'évolution que connaîtra l'enfant suivant la séparation de ses parents; cependant, et c'est le second constat que nous avons fait, la variable du sexe de l'enfant est en interaction constante avec une multitude de facteurs qui font fluctuer et parfois inversent les effets qui lui sont attribués. Afin d'apporter toutes les nuances qui s'imposent en répondant à cette question, nous traiterons brièvement de ces divers facteurs et de leurs interactions avec la variable du sexe de l'enfant.

Adresse: C.P. 6128, succursale Centre Ville Montréal (Québec) H3C 3J7

P.R.I.S.M.E., été 1998, vol. 8, no 2, 170-189

Les études révèlent que les enfants de parents divorcés ont davantage de problèmes d'adaptation sociale, académique et psychologique que les enfants vivant dans des familles intactes. Dans la recension des études qu'elle présente, l'auteure fait le point sur la vulnérabilité des garçons et celle des filles dans les années suivant le divorce de leurs parents. Cette variable du sexe de l'enfant joue un rôle dans l'évolution de ces enfants mais elle est en interaction constante avec de nombreux autres facteurs, dont l'âge de l'enfant au moment du divorce, la période critique de l'adolescence, le temps écoulé depuis la séparation, le remariage du parent qui a la garde de l'enfant, la relation avec le père, les conflits entre les parents, et le sexe du parent qui a la garde de l'enfant. L'auteure insiste sur la nécessité d'utiliser une perspective interactionnelle, qui considère l'interaction de ces divers facteurs avec les variables individuelles de l'enfant, pour rendre compte des difficultés spécifiques d'adaptation des filles et des garçons au divorce de leurs parents.

Conséquences du divorce des parents sur les enfants

Identifier les conséquences de la rupture conjugale sur les enfants n'est pas une tâche facile, du fait que le divorce ne constitue pas un événement isolé, malgré son caractère parfois soudain. Il s'inscrit plutôt dans un processus de changement plus ou moins long et perturbant dans la relation du couple qui se solde par une rupture parfois abrupte et décrite même comme inattendue. En effet, l'échec d'un mariage se concrétise au cours d'une période passablement chaotique aboutissant à la séparation de fait et que signe habituellement le divorce légal; des périodes de déséquilibre et de stabilisation se succèdent au gré des diverses transformations qui caractérisent ces familles pendant un bon nombre d'années.

Prétendre que l'on puisse isoler les effets du divorce des parents sur le développement à long terme des enfants nous paraît hasardeux et notre expérience en ce sens nous invite à la plus grande circonspection. Nous tenterons néanmoins de suggérer certaines pistes de réflexion sur la vulnérabilité spécifique que peut engendrer pour les garçons et les filles le divorce des parents. En premier lieu, il importe de rappeler que la grande majorité des enfants (de 70% à 80%) ne présente pas de problèmes sévères et durables en réponse au divorce ou au remariage de leurs parents. Ils émergent de ces transitions familiales comme des individus raisonnablement compétents et bien adaptés (Hetherington, 1993; Zill et al., 1993). Voyons ce que disent par ailleurs les études au sujet des 20% à 30% des enfants qui s'en tirent moins bien.

Les études révèlent que les enfants provenant de familles éclatées comparés aux enfants de familles intactes connaissent plus de problèmes d'adaptation sociale, académique et psychologique et qu'un plus grand nombre de ces enfants sont adressés à des services psychologiques (Guidubaldi, Perry et Cleminshaw, 1984; Kalter, 1977; Zill,1983; Wallerstein et Kelly, 1980; Warshak et Santrock, 1983). Deux études longitudinales parmi les plus rigoureuses arrivent essentiellement aux mêmes conclusions, celle de Hetherington, Cox et Cox (1982, 1984; Hetherington, 1993, 1995), et celle de Guidubaldi et al. (1983; Guidubaldi et Perry, 1984, 1985, 1988).

La première, menée par Hetherington et al. (1982) révèle que les enfants de familles divorcées, en comparaison à ceux de familles intactes, manifestent plus de problèmes d'agressivité, d'impulsivité, de désobéissance et de conduites antisociales; les auteurs notent également plus de comportements de dépendance, d'affects dépressifs et anxieux, plus de difficultés relationnelles et plus de troubles de comportement à l'école. Ces problèmes se sont révélés **plus graves et persistants chez les garçons** que chez les filles lors d'un suivi, deux ans après le divorce (Hetherington, Cox et Cox, 1982).

Bien que certaines études utilisant un vaste échantillon de sujets constitué à partir de données nationales ne relèvent aucune différence liée au sexe de l'enfant (Allison et Furstenberg, 1989; Zaslow, 1987), un grand nombre d'études rapportent une meilleure adaptation des filles que des garçons au divorce de leurs parents, les garçons ayant plus de difficultés que les filles, du moins au cours des premières années qui suivent la séparation (Demo et Acock, 1988; Hetherington et Camara, 1984; Wallerstein et al., 1988). Est-ce à dire que les garçons sont plus vulnérables à la séparation des parents? C'est du moins ce que suggèrent certaines recherches (Emery et al., 1984; Hetherington et al., 1989; Kelly, 1981; Shaw et Emery, 1987).

La seconde série d'études entreprises par Guidubaldi a elle aussi démontré que les enfants de familles éclatées comparés à des enfants de foyers intacts manifestent plus de troubles de comportement social et de difficultés académiques (Guidubaldi et al., 1983; Guidubaldi et Perry, 1984, 1985). Il y a un consensus dans les études au sujet des difficultés d'ordre scolaire chez les enfants de foyers divorcés (Hetherington, 1979; Kaye, 1989; Zill, 1983). Dans cette sphère d'ailleurs, les garçons connaissent un nombre plus important de problèmes que les filles. En effet, cinq ans après le divorce, une différence marquée entre les deux sexes est observée, le divorce affectant de façon négative la réussite scolaire des garçons et non celle des filles (Kaye, 1989). Il a été suggéré que la grande différence observée entre les sexes lors de la 5e année suivant le divorce pouvait refléter les conséquences négatives pour les garçons de l'absence d'un modèle masculin favorisant la résolution de problèmes et la réussite académique. Ces résultats peuvent aussi être influencés par des perturbations dans le contrôle de soi chez les garçons. En effet, ces garçons peuvent se montrer plus agités en classe et, de ce fait, recevoir moins de soutien de la part du professeur lorsqu'ils ont des difficultés, ce qui entraîne de plus faibles rendements académiques (Kaye, 1989).

Ces hypothèses explicatives s'appuient sur les données voulant que les garçons de familles divorcées sont plus agités et agressifs en classe que les garçons de familles intactes (Felner, Stolberg et Cowen, 1975; Felner et al., 1981; Hetherington, Cox et Cox, 1982). Elles s'appuient aussi sur les conclusions d'études à l'effet que les garçons de familles divorcées sont moins enclins à terminer leurs devoirs et à être attentifs en classe (Hess et Camara, 1979; Hetherington, Cox et Cox, 1982). Ces différences étant établies entre les filles et les garçons, les chercheurs se sont demandés si celles-ci n'étaient présentes qu'au cours des premières années suivant le divorce ou si elles persistaient dans le temps.

Persistance des problèmes et des différences liées au sexe des enfants

Hetherington, Cox et Cox (1985) observent une très grande stabilité des comportements, six ans après le divorce des parents. Chez les garçons, ce sont des problèmes d'extériorisation qui persistent et chez les filles, des problèmes d'intériorisation. Toutefois, la présence initiale de problèmes d'extériorisation tels que l'impulsivité, l'«agir» et l'agressivité tant chez les garçons que chez les filles s'est révélée étroitement liée à l'apparition ultérieure de problèmes d'intériorisation tels le repli sur soi, la dépression et l'angoisse. C'est donc dire que les problèmes d'intériorisation ne sont pas exclusifs aux filles.

Nonobstant la stabilité des troubles observés en fonction du sexe de l'enfant, Hetherington, Cox et Cox (1985) ont constaté au cours de ce suivi que les filles de parents divorcés ne se démarquent plus des filles de familles intactes au plan de l'adaptation. Pour leur part, les garçons de parents divorcés manifestent plus de problèmes d'agressivité et d'agirs impulsifs que les garçons de familles intactes et ils ont une compétence sociale plus pauvre que ces derniers. Ce tableau a été établi et confirmé par diverses sources indépendantes, notamment les pairs, les mères, les professeurs et les garçons eux-mêmes.

Il importe de souligner ici que ces études ont été effectuées auprès de familles dans lesquelles la mère avait en général la garde des enfants alors que les contacts avec le père se limitaient aux traditionnels droits de visite d'une fin de semaine aux 15 jours assortis d'un contact par semaine. La majeure partie de nos connaissances concernant les conséquences immédiates et durables du divorce sur les enfants reposent essentiellement sur un modèle familial unique où prédomine la figure maternelle. Le tableau serait-il différent si les enfants étaient confiés majoritairement à la garde du père? Cela est vraisemblable. Cependant, à ce jour, les chercheurs qui se sont penchés sur cet aspect du problème n'ont pu s'appuyer sur des échantillons suffisamment importants pour recueillir des données concluantes et généralisables.

Quelles sont les conclusions à tirer de ces recherches?

Ces études permettent de conclure que le divorce des parents engendre chez les enfants des deux sexes des problèmes spécifiques et persistants touchant l'estime de soi, la compétence sociale, la régulation des pulsions agressives et de l'impulsivité et que, de façon générale, les garçons seraient plus marqués par la dissolution familiale.

Les hypothèses proposées pour rendre compte de ces résultats font état de prédispositions culturelles chez les garçons à l'agressivité, de l'absence d'un modèle masculin autoritaire et de leur plus grande exposition aux querelles parentales que les filles (Hetherington, 1979). En outre, les garçons auraient plus tendance à répondre aux conflits qu'ils observent par des comportements antisociaux et ils seraient moins entourés d'affection (Felner, Stolberg et Cohen, 1975). Il a aussi été suggéré que la résistance psychologique chez les garçons est moindre que chez les filles (Wallerstein et Kelly, 1980) et que ceux-ci connaîtraient plus de difficultés à être élevés principalement par le parent de l'autre sexe (Santrock et Warshak, 1979).

Nous avons vu jusqu'ici que les garçons semblent en général plus affectés par le divorce des parents que les filles et que ces différences restent présentes par la suite, après que les réactions initiales au divorce des parents se soient estompées. Cependant, à mesure que se multiplient et se raffinent les études sur la question des différences d'adaptation des filles et des garçons, nous sommes amenés à prendre en considération de nombreux autres facteurs qui viennent influencer la lecture que l'on peut faire de ces différences. C'est ce que nous tenterons de faire maintenant en explorant successivement les effets de l'âge de l'enfant au moment du divorce, du temps écoulé depuis la séparation parentale, du remariage et de la relation de l'enfant avec les parents, des conflits entre les parents et du sexe du parent avec lequel l'enfant vit, et ce, afin de faire ressortir la complexité des interactions possibles entre toutes ces variables. Nous verrons comment chacun de ces facteurs vient tantôt pondérer les différences entre garçons et filles, tantôt les inverser ou les amplifier.

L'âge de l'enfant au moment du divorce

Plusieurs études ont constaté que la dissolution du couple a ses effets les plus néfastes lorsque les enfants sont jeunes au moment de la séparation (Allison et Furstenberg, 1989; Emery, 1988; Kurdek et Berg, 1983; Wallerstein et al., 1988). Il a été démontré que la perte d'un parent en bas âge a des conséquences à long terme tant pour les garçons que pour les filles. (Biller, 1974; Bowlby, 1973; Hetherington, 1972). Un déclin avec l'âge des conséquences de la séparation parentale suggère que les jeunes enfants sont particulièrement vulnérables, parce qu'ils sont plus dépendants de leurs parents et ainsi moins protégés par les supports extra-familiaux qu'apportent les professeurs et les amis. De plus, ils sont à un stade de développement où rien n'est encore bien consolidé et seraient ainsi moins en mesure de faire face à un événement traumatique (Allison et al.,1989)

Comparativement aux enfants plus jeunes, les enfants plus âgés démontreraient une meilleure adaptation à long terme au divorce parental. Ceci serait relié à de meilleures habiletés cognitives incluant le raisonnement interpersonnel et le locus de contrôle.

D'autres chercheurs sont cependant arrivés à des résultats opposés (Tschann et al., 1990). Plutôt que de concevoir les effets de l'âge comme linéaires, certains experts ont suggéré que les enfants âgés entre 6 et 11 ans éprouvent plus de difficultés à s'adapter que les enfants plus jeunes ou que les adolescents (Camara et Resnick, 1988; Guidubaldi et al., 1983; Jacobson, 1978; Kalter et Rembar, 1981). C'est donc dire que le stade de développement à lui seul ne peut expliquer toutes les différences observées.

Certains chercheurs préfèrent ne pas parler d'un degré d'adaptation générale différent en fonction de l'âge mais plutôt de réponses qualitativement différentes au divorce des parents, selon le stade de développement de l'enfant. (Kalter et Rembar, 1981; Wallerstein et Kelly, 1980). Les résultats de ces études font aussi ressortir l'importance du sexe et de l'âge de l'enfant en tant que facteurs influençant le sens que revêtent la régularité et la fréquence des visites avec le père, autre variable d'une importance capitale dans l'adaptation de l'enfant dont les parents sont séparés et sur laquelle nous reviendrons plus loin.

L'adolescence comme période critique Nous disposons d'une abondante littérature concernant l'impact du divorce sur les pré-adolescents mais nous connaissons beaucoup moins les conséquences de la rupture familiale sur les adolescents (Zaslow, 1988). Les études disponibles ont toutefois démontré que comparativement aux adolescents de familles intactes, les adolescents de parents divorcés manifestent plus de comportements agressifs et d'agirs, plus de consommation de drogue et de truanderie (Kalter, 1977; Peck, 1989; Schoettle et Cantwell, 1980, Sorosky, 1977) et de problèmes de comportement (Peterson et Zill, 1983; Stolberg et Anker, 1983). Santrock (1987) suggère que l'adolescence est une période de développement propice aux frictions entre parents et enfants et que le divorce, lorsqu'il se produit à cette étape, augmente ces frictions et la probabilité que l'adolescent s'engage dans des conduites antisociales.

Wallerstein (1984) constate que les adolescents dont les parents ont divorcé alors qu'ils étaient à l'école primaire connaissent plus de problèmes que ceux qui ont vécu le divorce à l'âge préscolaire. Hetherington (1993) rapporte que les filles qui étaient à l'école primaire au moment du divorce éprouvent plus de difficultés relationnelles, en particulier avec les gens du sexe opposé, et sont plus anxieuses dans leurs relations sociales.

Les recherches effectuées auprès des adolescents suggèrent également que les conséquences négatives du divorce sont plus susceptibles d'apparaître rapidement après le divorce et que ces effets s'atténuent subséquemment (Parish et Wigle, 1985). Or, la plupart des études effectuées auprès des adolescents sont de type transversal et ne permettent pas d'évaluer clairement l'impact spécifique de l'aspect récent du divorce sur le fonctionnement de l'adolescent. Des études additionnelles, prospectives et longitudinales, sont nécessaires si l'on veut comprendre l'impact du divorce sur le fonctionnement des adolescents. Elles devront, comme le suggèrent Emery (1988) et Zaslow (1988), accorder une attention particulière au temps écoulé depuis la séparation parentale et à l'âge de l'enfant au moment du divorce.

L'interaction âge et sexe renverse les tendances La plupart des études constatent que les adolescentes sont plus négativement affectées que les adolescents par le divorce de leurs parents, que celui-ci soit récent ou non. Leurs difficultés d'adaptation se manifesteraient dans les domaines suivants: problèmes de comportement (Kalter, 1977; Kalter et Rembar, 1981; Schoettle et Cantwell, 1980), diminution de l'estime de soi (Grossman, Shea et Adams, 1980; Hetherington, 1972; Kalter et al., 1985; Slater, Stewart et Linn, 1983) augmentation de la dépression et de l'anxiété (Wallerstein, 1984, 1987).

Hetherington (1993) conclut, à l'instar de Kalter (1985), à une réaction à retardement, c'est-à-dire que les conséquences négatives du divorce ne deviendraient évidentes qu'à l'adolescence pour les filles et que leur *«apparente meilleure adaptation»* depuis l'enfance ne tiendrait plus. Ces dernières seraient plus vulnérables au niveau de leur estime de soi et présenteraient une moins bonne adaptation dans leurs relations hétérosexuelles.

Le temps écoulé depuis la séparation

Alors que les études indiquent que les enfants provenant de familles récemment divorcées sont plus vulnérables, il n'est pas clair que ces résultats soient attribuables au fait que le divorce soit récent plutôt que d'être liés à l'âge ou au niveau de développement de l'enfant.

Les trois études qui ont pris en considération les différences liées au sexe et tenté de les mettre en relation avec le temps écoulé depuis la séparation, tout en tenant compte de facteurs confondants, concluent que le pattern de différences liées au sexe n'est pas spécifique à une durée de temps en particulier (Furstenberg et Allison, 1985; Hetherington, Cox et Cox, 1985; Guidubaldi et al., Guidubaldi et Perry, 1985: in Zaslow, [1989]). En d'autres termes, même lorsque l'on tente de spécifier le temps écoulé depuis la séparation ou le divorce, cela ne suffit pas à expliquer clairement les différences qui existent entre les sexes. Par ailleurs, les études d'Hetherington, Cox et Cox (1985) et de Guidubaldi et Perry (1985) démontrent que les différences de réaction entre les garçons et les filles persistent au-delà de la période initiale post-divorce, lors-**que le parent gardien ne se remarie pas.**

D'autres recherches sont nécessaires pour identifier les divers facteurs qui, en interaction les uns avec les autres, sont responsables des différences observées entre les garçons et les filles. Il faut évaluer directement ces interactions et les mettre en relation avec l'évolution que connaissent les enfants, selon qu'ils sont filles ou garçons.

Le remariage du parent qui a la garde de l'enfant

Les études révèlent que les filles réagissent différemment des garçons au remariage de leur mère.

Pour évaluer l'impact du remariage, les études ont comparé des enfants provenant de familles intactes à des enfants provenant de familles divorcées où il y a un beau-père. On a noté un nombre significatif de problèmes d'extériorisation chez les enfants des deux sexes ainsi que des comportements de retrait et des affects dépressifs mais ceci, particulièrement **chez les filles qui ont un beau-père** (Hetherington, Cox et Cox 1985; Peterson et Zill, 1983). En effet, les données disponibles suggèrent que dans les populations non cliniques, les filles manifestent plus de réactions négatives au remariage de leur mère, ce qui se traduit par des comportements intériorisés et extériorisés.

L'arrivée d'un beau-père dans la vie de la mère serait particulièrement éprouvante pour les filles adolescentes (Kalter, 1977) qui vivent cette réalité comme une interférence et une menace à la relation de proximité qu'elles entretiennent avec leur mère (Santrock, 1972; Hetherington et Hagan, 1995). En contraste, il semble que les garçons, en particulier les jeunes, bénéficient du remariage de leur mère (Hetherington, 1993; Kalter, 1977; Santrock, 1972;

Wallerstein et Kelly, 1980). La présence d'une figure paternelle substitut leur ferait grand bien.

La relation avec le père à la suite du divorce Bien qu'il soit reconnu que la relation avec le parent non gardien est importante, ses effets ne sont pas simples à observer. Dans la majorité des cas, les enfants sont confiés à la garde de la mère, soit 85% à 90%, et le parent non gardien est généralement le père. Or, il a été démontré à plusieurs reprises que les contacts fréquents et prévisibles avec le parent non gardien sont associés à une meilleure adaptation de l'enfant, sauf dans les cas où ce parent est extrêmement immature ou mésadapté. Ceci s'est révélé vrai principalement chez les garçons (Hetherington et al., 1982; Wallerstein et Kelly, 1980; Warshak, 1983) et lorsque la mère ayant la garde approuve la continuité du lien entre le père et l'enfant et évalue positivement ce lien (Guidubaldi et Perry, 1985).

Il y aurait aussi un lien significatif entre le degré de conflits dans la relation conjugale et le degré de contact avec l'enfant après le divorce (Koch et Lowery 1984; Kurdek, 1986). Les pères ayant vécu un mariage très conflictuel visiteraient leurs enfants moins souvent, moins régulièrement et pour de plus courtes périodes de temps et ces enfants manifesteraient plus de problèmes de comportement. A ce propos, Healy et al. (1990) ont trouvé qu'une fréquence peu élevée de visites du père non gardien est associée à des problèmes de comportement seulement quand les conflits légaux entre les parents sont élevés. Ces résultats vont dans le même sens que ceux de Kurdek (1988) à l'effet que l'implication fréquente du père non gardien est particulièrement bénéfique pour l'enfant lorsque les conflits inter-parentaux sont élevés. Enfin, lorsque les conflits parentaux sont faibles, une relation de proximité entre le père et son enfant contribue à une haute estime de soi chez ce dernier (Healey et al., 1990).

D'après Healy et al., (1990), la relation du parent non gardien avec ses enfants a des retombées différentes selon le sexe de l'enfant, son âge, le degré de conflits entre les parents et le degré de proximité père-enfant. A l'instar d'autres études, ils observent que, suite au divorce, les visites fréquentes et régulières du père non gardien sont associées à moins de problèmes de comportement tant chez les garçons que chez les filles. Ils constatent, par ailleurs, que la proximité père-enfant a des effets à relativement long terme sur le comportement des enfants, alors que la fréquence et la régularité des contacts tendent à avoir des effets immédiats, dont seuls certains persistent. Leurs résultats corroborent ceux de Hess et Camara (1979) qui ont trouvé que la qualité de la relation père-enfant, plutôt que la quantité de contacts, était reliée à l'adaptation de l'enfant.

Healy et al. (1990) notent aussi que les garçons et les filles démontrent des patterns d'expression de leur détresse différents lorsqu'ils voient leur père fréquemment et régulièrement. Pour les enfants plus jeunes (entre 6 et 8 ans) et particulièrement pour les garçons, la régularité et la fréquence des visites avec le père non gardien semblent rehausser l'estime de soi mais être aussi associées à des problèmes de comportement. Ces résultats suggèrent que, pour les enfants qui vivent clairement la séparation parentale comme une situation de perte, des contacts fréquents et réguliers avec le parent non gardien devraient être surtout réconfortants et contribuer à une meilleure estime de soi. Cependant, à tout contact s'associe aussi une nouvelle expérience de perte qui engendre une détresse s'exprimant à travers des problèmes de comportement.

Pour les filles et les enfants plus âgés, les visites fréquentes et régulières avec le père non gardien sont associées à une faible estime de soi et à moins de problèmes de comportement. Healy et al. (1990) suggèrent que particulièrement pour les filles vivant au sein de familles monoparentales où la mère a la garde, des contacts fréquents et réguliers avec le père non gardien peuvent susciter ou intensifier des conflits de loyauté, de la culpabilité et de l'anxiété. Ceci peut en retour diminuer leur estime de soi. Cependant le fait que les filles dans leur étude manifestent moins de problèmes de comportement lorsque les contacts avec le père sont fréquents est contraire à ce qui est attendu ou observé dans d'autres études (Hetherington et al., 1985; Zaslow, 1989). Les auteurs expliquent ces résultats par le fait que les filles de leur étude vivent avec le parent du même sexe non remarié et n'ont donc pas à s'adapter à la présence d'un beau-parent dans la maison. Ceci aurait pour effet d'accroître leur sentiment de confort et de bien-être dans leur environnement de vie et de se traduire par moins de troubles de comportement.

La question de l'absence Plusieurs études empiriques met-
du père tent en évidence particulièrement
chez les garçons ce besoin d'une
relation avec leur père et les con-
séquences défavorables pour eux du manque d'implication paternelle. En effet, les garçons réagissent plus fortement à la perte de
contact quotidien avec leur père à la suite du divorce et ils expriment un plus grand désir que les filles d'accroître le temps passé
avec lui (Emery et al., 1984; Kelly, 1981; Wallerstein et Kelly, 1980;
Warshak et Santrock, 1983). Le fait que les garçons confiés à la
garde de la mère soient mieux adaptés lorsque les contacts avec
leur père sont plus fréquents et le fait que les garçons confiés à la
garde du père ou en garde conjointe soient aussi mieux adaptés
portent à croire que l'accroissement de la présence paternelle est
une donnée de première importance à encourager. Les études
prospectives (Block et al., 1988; Shaw et al., 1993) font clairement
ressortir le désengagement des pères et leur comportement incon-
sistant envers leurs fils à la suite du divorce, et les conséquences
néfastes qui s'ensuivent pour l'enfant.

Les conflits entre les parents

On sait que la relation de l'enfant avec son père suivant le
divorce est étroitement liée à la qualité des relations interparenta-
les. C'est pourquoi il importe d'étudier l'influence des conflits inter-
parentaux sur les enfants et de se demander en quoi ils affectent
différemment les garçons et les filles.

Peterson et Zill (1983) ont comparé des enfants de familles
intactes dont les parents présentaient des conflits conjugaux importants à d'autres enfants élevés par un couple ayant un faible niveau
de conflits. Ils concluent que tant les garçons que les filles qui
proviennent de familles où les conflits sont élevés montrent significativement plus de comportements dépressifs, de retrait, de conduites antisociales, impulsives et hyperactives que les enfants de
familles où le niveau de conflit est faible. Encore une fois, ces problèmes seraient plus marqués pour les garçons que pour les filles.
Hetherington (1979) obtient des résultats similaires et observe que
les effets des conflits parentaux sont moins envahissants pour les
filles que pour les garçons, phénomène qui n'est peut-être pas
étranger au fait que ces derniers sont plus exposés aux querelles
parentales que les filles.

Par ailleurs, des études prospectives ont mis en évidence l'existence d'une relation parentale déficitaire bien avant la séparation et elles ont permis de conclure que les conflits parentaux présents avant la séparation seraient responsables des problèmes d'impulsivité et d'agressivité observés chez les garçons, troubles généralement imputés au divorce comme tel (Block et al., 1988). Les garçons de familles divorcées auraient été traités différemment par leurs parents bien avant la séparation, ces derniers se préoccupant moins d'eux, ayant tendance à les rejeter et les prenant souvent pour cible de leur colère (Shaw et al., 1993). Les spécialistes ont proposé qu'un maternage différent et plus pauvre pour les garçons ainsi qu'une implication paternelle déficiente seraient responsables des difficultés plus grandes des garçons à s'adapter à la séparation parentale (Emery, Hetherington et DiLalla, 1984). Il y aurait donc un effet d'interaction entre les variables sexe et conflits dans les différences observées.

Pour ajouter à notre compréhension de ces différences liées au sexe, O'Leary et Emery (1984) suggèrent que les garçons sont plus susceptibles de répondre à l'hostilité ouverte entre les parents en manifestant des problèmes de conduite et des comportements antisociaux: agressivité, hostilité, manque de contrôle (Felner, Stolberg et Cohen, 1975). Or, ce sont les enfants ayant moins de contrôle qui sont les plus susceptibles d'être référés pour une consultation psychologique, ce qui alourdit d'autant les statistiques démontrant l'existence de troubles plus fréquents et sévères chez les garçons.

En outre, les données des études ne spécifient pas si les filles composent simplement mieux avec la discorde des parents ou si leurs modes de réponse sont différents. O'Leary et Emery (1984) soulèvent la possibilité que les filles aient une réaction à retardement dans leur réponse aux circonstances familiales ou qu'elles réagissent différemment en manifestant des problèmes de surcontrôle, lesquels sont moins susceptibles d'engendrer une demande de consultation psychologique.

Le sexe du parent qui a la garde de l'enfant

On s'est également demandé si le sexe du parent avec lequel l'enfant passe le plus de temps pouvait influencer l'adaptation des enfants au divorce des parents. Or, les études révèlent que les garçons et les filles de familles divorcées ont plus de problèmes quand le parent gardien est de sexe opposé (Santrock et Warshak,

1979). Il a été suggéré que les difficultés plus grandes d'adaptation des garçons lors du divorce des parents sont peut-être attribuables au fait que, le plus souvent, c'est la mère qui obtient la garde des enfants à la suite du divorce (Weitzman, 1985). Cette interprétation va dans le même sens que celle de Zaslow (1988) lorsqu'elle conclut que les garçons semblent plus négativement affectés par le divorce que les filles, principalement dans les familles où la mère a la garde et ne se remarie pas.

Dans le même sens, Peterson et Zill (1986) ont observé que les adolescents ont plus tendance à avoir des problèmes quand ils vivent avec le parent du sexe opposé, mais ces différences d'adaptation s'estomperaient avec le temps (Kurdek et al., 1981). Par contre, Lowenstein et Koopman (1978) ne trouvent pas de différence au niveau de l'estime de soi entre les garçons qui vivent avec leur mère non remariée ou ceux qui vivent avec leur père non remarié.

Les différences observées entre les sexes ne renverraient donc pas à une question de degré d'adaptation mais traduiraient plutôt des **manifestations différentes de la détresse** chez les garçons et les filles. Ceci nous a amenée à nous pencher sur la nature plutôt que sur le degré des perturbations observées chez les deux sexes et à nous demander si certaines sphères de fonctionnement sont plus affectées chez les filles que chez les garçons.

L'estime de soi Les études ne révèlent aucune différence significatve entre les garçons et les filles dont les parents sont séparés en ce qui concerne l'estime personnelle. C'est donc dire que les troubles d'estime de soi ne sont pas l'apanage des filles, lorsqu'il y a divorce des parents (Kalter et al., 1885; Fry et Scher, 1984; Kinard et Reinherz, 1984; Santrock, Warshak et Elliott, 1982).

L'état des relations Plusieurs études ont soulevé la *hétérosexuelles* possibilité que particulièrement au début de l'adolescence, les filles de parents divorcés connaîtraient des difficultés dans leurs relations hétérosexuelles. Hetherington (1993) a relevé un certain nombre de différences entre les filles adolescentes de mères divorcées ou de veuves, et les filles de familles intactes en ce qui concerne les relations hétérosexuelles.

Les filles de mères divorcées rapportent avoir plus d'activités hétérosexuelles mais ressentir moins de sécurité avec les hommes. Elles recherchent plus l'attention d'adultes masculins cherchent à être en contact avec des pairs de sexe masculin et à consacrer du temps à des activités reconnues comme masculines (Hetherington, 1972). Elles se disent moins certaines d'avoir un mariage durable et décrivent les hommes comme étant moins forts et moins sensibles (Kalter et al., 1985).

D'autres recherches seront nécessaires pour examiner l'impact du divorce parental sur les attentes des adolescents face au mariage, sur leurs sentiments au sujet des relations hétérosexuelles et sur leur histoire de relations hétérosexuelles en tant qu'adultes. Ces aspects sont importants à étudier et les quelques études dont on dispose sur le sujet indiquent déjà que ces aspects peuvent représenter des dimensions importantes de la réaction post-divorce, et ce, principalement chez les femmes.

Conclusion

Disons d'abord que plusieurs études ont corroboré nos conclusions à l'effet que divers facteurs tant chez l'enfant que dans son environnement familial de même que des facteurs extra-familiaux (ressources dans le milieu scolaire, soutien social, ressources matérielles, etc.) pouvaient expliquer les différences observées chez les enfants en réponse au divorce de leurs parents (Cyr, 1986). Ce qui a été mis en évidence mais insuffisamment discuté dans la littérature, c'est l'interaction de ces divers facteurs avec les variables individuelles de l'enfant (âge, sexe, tempérament, niveau de développement, stratégies d'adaptation, etc.). Nous croyons, tout comme Kurdek (1988) que, seule, une perspective interactionnelle est en mesure de rendre compte des différences dans le degré et le type d'adaptation des enfants au divorce de leurs parents.

En définitive, nous sommes d'accord avec Zaslow (1988) lorsqu'il dit qu'on doit nuancer la conclusion d'un grand nombre d'études qui affirment que le divorce des parents affecte plus négativement les garçons que les filles, et préciser dans quelles circonstances cette conclusion s'avère justifiée. Il ressort par exemple que la majorité des études qui constate que les garçons sont plus négativement affectés par le divorce provient d'échantillons dans lesquels le parent gardien est une mère non remariée. Cette affirmation a déjà été nuancée par Hetherington (1985, 1993) qui souligne que les filles, lorsqu'elles atteignent l'adolescence, manifestent autant de problèmes que les garçons. Son étude démontre aussi que les filles seraient plus affectées par le remariage de leur mère que les garçons et que cette nouvelle transition familiale engendrerait chez elles des problèmes sérieux alors qu'elle aurait un effet plutôt bénéfique sur les garçons. Il serait donc plus juste de parler d'une réaction différente des garçons et des filles selon le type de transition familiale en cause, soit le divorce ou le remariage.

Les métaanalyses et les revues critiques de la littérature sur la question des différences garçons-filles apportent des commentaires additionnels sur les aspects méthodologiques. Zaslow (1989) constate que les études concluant à un impact plus néfaste sur les garçons que sur les filles viennent de recherches utilisant des échantillons de populations cliniques. De plus, les réponses plus négatives chez les garçons concernent spécifiquement les comportements hostiles et mal contrôlés et non des différences entre les sexes sur des variables telles l'estime personnelle, le retrait, la dépression; ces résultats sont rapportés aussi dans des études portant sur des pré-adolescents. En outre, ces conclusions proviennent principalement de données recueillies à l'école et non à la maison, ce qui serait probablement responsable du pattern observé.

En somme, les études ne font pas consensus sur l'existence d'une différence significative entre les garçons et les filles en ce qui concerne l'impact qu'a le divorce des parents sur eux. Parmi les hypothèses explorées pour expliquer le manque de consensus sur la question, celle qui l'explique le mieux est à l'effet que les garçons répondent plus négativement au divorce des parents initialement et pendant plusieurs années, s'ils vivent avec une mère qui ne s'est pas remariée, alors que dans les familles divorcées impliquant la présence d'un beau-père ou lorsque le père a la garde, ce sont les filles qui s'en tirent moins bien. Une conclusion de cette revue des études est que la recherche et la pratique auprès des enfants du divorce doivent considérer les réactions différentes des garçons et des filles au divorce des parents en tenant compte des types de composition familiale (divorcée, monoparentale vs remariée) dans lesquels évoluent ces enfants à la suite du divorce. Ainsi, il n'est peut-être pas juste d'affirmer que les garçons sont plus vulnérables aux stress familiaux et il serait plus exact de dire que garçons et filles sont différemment affectés par les divers changements survenant dans la famille (Zaslow, 1989).

Enfin, même si l'âge et le sexe sont des variables importantes à considérer dans l'évaluation de l'adaptation de l'enfant au divorce des parents, elles ne constituent pas des variables déterminantes de son fonctionnement à long terme (Enos et al., 1987). Ce sont davantage les variables associées à la période précédant le divorce (adaptation de l'enfant avant le divorce parental, méthodes de résolution de conflits, expérience de conflits familiaux, etc.) et suivant le divorce parental qui semblent influencer l'adaptation à long terme de l'enfant à la séparation conjugale (Dancy et Handal, 1984; Farber, Felner et Primavera, 1985; Wallerstein et Kelly, 1980).

Les variables post-divorce incluent les capacités parentales de l'adulte ayant la garde, la relation entre l'enfant et le parent non gardien, les changements au niveau du statut socio-économique, la relation entre les parents, les conflits inter-parentaux, etc. Tous ces facteurs influencent l'adaptation de l'enfant au divorce des parents et rendent beaucoup moins clairs ou facilement interprétables les effets de l'âge et du sexe de l'enfant.

Ainsi le clinicien confronté à cette question de la vulnérabilité des filles et des garçons au divorce de leurs parents et qui, dans sa pratique auprès de cette clientèle, compte une surreprésentation de garçons s'attend de la part des chercheurs à une réponse précise et non ambiguë qui vienne confirmer ses observations. Or la recherche nous confronte toujours au même problème lorsqu'on essaie de se centrer sur une ou deux variables spécifiques, et c'est celui de perdre de vue l'ensemble des forces interactives qui modifient constamment les données observées. La recherche rigoureuse oblige à prendre du recul pour mieux analyser le phénomène observé tout en l'épurant d'effets possiblement déformants ou contaminants. C'est ce que nous avons tenté de démontrer ici par cette revue critique des résultats obtenus dans les études. Dans notre examen de la vulnérabilité (selon leur sexe) des enfants au divorce parental, nous avons rapidement été amenée à élargir notre angle de vision pour élaborer une réponse sans doute moins tranchée et définitive mais, croyons-nous, plus riche et qui rend mieux compte de la complexité de cette question en apparence si simple. C'est ainsi, selon nous, que la recherche peut appuyer le clinicien dans sa réflexion et l'approfondissement de ses connaissances en lui permettant de dépasser ses impressions et ses préjugés pour comprendre la dynamique de ces familles et planifier le plus adéquatement possible son intervention auprès d'elles.❖

Several authors have suggested that children from divorced families experience more difficulties in social, academic and psychological adjustment than children living with both parents. In her extensive review of literature on this subject, the author considers the vulnerability and disturbances in boys compared with girls in the years following the divorce of their parents. While the sex of the child plays a role in the subsequent evolution of these children, this variable should be examined in relation with other factors; the age of the child at the time of divorce, the critical period of adolescence, the remarriage of the parent who has legal custody of the child, to name a few. When looking for sex-related differences, the author insists on the necessity to adopt an interactional perspective to better appreciate the nature and specificity of problems experienced by boys and girls in their adaptation to parental divorce.

Références

Allison PD, Furstenberg FF. How marital dissolution affects children: variation by age and sex. *Developmental Psychology* 1989;25(4):540-549.

Anthony JE. *Children at risk from divorce: a review*. In Anthony JE , Koupernik (Eds.). The child in his family: children at psychiatric risk (461-477). New York: John Wiley, 1974.

Biller HB. *Paternal deprivation*. New York: Lexington Books, 1974.

Block JH, Block J, Gjerde PF. Parental functioning and the home environment in families of divorce. *Journal of the American Academy of Child and Adol Psychiat* 1988;27:207-213.

Bowlby J. Attachment and loss: vol.2. *Separation*. New York: Basic Books, 1973.

Camara KA, Resnick F. *Interparental conflict and cooperation: factors moderating children's post-divorce adjustment*. In Hetherington EM, Aratesh JD (Eds.). Impact of divorce single parenting and stepparenting on children (169-195). Hillsdale NJ: Erlbaum, 1988.

Cyr F. Les enfants et le divorce. In: Morval MG. (ed.) *Stress et famille, vulnérabilité et adaptation*. Montréal: Les Presses de l'Université de Montréal, 1986:123-193.

Cyr F, Simard T. Effets immédiats et à long terme de la séparation parentale sur les enfants. *Revue québécoise de psychologie* 1988:9(3).

Dancy BL, Handal PJ. perceived family climate, psychological adjustment, and peer relationships of black adolescents: a function of parental marital status or perceived family conflict? *Am J Comm Psychol* 1984;12:222-229.

Demo DH, Acock AC. The impact of divorce on children:An assesment of recent evidence. *Journal of Marriage and the Family* 1988;50:619-648.

Emery RE. Children in the divorce process. *J Fam Psychol* 1988;2(2): 141-144.

Emery RE, Hetherington EM, DiLalla L. Divorce, children, and social policy. In: Stevenson HW, Siegel AE. (eds.) *Child development research and social policy*. Chicago: Univ. Chicago Press, 1984.

Farber SS, Ferner RD, Primavera J. Parental separation-divorce and adolescents: an examination of factors mediating adaptation. *Am J Comm Psychol* 1985; 13:17-185.

Felner RD, Stolberg A, Cowen EL. Crisis events and school mental health referral patterns of young children. *J Consult Clin Psychol* 1975;43:305-310.

Felner RD, Ginter MA, Borke MF, Cowen EL. Parental death or divorce and the school adjustment of young children. Am J Comm Psychol 1981;9:181-191.

Fry PS, Sher A. The effects of father absence on children's achievement motivation, ego-strenght, and locus-of-control orientation: A five year longitudinal assesment. *Br J Dev Psychol* 1984;2:167-178.

Furstenberg FF, Allison PD. *How marital dissolution affects children: variations by age and sex.* Unpublished manuscript, Univ. of Pensylvannia, 1985.

Grossman SM, Shea JA, Adams GR. Effects of parental divorce during early childhood on ego development and identity formation of college students. *J Divorce* 1980;3:263-272.

Guidubaldi J, Cleminshaw H, Perry J, McLaughlin C. The impact of parental divorce on children: report of the nationwide NASP study. *School Psychol Rev* 1983;12:300-323.

Guidubaldi J, Cleminshaw H, Perry J, Kehle T. The impact of parental divorce on children: a report of the nationwide NASP stydy. Paper presented at the annual convention of the National Ass School Psychol. Detroit: MI, 1983.

Guidubaldi J, Perry JD, Cleminshaw HK. The legacy of parental divorce: A nationwide study of family status and selected mediating variables on children' academic and social competencies. In: Lahey BB, Kazdin AE. (eds.) *Adv Clin Child Psychol* 1984;7:109-151. New York: Plenum Press.

Guidubaldi J, Perry JD. Divorce, socioeconomic status, and children's cognitive-social competence at school entry. *Am J Orthopsy* 1984; 54:459-468.

Guidubaldi J, Perry JD. Divorce and mental health sequelae for children: a two year follow-up of a nationwide sample. *J Am Acad Ch Psychiat* 1985; 24:531-537.

Healy JM, Malley JE, Stewert AJ. Children and their fathers after parental separation. *Am J Orthopsy* 1990;60(4):531-543.

Hess RD, Camara KA. Post-divorce family relationships as mediating factors in the consequences of divorce for children. *Journal of Social Issues* 1979;35:79-96.

Hetherington EM. The effect of father absence on personality development in adolescent daughters. *Dev Psychol* 1972;7(3):313-326.

Hetherington EM. Divorce: a child's perspective. *American Psychologist* 1979a;34:851-858.

Hetherington EM. Family interaction and the social, emotional and cognitive development of children after divorce. In: Brazelton TB, Vaughn VC. (eds). The family: setting priorities. New York: *Science and Medicine Publ,* 1979b.

Hetherington EM. An overview of the Virginia longitudinal study of divorce and remarriage with a focus on early adolescence. *J Fam Psychol* 1993;(1):39-56.

Hetherington EM, Cox M, Cox R. *Effects of divorce on parents and children.* In: Lamb M. (ed.) Non-traditional families. New Jersey: Lawrence Erlbaum, 1982.

Hetherington EM, Cox M, Cox R. Long-term effects of divorce and remarriage on the adjustment of children. *J Am Acad Ch Psychiat* 1985; 24:518-530.

Hetherington EM, Stanley-Hagan M, Anderson ER. Marital transitions: A child's perspective. Social Issue:children and their development: knowledge base, research agenda, and social policy application. *American Psychologist* 1989;44:303-312.

Hetherington EM, Hagan MS. Parenting in divorced and remarried families. In *Handbook of parenting: status and social conditions of parenting.* New Jersey: Lawrence Erlbaum Ass., 1995: 233-254.

Kalter N. Children of divorce in an outpatient psychiatric population. *Am J Orthopsy* 1977;49:40-51.

Kalter N, Rembar J. The significance of a child's age at the time of parental divorce. *Am J Orthopsy* 1981;51:85-100.

Kalter N, Riemer B, Brickman A, Chen JW. Implications of divorce for female development. *J Am Acad Child Psychiat* 1985; 24:538-544.

Kaye SH. The impact of divorce on children's academic performance. *Journal of Divorce* 1989;12 (2-3):283-298.

Kelly J. Visiting after divorce: research findings and clinical implications. In: Abt LF, Stuart IR. (eds) *Children of separation and divorce: Management and treatment.* New York: Van Nostrand Reinhold, 1981.

Kinard EM, Reinherz H. Marital disruption: effects on behavioral and emotional functionning in children. *Journal of Family Issues* 1984;5:90-115.

Koch MA, Lowery C. Visitation and the noncustodial father. *Journal of Divorce* 1984;8:47-65.

Kulka RA, Weingarten H. The long-term effects of parental divorce in childhood on adult adjustment. *Journal of Social Issues* 1979;35:50-78.

Kurdek LA, Blisk D, Siesky AE. Correlates of children's long-term adjustment to their parent's divorce. *Dev Psychol* 1981;17: 565-579.

Kurdek LA. Custodial mother's perceptions of visitation and payments of the child support by non-custodial fathers in families with low and high levels of preseparation interparent conflict. *J Appl Dev psychol* 1986;7:307-324.

Lowenstein JS, Koopman JE. A comparison of self-esteem between boys living with single-parent mothers and single-parent fathers. *Journal of Divorce* 1978;2:195-208.

O'Leary KD, Emery RE. *Marital discord and child behavior problems.* In: Levine MD, Satz RP. (eds) Middle childhood: development and dysfunction. Baltimore: University Park Press, 1984:345-364.

Parish TS, Wigle SE. A longitudinal study of the impact of parental divorce on adolescents' evaluations of self and parents. *Adolescence* 1985;20:239-244.

Peck JS. The impact of divorce on children at various stages of the life cycle. *Journal of Divorce* 1989;12(2-3):81-106.

Peterson JL, Zill N. Marital disruption, parent-child relationships, and behavior problems in children. *Journal of Marriage and the Family* 1983;48:295-307.

Santrock JW. The effects of divorce on adolescents: needed research perspectives. *Family Therapy* 1987;14:147-159.

Santrock JW, Warshak, RA. Father custody and social development in boys and girls. *Journal of Social Issues* 1979;35(4):112-125.

Schoettle VC, Cantwell DP. Children of divorce: demographic variables, symptoms and diagnosis. *J Am Acad Ch Psychiat* 1980;19:453-475.

Shaw DS, Emery RE. Parental conflict and other correlates of the adjustment of school-age children whose parents have separated. *J Abn Ch Psychol* 1987;15:269-281.

Shaw DS, Emery RE, Tuer MD. Parental functionning and children's adjustment in families of divorce: a prospective study. *J Abn Ch Psychol* 1993;21(1):119-134.

Sorosky A. The psychological effects of divorce on adolescents. *Adolescence* 1977;12:123-136.

Stolberg AL, Anker JM. Cognitive and behavioral changes in children resulting from parental divorce and consequent environmental changes. *Journal of Divorce* 1983;7:23-41.

Tooley K. Antisocial behavior and social alienation post divorce: the «man of the house» and his mother. *Am J Orthopsy* 1976;46:33-42.

Tschann JM, Johnston JR, Kline M, Wallerstein JS. Conflict, loss, change and parent-child relationships: predicting children's adjustment during divorce. *Journal of Divorce* 1990;13:1-22.

Wallerstein JS. Children of divorce: preliminary report of a ten year follw-up of young children. *Am J Orthopsy* 1984;54:444-458.

Wallerstein JS. Children of divorce: report of a ten-year follow-up of early latency-age children. *Am J Orthopsy* 1987;51:199-211.

Wallerstein JS, Kelly JB. *Surviving the breakup: how children and parents cope with divorce.* New York: Basic Books, 1980.

Wallerstein Aratesh JS, Corbin SB, Lewis JM. *Children of divorce: a ten-year study.* In: Hetherington EM & JD. (eds) Impact of divorce, single-parenting and stepparenting on children. Hillsdale, NJ: Lawrence Erlbaum Ass., 1988:198-214.

Warshak RA, Santrock, JW. The impact of divorce in father-custody and mother-custody homes: the child's perspective. In: Kurdek LA (ed.) *Children and divorce.* San Francisco: Jossey-Bass, 1983.

Weitzman LJ. *The divorce revolution.* New York: Free Press, 1985.

Zaslow MJ. *Sex differences in children's response to parental divorce.* Paper presented at the Symposium on sex differences in children's responses to psychosocial stress. Woods Hole: MA, 1987.

Zaslow MJ. Sex differences in children's response to parental divorce: Research methodology and postdivorce family forms. *Am J Orthopsy* 1988;58(3):355-378.

Zaslow MJ. Sex differences in children's: response to parental divorce; samples variables, ages sources. *Am J Orthopsy* 1989;59(1).

Zill N. *Happy, healthy and insecure.* New York: Doubleday, 1983.

Zill N, Morrison DR, Coiro MJ. Long-term effects of parental divorce on parent-child relationships, adjustment, and achievement in young adulthood. *J Fam Psychol* 1993;7:1-13.

L'intervention auprès des pères :
des défis pour les intervenants, des gains pour les hommes

GERMAIN **DULAC**

L'auteur détient un doctorat en sociologie et il est chercheur associé au Centre d'études appliquées sur la famille de l'École de service social de l'Université McGill. Il agit comme conseiller auprès d'organismes communautaires et gouvernementaux et il a publié de nombreux articles sur la condition masculine et la paternité. Il est l'auteur de *Penser le masculin* publié à l'IQRC en 1994.

Adresse : 3506, rue Université, bureau 106, Montréal (Québec) H3A 2A7

Il y a cinquante ans à peine, la société offrait aux pères et aux mères des rôles stricts et clairement définis. Les femmes étaient assignées au domaine domestique tandis que la condition masculine se résumait pour la majorité des hommes à être pourvoyeur. L'imagination populaire conserve des souvenirs de cette période qui en font en quelque sorte un Age d'Or. Les joies de la famille et du foyer s'incarnent dans des images d'enfants enjoués, de jeunes femmes radieuses en tablier et d'hommes vêtus d'un costume trois pièces, ayant fière allure au volant de voitures profilées. Les plaisirs de la vie familiale semblaient simples et le bonheur conjugal à la mesure des progrès de nouveaux modes de vie débités en autant d'appareils électroménagers, de téléviseurs, de tondeuses à gazon, etc..

Les décennies qui suivirent furent l'occasion d'un brassage culturel important résultant d'une ouverture sur le monde, de recherche de solutions et de modèles culturels nouveaux où toutes les expériences et tous les espoirs étaient permis. Le mouvement des femmes va influer sur les comportements et les attitudes de la population. En accédant massivement au marché du travail rémunéré, les femmes exigent une répartition

Au cours des dernières décennies, le rôle du père a changé, si ce n'est dans les comportements de l'ensemble des pères, du moins dans les attentes sociales et les nouvelles valeurs rattachées à la paternité. Afin de soutenir les pères dans le développement d'une paternité pleine et entière, des intervenants de divers milieux ont développé des interventions auprès des pères. En s'appuyant sur des études récentes, l'auteur analyse les difficultés chez les hommes à demander de l'aide ou à rechercher du soutien auprès de leur réseau naturel ou de services professionnels. Il considère ensuite les types d'intervention susceptibles d'aider les pères tout en soulignant les facteurs qui risquent d'empêcher la participation des hommes aux programmes offerts et, d'un autre côté, les stratégies mises de l'avant par les intervenants afin d'apporter aux hommes du soutien dans leur rôle paternel.

plus équitable des tâches domestiques et des responsabilités parentales. Les transformations en profondeur des formes et de la structure de l'institution familiale modifient le rôle et la place du père dans notre société. Aujourd'hui, la paternité est déterminée par ces nouvelles conditions d'exercice.

La montée en flèche des unions libres, la multiplication des séparations et des divorces, le phénomène des familles monoparentales et des ménages entretenus par une seule personne sont autant de signes des transformations survenues dans les dimensions juridiques, matérielles et symboliques de la paternité. Si la famille existe toujours, ses formes d'association ont changé, et les relations entre les partenaires adultes ainsi qu'entre les parents et les enfants sont elles aussi en mutation. D'unité économique qu'elle était, la famille est appelée à jouer un rôle de plus en plus centré sur les relations affectives, l'enfant constituant toujours une valeur mais avant tout celle d'un sujet offrant de multiples gratifications affectives.

Le parent manquant, le père carent Malgré le fait que les pères d'aujourd'hui aient transformé progressivement leurs comportements, nous vivons toujours sous l'emprise d'un imaginaire collectif projetant une image plutôt négative du père. Il suffit d'être à l'écoute de ce que l'on dit des pères d'autrefois pour découvrir jusqu'à quel point notre mémoire collective conserve des images problématiques de ceux-ci. En effet, un des mythes fondateurs de la société québécoise est celui du père vaincu, dominé, absent. À cet égard, la littérature québécoise offre bon nombre de portraits du père, dépeint comme étant dominé par son épouse au sein de la famille traditionnelle, par ses patrons dans les usines, absent, secret, muet (Vanasse, 1990). On le décrit comme impuissant socialement, économiquement et affectivement. On apprend même aujourd'hui qu'il était souvent incapable de remplir le rôle qui lui était assigné et aurait été mauvais ou médiocre pourvoyeur.

La période de changements que traversent les sociétés modernes ébranle les équilibres et bouleverse les valeurs, les identités et la perception que se font les individus de leur place dans la société. Tout se passe néanmoins comme si la société québécoise avait de la difficulté à se défaire de ces images négatives du père. On constate par exemple que la manière de définir la paternité demeure encore fortement déterminée par les paradigmes de la passivité, de l'absence, de l'abus même, ce qui institue le Sujet père comme un mâle immoral ou un parent toxique (Dulac, 1998, 1997a, 1997b). Parmi les recherches qui ont probablement le plus contribué à construire l'objet père autour du pôle de la passivité, celles sur la répartition des tâches domestiques et des soins aux enfants sont des plus importantes. Il s'agit d'une problématique qui a été étudiée sous de multiples facettes, entre autres par les chercheurs féministes qui ont bien documenté la question de l'articulation entre la maternité et le travail (Blair et Licher, 1991; Cinbiose, 1993; Deveraux, 1993; Desrosiers et LeBourdais, 1990; Marshall 1993).

Ces études démontrent que le temps d'interaction entre un parent et l'enfant est différent selon que l'on est père ou mère, et qu'il varie en fonction du cycle de la vie familiale. Il existe aussi des différences quant à la nature des tâches effectuées par l'un ou l'autre des deux parents, le père ayant tendance à sélectionner les tâches ayant un plus grand potentiel de gratifications affectives. Elles suggèrent de plus que les pères se confinent à un rôle de soutien et que la paternité s'affirme à des moments précis. Le constat général qui se dégage de ces recherches est que partout les pères sont fautifs, tant du point de vue du nombre d'heures consacrées aux enfants que de la diversité des tâches accomplies. Indéniablement, ces études propagent l'idée que le père est un parent passif et que les hommes sont des êtres irresponsables (sic).

Précisons que l'intérêt pour les études sur la paternité est récent, du moins en Amérique francophone. Soulignons aussi que les hommes y ont un statut de groupe témoin, non pas étudiés en soi mais plutôt en référence à la place des femmes. Jusqu'à tout récemment, les études qui s'appuyaient sur les témoignages des pères ne faisaient pas légion car bon nombre de chercheurs considéraient que les questions familiales relevaient du domaine des femmes et que les mères étaient les seuls témoins crédibles pouvant répondre adéquatement à leurs questions. Les pères n'étant pas traités comme une catégorie spécifique, on ne peut ici vraiment parler de sujet. Acteurs ils le sont, mais des acteurs doublement absents: d'abord, dans le constat d'une moins grande participation et implication auprès des enfants, et ensuite, du fait que la paternité n'est pas traitée du point de vue de la spécificité d'une parentalité au masculin (Dulac, 1997a).

Le Sujet père devient alors le produit d'un ensemble de pratiques regroupées en un seul concept dominant : le père passif, absent. Il s'agit d'un Sujet défini en grande partie par les sciences humaines et sociales soumises à un impératif idéologico-politique, une construction du réel qui ne supporte qu'une définition de la paternité, mais qui n'est certes pas la seule, de manière à correspondre à un certain standard.

Le standard parental : la mère

Lorsqu'on se donne la peine d'étudier les comportements des pères, on aperçoit que l'implication paternelle est un facteur de bien-être affectif, psychologique et économique pour les enfants des deux sexes. Toutefois, ces études procédant par étapes successives furent précédées d'une série de recherches qui visaient à évaluer la capacité et la compétence des pères dans les soins et l'éducation des enfants. Elles furent selon nous l'indice d'une modification, du moins au sein de la communauté scientifique, de la conception voulant que les mères soient les seules à pouvoir prendre soin des enfants en bas âge.

L'idée selon laquelle les pères ont un potentiel nourricier (*nurturant*) est donc relativement récente et elle est tributaire de la dissociation de l'équation parentalité = maternité. Être parent ne peut plus se résumer au fait biologique de la grossesse et de l'accouchement. À mesure que cette idée a fait son chemin dans les mentalités, les préoccupations des spécialistes de la famille se sont portées sur le potentiel de «paternage» des hommes. Le standard, l'étalon de référence demeurait toujours cependant les comportements maternels. Comme le souligne deux chercheurs, Robinson et Barret (1986), l'objectif recherché est encore *«de montrer qu'un «bon père» a le même potentiel qu'une «bonne mère» dans ses relations avec les enfants»* ou que les papas font aussi de bonnes mamans.

Au milieu des années 1980, la paternité était toujours dépendante de la capacité des pères à mimer les comportements des mères, et la reconnaissance d'une parentalité au masculin était impensable. Néanmoins, les chercheurs ont institué graduellement le père dans de nouvelles fonctions qui fondent son statut sur l'extension de sa capacité et de sa compétence parentale auprès des enfants. Si ce préalable a permis d'élargir les frontières de la paternité au-delà du simple rôle de pourvoyeur, on était encore loin de questionner la nécessité du «faire autant» que la mère, mais surtout du «faire pareil», implicite dans toutes ces études (Dulac, 1993:33).

Désormais, il existe une attente sociale en faveur d'une nouvelle forme de paternité. Les pères doivent répondre aux exigences d'un partage plus équitable des responsabilités et des pouvoirs. Ils sont toutefois souvent désemparés face au manque de modèles; privés de mode d'emploi, plusieurs ne savent pas comment s'y prendre et il relève alors de la responsabilité des institutions de leur offrir un soutien.

Les pères et les mères expriment différemment leur besoin d'aide

Les intervenants, cliniciens et bénévoles vous le diront: les hommes et les femmes n'ont pas la même attitude face à l'aide et au soutien. Cette différence est manifeste lorsqu'on regarde les statistiques, les femmes utilisant et offrant plus d'aide que les hommes. Elle est notable en ce qui concerne la santé: par exemple, lorsque les hommes consultent le médecin, ils le font rarement pour un bilan de santé, encore moins de façon préventive. Comment expliquer cette différence? Les hommes seraient-ils moins atteints par la maladie? Certes non, car le taux de mortalité des hommes est plus élevé, et ce, pour tous les groupes d'âge de la population. C'est bien leur attitude qui est différente. Ils tardent souvent à consulter et le font pour des problèmes plus aigus. Venus régler un problème, ils s'attendent à un résultat immédiat. L'attitude des hommes vis-à-vis de leur santé physique et psychique n'est qu'un exemple de leur difficulté à demander de l'aide ou à rechercher du soutien.

Le corollaire qui s'impose est le suivant : il est relativement plus difficile d'intervenir auprès des hommes, du moins, plus difficile de les amener à s'engager dans une intervention. Cette situation, néfaste pour les hommes, implique des coûts sociaux élevés, et c'est pourquoi il faut essayer de mieux comprendre leurs besoins.

La socialisation est un des facteurs qui permettent d'expliquer le comportement des hommes face à l'utilisation de services et de soutien. La perception d'un besoin est subjective, déterminée par la sensibilité individuelle et la culture d'un groupe donné. On comprendra que la culture masculine joue un rôle déterminant à cet égard. En effet, les hommes ont souvent de la difficulté à entrevoir qu'ils peuvent demander de l'aide ou recevoir du soutien, car cela est incompatible avec le rôle masculin. Dans une étude récente (Dulac, 1997b) nous avons montré comment la socialisation des hommes constituait un frein à la demande d'aide. La socialisation et les rôles masculins ne favorisent pas l'expression des sentiments ni le contact avec la vie intérieure mais impliquent plutôt la compétence, le succès et la réalisation de soi, la confiance en soi, l'agressivité, l'audace et la témérité. La socialisation masculine accentue les attributs tel que l'autonomie, et l'on sait que l'estime de soi chez les hommes est tributaire de la capacité à agir de manière autonome. C'est pourquoi un homme admet difficilement avoir besoin de soutien ou d'aide. Il faut souvent mobiliser beaucoup d'énergie pour convaincre les pères de s'inscrire à un programme de soutien de la paternité visant le développement des compétences personnelles.

Ainsi, aller vers des services d'aide peut être interprété comme un signe de faiblesse, de non-masculinité. Si, au cours des dernières années, on a abondamment documenté et discuté de la problématique de la division des rôles qui cantonnait les hommes dans des fonctions de pourvoyeur économique, on a moins fait de cas d'autres facteurs, plus individuels, expliquant le fait que les hommes soient réticents à participer à des programmes de soutien à la paternité. Tout porte à croire que, pour certains, cela constitue une menace à leur estime de soi. En effet, la demande d'aide ou de soutien est interprétée par les hommes comme un aveu d'incompétence, d'imperfection et d'incapacité. Être dans une situation de dépendance vis-à-vis d'un aidant signifie que l'individu n'est pas à la hauteur des attentes sociales en regard desquelles il a été élevé. Pour plusieurs pères, participer à un groupe de périnatalité par exemple n'est pas vu comme un moyen d'améliorer leur situation mais comme une démarche stigmatisante où ils craignent d'être perçus comme des parents inadéquats (Levine, 1993).

D'une certaine manière, ces hommes tentent désespérément de garder une image positive d'eux-mêmes tout en niant simultanément leurs craintes, leurs angoisses, leurs incertitudes quant à l'impact que l'arrivée de l'enfant aura sur leur vie future. Les écrits sur l'intervention auprès des pères signalent la difficulté de recruter les pères et de les maintenir au sein des programmes (Brugha et al., 1996; Evans, 1995; Gregg, 1994; Young et al., 1996). Au Québec comme ailleurs, ces facteurs sont considérés comme des difficultés majeures par les intervenants. La littérature impute aussi leur faible participation au fait que les mères puissent vouloir défendre un terrain d'expertise et freiner l'enthousiasme des pères, d'autant plus que ceux-ci manquent de disponibilité et sont pris dans le conflit travail-famille (McBride, 1991). D'autres facteurs comme le niveau de stress, le statut psycho-affectif, le fait d'être déprimé et de ne pas avoir de soutien extra-familial constituent autant d'obstacles à la participation des pères à des programmes d'intervention (Webster-Straton, 1992).

Le manque de participation des pères est souvent rapporté au fait qu'ils ne perçoivent pas avec autant d'acuité que les mères l'importance de leur présence auprès des enfants. Levine (1993) avance que la perception de leur rôle se limite souvent à des aspects instrumental et économique, d'où la nécessité de travailler sur leurs attitudes sexistes. En plus, l'intervention devrait permettre de briser l'isolement des pères et d'élargir leurs compétences personnelles aux autres dimensions de la parentalité.

Il est reconnu que les hommes comptent moins de personnes avec lesquelles ils peuvent échanger sur ce qu'ils ressentent lorsqu'ils sont confrontés à des événements importants de la vie (grossesse, naissance, maladie, décès, rupture, chômage, toxicomanie, violence, suicide, etc.). Aktan et al. (1996) insistent sur la nécessité de développer les habiletés sociales des pères de façon à leur permettre de compenser la faiblesse de leur réseau de soutien, et de les aider à reconnaître leurs sentiments, à gérer les pressions et les obstacles organisationnels qui rendent difficiles de concilier leurs responsabilités familiales et professionnelles. Ces constats forment la base de plusieurs programmes d'interventions auprès des pères.

Travailler sur la relation père-enfant

Longtemps nous avons cru que la parentalité était constituée d'un ensemble de tâches qui pouvaient être partagées par les deux parents. On se rend compte maintenant qu'être un père et une mère implique un ensemble de qualités et d'exigences. On est loin des temps où la paternité, source d'autorité, se résumait à la fonction d'agent de défusion de l'univers maternel, fonction instituant le sujet dans la sphère publique. D'ailleurs, cette conception minimale du rôle paternel signifiait notre échec à reconnaître le lien, l'implication quotidienne et l'amour du père pour son enfant. La question que toutes les sociétés développées se posent actuellement est de savoir comment un homme peut, tout en continuant d'être un pourvoyeur économique, développer une relation étroite avec ses enfants? Cette question pose à elle seule un défi de taille à nos institutions et à la société productiviste. Lorsque les hommes en viendront à reconnaître publiquement tout ce dont ils se privent et perdent lorsqu'ils sont forcés d'abandonner quotidiennement le contact avec leurs enfants, les choses pourront changer sur une grande échelle. Mais pour le moment, on ne peut espérer que des changements individuels.

Certes, les pères qui désirent être plus présents auprès de leurs enfants nous disent quelquefois que les mères font obstacle à leur implication, car elles demeurent convaincues que l'enfant relève de leur domaine de compétence. Cela peut déstabiliser les pères qui, en règle générale, sont peu préparés à passer du statut de membre du couple à celui de parent. Ils ne savent pas trop comment vivre le deuil d'une certaine liberté avec l'arrivée du premier enfant, mais aussi de ceux de deuxième ou de troisième rang. Ils ne se sont jamais ou rarement interrogés sur les moyens de faire face aux demandes et aux exigences matérielles et émotionnelles des premières années de la vie familiale. Les adultes qui n'ont pas appris à reconnaître et à communiquer leurs besoins affectifs et émotionnels trouvent dans les fardeaux rattachés à la parentalité un bouc émissaire à toutes leurs frustrations.

Bien des difficultés seraient évitées si les pères avaient appris à concilier le travail et la vie privée et à accorder plus de temps à leur relation conjugale ou à l'enfant. Bien qu'ils se sentent souvent mis à l'écart de la dyade mère-enfant, il faut voir qu'ils se comportent aussi comme des enfants, se montrant incapables de trouver d'autres moyens d'attirer l'attention. Alors que le bébé exige beaucoup de temps et d'attention, le comportement du père peut devenir une source de tensions et de conflits. Se sentant à l'étroit ou de trop, ou encore inutile lorsque la conjointe porte toute son attention sur l'enfant, il pourra se retirer dans le silence et trouver un moyen de fuite dans le travail. Cette situation est porteuse de germes destructeurs de la relation conjugale et parentale. Les hommes qui n'ont pas pris le temps de réfléchir à leurs besoins, leurs désirs, leur projet de vie, démarche qui peut être effectuée au sein d'un groupe d'intervention, en viendront à blâmer leur conjointe car elle est la seule personne qui, croient-ils, peut prendre soin d'eux et pourvoir à leurs besoins.

Développer chez le père la confiance en soi comme parent

L'apprentissage de la paternité se fait indéniablement dans l'interaction avec l'enfant. Ils auront beau connaître toutes les techniques et les trucs de base, c'est au fil du temps et des contacts avec le bébé que les hommes en viennent à découvrir en eux des qualités jusqu'alors insoupçonnées ou même des comportements inattendus. Cette expérience peut être une source de joie mais aussi de douleur car, inévitablement, l'arrivée de l'enfant implique un «reworking» psychologique où le père est confronté à l'image de son propre père. La permutation sur l'axe générationnel pourra cependant être libératrice d'un passé difficile et permettre la réconciliation avec l'image du père. L'intervention auprès des pères peut les aider à passer ce cap en douceur.

Nous savons combien les échanges affectifs sont importants autant pour le bien-être de l'enfant que du père qui doit développer en particulier un mode de communication non verbale. Pour un homme, cela signifie d'entrer dans un univers inconnu, voire menaçant, où il n'est pas en position de contrôle. Habitués à utiliser le langage parlé et à décrire rationnellement leurs expériences, les hommes sont en général maladroits non seulement sur le plan de l'expression non verbale mais aussi des contacts physiques. À ce chapitre, la paternité constitue une occasion unique d'élargir son potentiel personnel et de découvrir des aspects inconnus de soi. Encore ici, le groupe d'intervention est un lieu de mise en commun, d'échange des expériences individuelles où les pères peuvent apprendre à vivre pleinement leur relation à l'enfant en se familiarisant avec le langage non verbal.

Prolégomènes à l'intervention auprès des pères

Bien qu'il soit difficile pour les hommes et les pères de recourir à des services de santé dans le but de rehausser leur compétence, Arama (1997) a néanmoins relevé au Québec près de 80 programmes d'intervention auprès des pères. La moitié ont été créés par le milieu communautaire alors que les autres sont offerts en partenariat avec des organismes du réseau des affaires sociales. L'analyse de ces programmes, de leur exportabilité et des impacts prévisibles a mis en lumière les obstacles, d'une part, et les conditions de réussite de ces programmes, d'autre part (Dulac, 1997). Nous discuterons tout d'abord des facteurs qui relèvent de problématiques organisationnelles et administratives puis de ceux qui concernent les programmes comme tels.

Les éléments organisationnels et administratifs Les éléments relatifs à la catégorie organisationnelle sont l'ouverture des décideurs, des collègues et du milieu de travail, la féminisation de l'intervention et le financement.

L'ouverture des décideurs, des collègues et du milieu Lorsqu'on aborde la question des valeurs et des mentalités, la littérature fait mention des résistances et du manque d'implication des acteurs du milieu et des collègues de travail (infirmier, travailleur social, coordonnateur, etc.) de même qu'au sein de la direction des établissements, agences et services où sont offerts ces programmes (Evans, 1995 ; Levine, 1993 ; Turbiville et al., 1995). Les préjugés des différents acteurs, l'ambivalence des intervenants à propos de l'implication générale et du rôle des pères, leur vision négative ou sexiste de la parentalité peuvent être autant de freins à l'implantation d'un programme.

Plus que tout autre facteur, l'ouverture de l'établissement face à l'intervention auprès des pères est déterminante du succès ou de l'échec d'un programme. L'appréhension des intervenants à cet égard nous renseigne sur la perception, la mentalité et les valeurs susceptibles d'être défendues par les responsables d'établissement, les collègues et le milieu qui pourrait être l'hôte d'un programme. À ce chapitre, il faudrait peut-être élaborer un plan de promotion du rôle du père auprès des directions de services et d'établissements.

La féminisation de l'intervention et de la parentalité L'ambivalence des intervenants n'est pas sans lien avec la tradition d'intervention auprès des mères qui furent longtemps considérées comme le parent principal. De fait, il existe rarement de plan d'intégration du père dans la programmation des institutions. Il faut ajouter que l'intervention sociale et le soutien aux personnes vulnérables sont des domaines fortement féminisés, car assimilés socialement aux tâches maternelles. Ce dernier constat n'est pas particulier à l'intervention auprès des pères, ce «sexage» étant manifeste dans d'autres champs, en gérontologie par exemple (Dulac, 1997c). Il est donc plus difficile de recruter des intervenants masculins au sein des institutions du réseau des affaires sociales.

Cet héritage expliquerait le fait qu'au Québec, un bon nombre d'interventions auprès des pères ont vu le jour en marge du réseau des affaires sociales et se développent tant bien que mal dans le milieu communautaire. On y retrouve une plus grande proportion d'intervenants masculins qui, souvent issus de la militance masculiniste, ont acquis au fil des ans une expertise dans l'intervention auprès des hommes (Dulac, 1994). Par ailleurs, notre expérience rejoint celles d'intervenants confrontés aux résistances de certaines collègues pour qui les ressources du réseau devraient êtres mises au service exclusif des femmes qui constitueraient, selon elles, le groupe le plus défavorisé dans notre société. Quoique cette attitude ne soit pas généralisée, elle est tout de même caractéristique d'une certaine mentalité qui constitue un obstacle de taille au développement de programmes d'intervention auprès des hommes et des pères au sein du réseau.

Le financement Au Québec comme ailleurs, un élément qui peut faire problème est le financement (Evans, 1995). Qu'il s'agisse de sous-financement, de subventions non récurrentes ou de coupures de budget, ces mesures limitent l'efficacité des programmes et pèsent lourdement sur leurs conditions de réussite. Les problèmes de financement inscrivent les projets dans un contexte de fragilité et de discontinuité qui se répercute sur le moral des acteurs et risque de saper leur dynamisme, de démobiliser les intervenants et de faire fuir les clientèles. À ce sujet, un financement adéquat est tributaire, du moins en partie, du niveau de sensibilisation des dirigeants et des décideurs.

Les questions monétaires peuvent aussi être un frein à la formation des intervenants. Il faut réaliser que l'intervention auprès des hommes et des pères est une pratique récente qui ne s'est pas imposée comme une nécessité dans l'esprit de tout le monde. D'autre part, on peut la percevoir comme une menace dans la mesure où elle implique une surcharge de travail, un recyclage des compétences professionnelles et une mobilisation des ressources raréfiées en cette période de restrictions budgétaires. À ce chapitre et suivant l'expression même des intervenants québécois, il est nécessaire de créer progressivement et en souplesse un vaste mouvement de sensibilisation tant dans les milieux de l'intervention que dans la population en général, visant à promouvoir une culture de la paternité. On doit fournir aux intervenants une formation qui, d'une part, suscite chez eux une réflexion sur leur manière d'intervenir et leurs valeurs vis-à-vis des rôles parentaux et, d'autre part, qui leur donne les outils nécessaires pour répondre aux besoins de cette nouvelle clientèle.

Éléments du programme Les éléments constitutifs du programme qui nous sont apparus comme des obstacles ou des facteurs de réussite sont les caractéristiques du projet, le moment de l'intervention et le recrutement.

Les caractéristiques du projet Il appert que les interventions réussies sont celles où les pères participent directement au processus décisionnel et ont une part active dans le programme (Brugha et al., 1996; Evans, 1995; Gregg, 1994; Levine, 1993; Turbiville et al., 1995). Les intervenants québécois considèrent d'ailleurs que les pères doivent être des acteurs et pas seulement des sujets soumis à l'intervention.

Cette condition de réussite n'est pas sans lien avec la philosophie, les stratégies, les formes et les outils utilisés par les animateurs. En effet, la philosophie sous-jacente aux pratiques québécoises se distingue sensiblement de ce qui est décrit dans la littérature où l'accent est mis en général sur le bien-être économique ou psycho-affectif des enfants, alors que le père a une fonction secondaire, voire instrumentale dans ces cas. Les programmes québécois, tout en considérant le bien-être de l'enfant, placent le père au centre de l'intervention. Cette philosophie a sans nul doute une incidence sur le type de pratique privilégié par les intervenants, soit les groupes d'échange et de discussion.

Les groupes d'échange permettent le partage d'expériences et la mise en commun du vécu, offrant ainsi à chaque participant la possibilité d'avoir une part active dans l'intervention. Dans ce contexte, l'animation est souple et il règne un climat de confiance, de sorte que le contenu peut être adapté aux besoins de chaque père présent (Barna, 1995; Gregg, 1994). De manière générale, on recommande que l'animation soit faite par une personne capable de partager ses propres expériences de père afin de favoriser la modélisation et un lien de confiance propice à l'échange (Barna, 1995; Gregg, 1994). L'animateur doit avoir une attitude ouverte, accueillante et non jugeante et il doit pouvoir créer un climat de confiance. Le groupe d'échange est souvent préféré, car il offre un lieu d'écoute privilégié où il ne peut être question de convaincre ou de culpabiliser, et encore moins de juger le vécu de l'un ou l'autre des participants (Dulac, 1994 : 51-64). Une telle formule permet le développement des habiletés personnelles, entre autres l'acquisition de connaissances en s'appuyant sur les expériences concrètes de chaque participant (Crummette et al., 1985; Dachman et al., 1986). Cette approche serait plus efficace que des exercices théoriques, des cahiers d'exercice ou un journal personnel.

Le moment de l'intervention Un autre élément tout aussi important tient dans le choix du moment de l'intervention dans la vie du père (Pfannenstiel et Honig, 1995; Tiller, 1995; Turbiville et al., 1995). En théorie, il convient d'intervenir tôt et c'est pourquoi les programmes s'adressent principalement aux primi-pères, en période pré ou post-natale. Toutefois, il est important de noter que la paternité ne se limite pas à cet âge de la vie. Les présupposés théoriques à l'effet qu'une intervention précoce a plus de chances d'avoir des retombées positives sur l'enfant ne devraient pas limiter celle-ci à l'âge tendre. La paternité est une affaire d'interaction entre des êtres qui changent au fil du temps, le père comme l'enfant, ce qui nécessite un constant renouvellement des connaissances, habiletés et compétences parentales, de manière à faire face à toute nouvelle situation et aux conditions d'exercice de la paternité.

__*L'accessibilité des services*__ La littérature montre bien que, dans la majorité des cas, les interventions et les programmes ne sont disponibles que dans les régions fortement urbanisées. Ce constat est aussi valable pour le Québec où les programmes sont difficilement accessibles à ceux qui vivent éloignés des points de services socio-sanitaires autour desquels se greffent généralement les interventions.

De surcroît, les intervenants nous ont signifié que l'accessibilité veut aussi dire que le père soit accueilli dans un environnement où il se reconnaît et où il se sent le bienvenu. Un effort devrait être fait pour que les lieux physiques reflètent la présence masculine, par exemple, que l'image du père soit présente dans les affiches, la publicité, les bulletins d'information ou dépliants. Bref, le père devrait se sentir interpellé directement par l'espace où a lieu l'intervention. L'accessibilité se définit aussi en termes d'horaires auxquels les interventions et programmes sont offerts, en tenant compte des heures de travail des pères.

Conclusion : Une intervention au masculin

Nous avons dit précédemment que l'intervention familiale est un domaine fortement féminisé. Certains intervenants réclament un cadre d'intervention spécifique aux pères et ce fait de revendiquer et de proposer des interventions qui tiennent compte de la spécificité des pères est, sans doute, une réaction aux conditions idéologiques entourant l'exercice de la paternité. En effet, on n'a cessé au cours des dernières décennies de s'interroger sur les capacités parentales des pères, de mesurer leur performance par rapport à la norme parentale maternelle ou de les inciter à faire pareil et autant que celles-ci. Ce discours dont l'impact va bien au-delà des valeurs véhiculées par notre société est intégré au plan individuel et il interpelle le père en tant que sujet incompétent, voire dangereux (Dulac, 1998, 1997a).

La question de la spécificité de l'intervention est donc plus stratégique qu'on peut le penser à première vue, car les pères sont confrontés simultanément à des changements de rôles, de comportements et d'attitudes mais aussi à des changements identitaires dont ils ne sont pas nécessairement les acteurs conscients mais plus souvent les sujets obligés. Selon les intervenants, l'idée d'intervention «spécifique aux pères» devrait être entendue de plusieurs façons dont les suivantes :

- Impliquer les pères comme hommes, c'est-à-dire identifier les éléments susceptibles d'intéresser les hommes, soit les activités, les lieux où ils se sentent interpellés en tant qu'hommes. Cela implique d'être à l'écoute des besoins et des intérêts des hommes.

- Reconnaître les compétences spécifiques des pères et non chercher à ce qu'ils imitent les comportements des mères. Mettre l'accent sur les points forts, les forces plutôt que sur les lacunes et les problèmes.

- Permettre un accès direct du père à l'enfant sans la médiation de la mère. La compétence et la confiance en soi s'acquièrent à travers les expériences pratiques et les relations concrètes avec les enfants. Cela n'est souvent possible qu'à condition que la conjointe partage ce domaine d'expertise sans crainte de perdre du pouvoir.

- Être conscient de l'ambivalence ou du malaise de certains intervenants qui ont une vision négative et non empathique vis-à-vis des pères. Biasella (1993) fait remarquer que les ateliers de soutien aux pères en périnatalité sont souvent donnés par des infirmières qui se montrent embarrassées lorsqu'elles doivent parler aux hommes en dehors d'un contexte médical ou hospitalier (accouchement, allaitement, etc.). Les données québécoises suggèrent que l'intervenant devrait être un homme, surtout un père qui aura lui-même fait un cheminement personnel en regard de la masculinité et de la paternité.

- Porter une attention au contenu des programmes, de manière à offrir des contenus qui interpellent les pères en tant que parent masculin et qui concernent les besoins des hommes (Tiller, 1995; Turbiville et al., 1995).

- Ne pas limiter les programmes à la transmission de l'information ou à des exercices écrits. Outre ces acquis, les pères devraient être placés en situation réelle avec l'enfant, la formation behaviorale ayant plus d'effets positifs (Crummette, 1985; Dachman et al., 1986).

Ces quelques balises devraient permettre aux pères de se sentir confortables dans leur rôle tout en renforçant leur estime de soi. Ces éléments sont autant de défis mais simultanément, des gages de succès pour les pères et les enfants et aussi pour les intervenants.❖

Over the last decades, the father role has dramatically changed, if not in terms of individual behaviors, but in social expectations and norms. Social and community workers have developed training programs specifically designed to support father involvement with children. The author analyzes the somewhat difficult relationships between fathers and social community workers and the gains for men who participate in training groups. After presenting results from research which addresses the question of hindrance in men's help seeking process, the author focuses on inhibitory factors and expectations of men. Finally he describes the provincial inventory of training programs, strategies developed to reach fathers, and the key elements of successful programs.

Références

Aktan GB, Kumpfer KL, Turner CW. Effectiveness of a family skills training program for substance use prevention with inner city African-American families. *Substance Use and Misuse* 1996;31(2) :157-175.

Arama D. *Promotion du rôle des pères. Inventaire des ressources d'intervention spécifiques à la paternité au Québec,* rapport de recherche Direction de la Promotion de la Santé et du Bien-Être, Québec : MSSS, 1997, 23p.

Barna D. Parenting. Working with young men. *Health Visitor* 1995;68 (5) :185-187.

Biasella S. A comprehensive perinatal education program. *AWHONN'S Clinical Issues in Perinatal and Women's Health Nursing* 1993;4(1):5-19.

Blair SL. Licheter DT. Measuring the division of household labor: Gender segregation of household among American couple. *Journal of Family Issues* 1991;12:91-113.

Brugha RF, Kevan. JP,. Swan AV. An investigation of the role of fathers in immunization uptake. *International Journal of Epidemiology* 1996;25(4):840-845.

Chesler P. *Mother on Trial, the Battle for Children Custody.* New York: McGraw Hill, 1986.

Cinbiose *Concilier l'inconciliable : la conciliation des activités familiales et professionnelles dans trois milieux de travail de la région de Montréal.* Rapport préparé par L. Vandelac et AL. Méthot, Montréal, CSN, 1993

Crummette BD, Thompson GM, Beale AV. Father-infant interaction program: preparation for parenthood. *Infant Mental Health Journal* 1985;6(2):89-97.

Dachman RS, Alesi GJ, Vrazo J, Wayne Fuqua R, Kerr RH. Development and evaluation of an infant-care training program with first-time fathers. *Journal of Applied Behavior Analysis* 1986;19 (3): 221-230.

Desrosiers H, LeBourdais C. La montée du travail à temps partiel féminin : une aide aux mères ou à l'emploi? *Acte du colloque : Femmes et question démographiques,* ACFAS, Québec, Les publications du Québec, 1990:27-53.

Devereaux MS. L'emploi du temps des Canadiens en 1992. *Tendances sociales canadiennes* 1993:13-16.

Dulac G. Rapports sociaux de sexes: Les récits de vie des hommes sont-ils crédibles? Dans : Welzer-Lang D, Descarries F. (eds) *Des hommes et du masculin II,* Toulouse : Erès, (à paraître).

Dulac G. *Promotion du rôle des pères. Revue de la litttérature et analyse d'impacts prévisibles des programmes québécois d'intervention auprès des pères,* rapport de recherche. Direction de la Promotion de la Santé et du Bien-être, MSSS, Québec, Centre d'études appliquées sur la famille de l'Université McGill, 1997, 59p. (En collaboration avec Yves Thibault).

Dulac G. La configuration du champ de la paternité : politiques, acteurs, enjeux. *Lien social et politique* 1997a;37 :133-143.

Dulac G. *Les demandes d'aide des hommes,* Montréal. Centre d'études appliquées sur la famille Université McGill, 1997b, 49p.

Dulac G. Plaidoyer pour une minorité oubliée: les hommes âgés. *Le gérontophile* 1997c;19(4) :3-14.

Dulac G. *Penser le masculin. Essai sur la trajectoire des militants de la condition masculine et paternelle.* Québec, Institut québécois de recherche sur la culture, 1994, 149p.

Dulac G. *La paternité : les transformations sociales récentes,* Québec, Conseil de la famille, collection étude et documents, 1993, 93p.

Evans JL. Men in the lives of children. *Coordinators' Notebook: an International Resource for Early Childhood Development* 1995;X (16):1-20.

Gregg C. Group work with single fathers. Special issue: counseling men. *The Journal for Specialists in Group Work* 1994;19(2) :95-101.

Levine JA. Involving fathers in Head Start: A framework for public policy and program development. Special issue: fathers. *Families in Society: The Journal of Contemporary Human Services* 1993;74(1) :4-21.

Marshall K. Les couples à deux soutiens : qui s'occupent des tâches ménagères? *Tendances sociales canadiennes 1993*: 11-15.

McBride BA. Parental Support Programs and Parental Stress: An exploratory Study. *Early Childhood Research Quartely* 1991; 6 :137-149.

Pfannenstiel AE, Honig AS. Effects of a prenatal Information and Insights about Infants program on the knowledge base of first-time low-education fathers one month postnatally. Special issue: focus on caregivers. *Early Child Development and Care* 1995;111(X) :87-105.

Robinson BE, Barret RL. *The Developing Father. Emerging Roles in Contemporary Society.* New York, The Guilford Press, 1986, 224p.

Tiller CM. Fathers' parenting attitudes during a child's first year. *Journal of Obstetric, Gynecologic, and Neonatal Nursing* 1995;24(6) :508-514.

Turbiville VP, Turnbull AP, Turnbull HRIII. Fathers and family-centered early intervention. *Infants and Young Children* 1995;7(4) :12-19.

Vanasse A. *Le père vaincu, la Méduse et les fils castrés.* Montréal : Ed. XYZ, 1990.

Webster-Stratton C. Individually administered videotape parent training : who benefits? *Cognitive Therapy and Research* 1992;16(1) :31-52.

Young M, Kersten C, Werch C. Evaluation of a parent child drug education program. *Journal of Drug Education* 1996;26(1): 57-68.

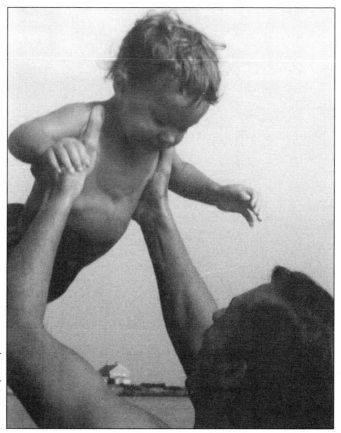

John et Sam (20 mois)

Oui, ma mère est lesbienne, et alors?
Défis et stratégies des familles lesbiennes

KARINE J. IGARTUA

L'auteure est résidente V
dans le programme
de psychiatrie de
l'Université McGill.

Il est difficile d'examiner la famille lesbienne sans en questionner la structure familiale (DiLapi, 1989; Steinhorn, 1982; Clunis et Green, 1995). Notre culture préfère qu'un enfant soit élevé par une mère et un père, ce qui n'est cependant la réalité que d'une minorité d'enfants aujourd'hui. En effet, plusieurs sont élevés par une mère seule ou au sein d'une famille reconstituée. Dans d'autres cultures, les enfants sont élevés par la famille étendue ou même le village entier. Même en Amérique du Nord, les enfants sont gardés (et donc en partie élevés) par des grands-mères, des gardiennes, des professeurs et des moniteurs de garderie. La famille traditionnelle, où le père travaille à l'extérieur et la mère reste à la maison à s'occuper des enfants, n'est donc plus la norme.

Il devient de plus en plus difficile d'affirmer que seul cet arrangement peut subvenir aux besoins des enfants. Cependant, les mères lesbiennes se font souvent critiquer de ne pas offrir à leurs enfants cette situation familiale «idéale». Il serait hors de propos de débattre ici des structures familiales adéquates ou idéales. Je tenterai donc d'examiner la question des mères lesbiennes en la dissociant de ce questionnement social

Adresse : Université McGill
1033, des Pins Ouest,
Montréal (Québec) H3A 1A1

Depuis une vingtaine d'années, des chercheurs se sont penchés sur la question des mères lesbiennes et de leurs enfants. On s'est demandé si l'orientation sexuelle de ces mères était nocive pour leurs enfants. On a d'abord comparé ces mères à leurs pairs hétérosexuelles et on a ensuite comparé les enfants à des jeunes de familles traditionnelles. Bien qu'on n'ait pu déceler aucun effet néfaste du lesbianisme maternel sur les enfants, certains disent encore qu'il ne faut pas exposer les enfants aux préjugés que pourrait entraîner l'orientation sexuelle de leur mère. En s'appuyant sur des entrevues semi-structurées avec cinq mères lesbiennes et sur l'analyse de textes biographiques, l'auteure décrit de quelle façon l'homophobie et l'hétérosexisme affectent les enfants de mères lesbiennes. Elle rapporte les stratégies utilisées par ces enfants, par leur mère biologique et sa conjointe pour réduire l'impact de la discrimination vécue au sein des institutions et de la communauté. Elle offre enfin des suggestions aux professionnels de la santé mentale qui sont appelés à intervenir auprès de ces familles.

et laisserai le soin au lecteur de la restituer dans ce contexte plus large (pour une discussion de ce sujet, voir DiLapi, 1989).

Être une mère lesbienne est une réalité bien différente pour la femme qui a eu des enfants lorsqu'elle était mariée et qui, à la suite de son divorce, se découvre une identité lesbienne, que pour un couple de femmes qui décide d'avoir ensemble des enfants par insémination artificielle. Ces mères différentes ont certes constitué des constellations familiales distinctes. La famille lesbienne peut inclure une ou plusieurs mamans, un, aucun ou plusieurs papas, une belle-mère et/ou un beau-père, des amis considérés comme «mon oncle et ma tante», et qui d'autre encore?

Les lesbiennes, de par le manque de reconnaissance sociale et légale de leur famille, ont été libres de créer leur propre définition de la famille. De plus, elles reçoivent en général moins de soutien de leur famille d'origine que leurs pairs hétérosexuels. Elles se tournent donc plus souvent vers leurs amis, créant ainsi des «familles de choix» (Kurdek et Schmitt, 1987).

Un point commun aux familles lesbiennes, quelle qu'en soit la structure, est qu'elles font toutes face à l'hétérosexisme (la présomption que tous sont hétérosexuels à moins d'évidence du contraire) et à l'homophobie (la peur ou la haine de l'homosexualité). D'ailleurs, le Ministère de la Santé et des Services sociaux a reconnu ce phénomène dans son Rapport sur les orientations ministérielles où il souligne le besoin de changer la vision entretenue sur l'homosexualité (1997). J'aborderai donc la question sous cet angle.

Je détaillerai les recherches faites sur ces mères et leurs enfants en comparaison avec leurs pairs hétérosexuelles. J'aborderai ensuite les défis développementaux spécifiques que ces enfants doivent relever ainsi que les tâches parentales qui en découlent. Puisqu'il n'y a encore aucune étude publiée à ce sujet, j'utiliserai l'information acquise lors d'entrevues semi-structurées avec cinq mères lesbiennes et je ferai ici une étude qualitative de textes biographiques écrits par des enfants, leurs mères lesbiennes et quelques journalistes intéressés. Ceux-ci ont été publiés dans un recueil (Rafkin, 1990) et sur l'internet (voir liste de références). Je ferai aussi référence à une étude en cours rapportée sur l'internet (http://members). J'en tirerai à la fin quelques implications pour la clinique.

Les mères

Pour mieux comprendre les données sur la maternité lesbienne, il faut se rappeler le contexte social et politique qui a donné lieu à ces recherches. L'homosexualité ayant longtemps été vue comme pathologique et/ou immorale, on croyait que les person-nes homosexuelles étaient incapables d'élever des enfants. On craignait que ces enfants développent des troubles d'identité de genre, des troubles psychologiques et une orientation homosexuelle (Gibbs, 1988). Pour ces raisons, plusieurs femmes ont perdu la garde de leurs enfants à cause de leur lesbianisme, et ce même au Québec (Robinson, 1998). Des recherches ont été entreprises pour éclaircir d'abord les décisions judiciaires concernant les enfants, et ensuite celles touchant les parents. Il s'agit donc d'un domaine de recherche récent qui émane d'un questionnement légal et social.

Depuis les vingt dernières années, une dizaine d'études ont examiné 272 mères lesbiennes (Coleman et al., 1993; Patterson, 1995; Hoeffer, 1981; Golombok et al., 1983; Kweskin et Cook, 1982; Miller et al., 1981; Pagelow, 1980; Javaid, 1993; Mucklow et Phelan, 1979). Toutes ces recherches sauf deux (Coleman et al., 1993; Patterson, 1995) ont comparé ces mères à des groupes contrôles de mères hétérosexuelles divorcées. Les enfants étaient tous issus de mariages hétérosexuels. La plupart d'entre eux ont donc vécu au sein d'une famille traditionnelle pendant les premières années de leur vie. Tous ont connu le divorce. Ce devis expérimental ne permet pas d'étudier l'impact du divorce mais permet, au contraire, d'en exclure l'effet, c'est-à-dire que la différence retrouvée entre les deux groupes ne peut être attribuée au divorce. Un des critères d'exclusion était qu'un homme vive à la maison. Par contre, quelques études n'ont pas limité le nombre de femmes qui pouvaient cohabiter avec les enfants. Dans certains cas, on se trouve donc à comparer une mère hétérosexuelle qui élève seule ses enfants à une mère lesbienne qui élève ses enfants avec sa conjointe.

Comme outils de recherche, on a utilisé le *Marital Adjustment Test* (Patterson, 1995), le *Toy Preference Test* (Hoeffer, 1981), le *Malaise Inventory* (Golombok et al., 1983), le *Bem Sex Role Scale* (Kweskin et Cook, 1982) ainsi que des entrevues semi-structurées et des questionnaires conçus spécifiquement pour ces études.

On a observé que les mères lesbiennes étaient moins riches (Miller et al., 1981) et se sentaient plus opprimées (Pagelow, 1980) que leurs pairs hétérosexuelles. Elles auraient de meilleures relations avec le père des enfants, faisant en sorte que père et enfants se voient plus fréquemment (Golombok et al., 1983). Elles auraient une variété d'amis, hommes et femmes, homosexuels et hétérosexuels, avec lesquels leurs enfants seraient en contact (Golombok et al., 1983).

Elles seraient très satisfaites de leur relation de couple (Patterson, 1995). La mère biologique et sa conjointe partageraient également les tâches ménagères (Patterson, 1995; Hoeffer, 1981; Golombok et al., 1983) mais, selon ces mêmes auteurs, la mère biologique aurait tendance à s'occuper plus des enfants que sa conjointe qui, elle, tendrait à travailler plus d'heures à l'extérieur de la maison (Patterson, 1995).

Elles seraient moins traditionnelles que leurs pairs hétérosexuelles dans le choix de jouets pour leurs enfants. Elles toléreraient que l'enfant joue avec des jouets typiquement féminins et avec des jouets typiquement masculins, quel que soit le sexe de l'enfant (Hoeffer, 1981, Golombok et al., 1983). Comme leurs pairs, elles favoriseraient par contre plus l'androgynie chez les filles que chez les garçons (Hoeffer, 1981; Golombok et al., 1983; Javaid, 1993). On n'a pas trouvé de différences dans leurs façons de réagir à l'enfant (Mucklow et Phelan, 1979), ni dans leur conception de l'enfant idéal selon l'échelle de Bem (Kweskin et Cook, 1982). Lorsqu'elles ont une préférence quant à l'orientation sexuelle de leurs enfants, toutes les mères voudraient qu'ils soient hétérosexuels afin de leur faciliter la vie (Golombok et al., 1983; Javaid, 1993).

Finalement, on n'a décelé aucune différence dans leur concept de soi (Mucklow et Phelan, 1979) ni dans leur degré de malaise (Golombok et al., 1983). Soulignons que pour ces mères lesbiennes, l'identité première est celle d'être mère et non d'être lesbienne (Kirkpatrick, 1987). Cependant, les mères lesbiennes sont peut-être plus souvent féministes. Cette idéologie, plutôt que leur orientation sexuelle, pourrait influencer la façon dont elles élèvent leurs enfants (Starr, 1995). Elle ne veulent pas que leurs enfants se sentent paralysés par des attentes sociales concernant la masculinité et la féminité (http://www.sfbayguardian). Elles montrent à leurs enfants qu'ils ont des choix devant eux, qu'ils ont le droit de s'exprimer et d'être respectés (http://www.sfbayguardian; Starr, 1995).

Les enfants

Au total, plus de 300 enfants âgés entre 3 et 25 ans ont participé à une dizaine d'études. La plupart de ces enfants étaient à l'école primaire. Toutes les mesures ont été prises de façon ponctuelle et il n'y a donc pas de données longitudinales.

On leur a administré le *Draw-a-Person Test* (Green, 1979; Kirkpatrick et al., 1981), le *Block's Toy Preference Test* (Hoeffer, 1981; Green, 1979; Kirkpatrick et al., 1981), le *Bem Sex-Roles Scale* (Green et al., 1986), le *Adjective Checklist* (Green et al., 1986), le *Holtzman Ink Blot* (Kirkpatrick et al., 1981), le *Jackson PRF-E* (Green et al., 1986), le WPPSI ou le WISC-R (Kirkpatrick et al., 1981; Green et al., 1986), le CBCL (Patterson, 1995) et le CSVQ (Patterson, 1995).

De plus, on a conçu des questionnaires sur leurs préférences par rapport aux vêtements (Green, 1979), par rapport aux amis (Green, 1979), leur popularité vis-à-vis de leurs pairs (Green et al., 1986), leurs relations familiales (Green et al., 1986), leur estime de soi (Huggins, 1989), leur identité de genre (Green, 1979; Green et al., 1986) et leur orientation sexuelle (Javaid, 1993). On n'a retrouvé aucune différence entre les enfants de mères lesbiennes et ceux de mères hétérosexuelles.

On a par contre noté que les enfants de lesbiennes tendaient à exprimer plus d'émotions, qu'elles soient positives ou négatives (http://abacus). Certains auteurs rapportent aussi que lorsque les enfants ont grandi avec une mère lesbienne, ils en retirent une meilleure compréhension des préjugés existants et de l'importance de la liberté de choix personnelle (O'Connell, 1993).

Ils sont plus tolérants face aux différences de tous genres (Rafkin, 1990; http://www.sfbayguardian; http://www.rnw.nl). Ceci s'expliquerait davantage par l'appartenance à une minorité culturelle opprimée que par l'homosexualité parentale en tant que telle.

En général, les enfants issus de mariages hétérosexuels vivant avec leur mère lesbienne ont un bon contact avec leur père, et ce, plus fréquemment que les enfants vivant avec une mère hétérosexuelle divorcée (Golombok et al., 1983). Cependant, il existe quelques exceptions où la mère avait un rapport conflictualisé avec les hommes en général, et le père en particulier (Rafkin, 1990). Il est difficile de savoir d'ou vient ce conflit et s'il peut être relié au lesbianisme. Néanmoins, il posait des difficultés pour les enfants qui ne partageaient pas la même vision des hommes que leur mère.

On a publié quelques histoires de cas où l'enfant d'une mère lesbienne a développé des problèmes de comportement (Weeks et al., 1975; Osman, 1972). Dans tous ces cas, la perte d'un parent ou une pathologie maternelle peut aussi expliquer la réaction de l'enfant.

Défis développementaux spécifiques

Les défis qu'ont à relever ces enfants consistent d'abord à s'adapter au divorce, si tel est le cas, ou à saisir le concept de paternité, s'ils n'ont jamais connu une constellation familiale traditionnelle. Ils doivent ensuite comprendre et accepter la relation lesbienne de leur mère, tout en réalisant que celle-ci est mal vue par une partie de la société. Ils auront aussi à faire face aux moqueries dans la cour d'école. Ils devront finalement découvrir leur propre orientation sexuelle, fort probablement différente de celle de leur mère (http://www.usnews.com).

Lorsque des enfants issus de mariage hétérosexuel vivent un divorce, ils entretiennent pour un certain temps la croyance que leurs parents seront éventuellement réunis. Si la mère révèle subséquemment son orientation homosexuelle, ceci peut accentuer le caractère irréversible du divorce (O'Connell, 1993) et forcer l'enfant à en faire le deuil. Les enfants peuvent de plus se demander comment l'orientation différente de leur mère affectera leur relation avec elle. Initialement, les garçons ont parfois peur que la mère dévalorise leur masculinité (O'Connell, 1993).

Si l'enfant est conçu au sein d'une famille lesbienne, il devra apprendre à définir la paternité : ce qu'est un père biologique, ce qu'est un papa, qui sont les hommes dans sa vie, quelles relations ils ont avec lui et avec sa mère. Ses questions toucheront différents niveaux selon l'âge de l'enfant.

Dans un premier temps, il voudra comprendre comment il est venu au monde. Il sera peut-être curieux de connaître l'identité de la personne qui a participé à sa conception (Martin, 1993). Lui ressemble-t-il ? Ensuite, il comparera sa famille à celles de ses camarades (Martin, 1993). Quels sont les avantages d'avoir un papa? Y a-t-il des choses que, seul, un papa peut faire? Est-ce que sa maman fait ce que les pères de ses camarades font? Quels sont les avantages d'avoir deux mamans? Si la mère est seule, les questions de l'enfant peuvent être plus larges : quel est l'avantage d'avoir deux parents, quel qu'en soit le sexe. Il est évident que de définir la paternité, c'est en même temps définir la maternité.

En plus de comprendre sa relation avec les adultes présents dans sa vie, il devra s'expliquer la relation que ces adultes ont entre eux. Plus les enfants apprennent jeunes l'orientation sexuelle de leur mère, plus cela leur semble naturel et facile à accepter. Effectivement, des enfants qui naissent au sein d'un couple lesbien comprendront instinctivement la relation sans qu'on ait à l'expliquer (Starr, 1995; Martin, 1993). Comme l'a décrit Freud à propos de la famille traditionnelle, les enfants d'un couple lesbien cherchent aussi à s'interposer entre leurs parents pour conquérir l'un d'eux. Le complexe d'Oedipe se vivrait donc davantage par rapport au lien amoureux que par rapport au sexe des individus (Ricard, 1995).

Les enfants parlent aisément de la constitution de leur famille en autant qu'ils perçoivent que celle-ci n'est pas un objet de honte. De fait, moins les mères sont confortables avec leur orientation sexuelle, plus elles transmettront un sentiment d'homophobie interne à leurs enfants.

Même s'ils sont élevés dans une famille où l'homophobie interne est très réduite, ils devront tôt ou tard faire face aux préjugés environnants. À cause de la présupposition tenant l'hétérosexualité pour universelle, la diversité des structures familiales n'est pas présentée aux enfants dans les garderies et à l'école (Ricard, 1995; McLaughlin, 1995). On leur apprendra qu'une famille se compose d'un père, d'une mère et des enfants. Ils devront réconcilier les informations contradictoires qu'ils reçoivent à la maison et à l'extérieur (Ricard, 1995). De plus, ils seront exposés dans la cour d'école aux propos dérogatoires face aux homosexuels (http://www.rnw.nl). Ils entendront les mots «fifi» et «tapette» utilisés pour blesser un camarade (http://www.sfbayguardian). Ils apprendront qu'être homosexuel est loin d'être désirable. Ils seront tentés de cacher le lesbianisme de leur mère afin d'éviter d'être différents mais aussi pour se dissocier de ces termes péjoratifs.

Les moqueries de cour d'école commencent en général vers la fin du primaire (http://members; McLaughlin, 1995), lorsque se manifeste une curiosité accrue vis-à-vis de la sexualité. Avant cela, le couple n'est perçu qu'en fonction du rôle parental et les enfants s'intéressent peu à la relation entre les deux parents. Ils sont davantage curieux de savoir de quelle façon les deux adultes s'occupent de leurs copains de classe.

Les enfants de mères lesbiennes pourront utiliser des techniques d'invisibilité semblables à celles qu'utilisent les jeunes gais et lesbiennes (http://www.sfbayguardian; http://www.usnews) parce que la différence de leur mère est vécue comme leur propre différence. De peur de perdre des amis s'ils dévoilent «leur» secret (http://www.armory; http://www.gateway; O'Connell, 1993), ils pourront s'inventer un père, éviter de parler d'une de leurs mères ou la faire passer pour une tante, une colocataire ou une grand-mère (Rafkin, 1990; http://www.gateway; http://members). Ils peuvent ressentir de la honte face à ces mensonges, sentant qu'ils ont trahi leur famille (O'Connell, 1993). Une autre façon de protéger leur secret est de se retirer de leur réseau d'amis ou d'éviter d'inviter des amis à la maison (McLaughlin, 1995).

S'ils décident de parler de leur situation familiale, ils prendront des moyens de réduire le stigmate anticipé. Ils pourront d'abord se confier à une amie qui sait garder un secret. Aussi, ils pourront présenter leur mère à leurs amis avant de leur parler de son orientation sexuelle. Une fois que les amis la connaissent, ils seront moins angoissés en apprenant son lesbianisme (http://members).

Quelques enfants répliqueront directement lorsqu'on se moque de leur mère. On a rapporté que des fillettes de dix ans répondaient verbalement en rabaissant le moqueur pour son ignorance, tandis que les garçons de cet âge avaient plutôt tendance à se battre physiquement avec le moqueur (http://members).

Certains enfants plus extrovertis affronteront l'homophobie plus ouvertement. Ils entreprendront d'éduquer leurs pairs en amenant le sujet dans des discussions de classe, en dénonçant des commentaires ou des farces homophobes, ou en participant aux célébrations de fierté gaie et lesbienne (Rafkin, 1990; http://www.geocities; http://members).

Lorsque l'enfant apprend le lesbianisme de sa mère pour la première fois à l'adolescence, ses réactions sont en général plus vives, souvent teintées de colère (Rafkin, 1990; O'Connel, 1993). Même chez ceux qui ont appris l'orientation sexuelle de leur mère plus jeunes, un questionnement nouveau réapparaît à cet âge. D'une part, le désir d'être semblable à ses pairs devient très important et, d'autre part, la question de l'orientation sexuelle des enfants se présente (Lewis, 1980). Les jeunes filles trouvent difficile l'identification et l'individuation avec la mère puisqu'elles craignent d'être lesbiennes elles aussi. Les garçons aussi ont peur d'être gais mais ces craintes s'estompent généralement lorsque les jeunes commencent à sortir ensemble (O'Connell, 1993).

Tâches parentales particulières

En plus des tâches parentales courantes, les mères lesbiennes ont à faire reconnaître leur famille au sein de la communauté, à créer des liens sociaux, réduire l'impact de la discrimination et outiller leurs enfants pour y faire face.

Au Québec, la loi ne reconnaît pas comme couple les conjoints de même sexe (Robinson, 1998). Par contre, ces couples peuvent protéger légalement la relation de chaque mère avec l'enfant. La mère biologique est reconnue comme ayant des droits parentaux à moins que ceux-ci ne soient contestés en cour. Entre 1981 et 1989, on rapporte au Québec huit jugements où il était question de garde d'enfants et de lesbianisme maternel. Deux mères ont gagné leur cause (dont une dans deux jugements différents) et cinq mères ont perdu la garde de leurs enfants (Robinson, 1998).

Les juges s'accordent pour dire que le lesbianisme maternel ne peut justifier le refus de la garde mais ils ont évité d'accorder la garde à la mère dans différents jugements : dans un cas, la mère lesbienne vivait dans une petite ville et son orientation sexuelle risquait d'être découverte; dans un autre, la mère lesbienne était incapable d'assurer la présence d'un homme auprès de ses enfants ou de leur offrir un modèle familial hétérosexuel et traditionnel; dans un autre encore, la mère lesbienne ne cachait pas son orientation et fréquentait aussi d'autres lesbiennes (Robinson, 1998). Notons que tous ces jugements portent sur des situations où la mère lesbienne était initialement marié avec un homme et que les enfants étaient nés de cette union. Il n'y a encore aucune jurisprudence québécoise dans le cas d'une mère lesbienne qui verrait la garde de ses enfants contestée par un père donneur ou par une autre partie intéressée.

Lorsque le père est connu et n'a pas de rôle parental, il peut déléguer ses droits parentaux à la mère non biologique. Si le nom d'un seul parent est inscrit sur le baptistaire, la mère non biologique a la possibilité d'adopter l'enfant de sa conjointe. Ces mesures facilitent les interactions avec la communauté pour la mère non biologique qui pourra de cette façon transiger avec l'école, le médecin et l'hôpital. De plus, cela protège sa relation avec son enfant en cas de séparation ou de décès de la mère biologique. Le rôle parental de la mère non biologique ainsi sanctionné est bénéfique aux enfants qui se portent mieux quand ils ont deux parents plutôt qu'un seul, et ce, indépendamment du sexe des parents (Kirkpatrick, 1997).

Qu'il y ait ou non reconnaissance légale de la famille lesbienne, la reconnaissance sociale demeure primordiale. Le support de la famille étendue, habituellement présent dans les familles traditionnelles, n'est pas garanti pour les familles lesbiennes. Elles compenseront en se tournant vers leurs amis. Souvent elles fréquenteront d'autres familles de composition non traditionnelle. En plus d'offrir un réseau de soutien pour les mères, ceci peut aider les enfants à se sentir moins différents.

Les mères ayant elles-mêmes à affronter l'homophobie tenteront d'en minimiser l'impact sur leurs enfants. Elles rapportent qu'elles rencontrent moins de résistance lorsqu'elles sont franches à propos de leur situation familiale. Elles préparent donc le terrain pour leurs enfants: elles choisissent des garderies et des écoles où le personnel est ouvert à leur type de famille, elles rencontrent d'avance les directeurs et professeurs pour expliquer leur situation et les besoins particuliers de leurs enfants (http://gaylesissues; http://atlanta). Par exemple, on encouragera un enfant à faire autant de cartes qu'il juge nécessaire pour la fêtes des mères; on acceptera qu'il dessine un portrait familial comprenant deux enfants, un chat, deux mères et deux pères.

Finalement, les mères préparent leurs jeunes à faire face à l'homophobie. Elles sensibilisent leurs jeunes au fait que certains diront que ses parents ne s'aiment pas d'un amour valable, qu'elles sont immorales, qu'elles n'ont pas le droit d'élever des enfants et que leur famille n'en est pas une (http://www.gateway). Comme le font depuis des générations d'autres minorités marginalisées, les mères lesbiennes apprennent à leurs enfants ce qu'est un stéréotype et ce qu'est un préjugé. Elles leur transmettent le droit d'être fiers de leur famille malgré ce que d'autres peuvent en penser.

Elles apprennent ensuite à leurs jeunes comment gérer les questions posées par des camarades et des connaissances. Elles leur montrent à analyser les risques et les bénéfices de divulguer leur situation familiale, à choisir la personne, la situation et le moment d'un dévoilement, à en anticiper l'impact et en réduire les conséquences malheureuses (Ricard, 1995). L'enfant peut par exemple juger important d'en parler à son copain de classe mais pas au commis du magasin de sport. Il choisira peut-être de l'annoncer au chauffeur d'autobus scolaire mais pas à un professeur suppléant. Les jeunes apprennent ainsi à choisir les relations qui ont de l'importance pour eux. En étant sélectifs dans leurs confidences, ils peuvent vivre des relations significatives fondées sur une intimité véritable tout en limitant les commentaires malveillants dans les interactions courantes de la vie quotidienne.

Si la mère respecte le rythme de dévoilement chez chacun de ses enfants, elle les laisse juger du niveau de visibilité où ils se sentent confortables. Ceux-ci tairont peut-être l'orientation sexuelle de leur mère dans une situation où celle-ci aurait jugé opportun de la divulguer. Si la mère reconnaît que ce dévoilement prend du courage, elle comprendra les choix parfois difficiles qu'ont à faire ses enfants. Si elle partage avec eux le malaise que l'affirmation d'une différence peut engendrer, elle les déculpabilisera lorsque ceux-ci «manquent de courage». Finalement, il est important de négocier la visibilité de la situation familiale avec toute la famille puisque tous ses membres pourront en être affectés. Par exemple, une entrevue de la mère à la télévision où elle discute du lesbianisme pourra être traumatisante pour un enfant qui a gardé sa situation familiale secrète devant ses compagnons de classe.

Recommandations aux cliniciens

En révisant les études publiées jusqu'à présent, il n'y a pas de faits démontrant que les enfants soient désavantagés par le lesbianisme maternel. Il est donc important pour les cliniciens d'examiner leur position sur la maternité lesbienne et de saisir si elle est fondée sur une compréhension des écrits, sur une expérience ou un système de valeurs personnel. Il faut reconnaître que nous n'avons pas toujours les mêmes valeurs que nos patients et qu'il serait injuste de vouloir leur imposer les nôtres.

Puisque les mères lesbiennes ont grandi dans une société encore largement homophobe, elles auront fort probablement des inquiétudes ou ressentiront même de la culpabilité ou de la honte à propos de leur orientation sexuelle et des effets qu'elle pourrait avoir sur leurs enfants. Le professionnel de la santé mentale peut, en leur faisant part des études décrites ci-haut, les rassurer. Ce serait un premier pas vers la déculpabilisation.

Un deuxième serait d'examiner avec la mère d'où vient cette honte ou cette faible estime de soi. L'homophobie interne est un conflit qui n'est jamais entièrement réglé et qui peut resurgir de plus belle lorsqu'il est question des enfants (Igartua, 1998). La psychothérapie dynamique peut aider à comprendre comment l'homosexualité crée un malaise en raison de la déception parentale et sociale qui l'accompagne. Elle peut aider à faire le deuil des privilèges hétérosexuels perdus: reconnaissance sociale, fierté parentale, rites de passage, etc. (Igartua, 1998). Il est important de résoudre le conflit autour de l'homophobie interne afin de réduire le risque de sa transmission à l'enfant.

Si la mère perçoit qu'elle est traitée comme les autres mères, que sa famille est reconnue, et que sa conjointe y est incluse, elle ne se percevra plus comme faisant partie d'une minorité opprimée. Il faut donc encourager les lesbiennes, lorsque c'est possible, à parler ouvertement de leur vie de couple et de leur vie familiale comme le font les hétérosexuels. Le secret avec lequel vivent ces familles est un lourd fardeau qui n'est pas toujours indispensable.

Afin de mieux comprendre l'enfant qui grandit au sein d'une famille lesbienne, il est plus utile de lui demander de décrire sa famille que de lui poser des questions fermées ou trop précises. De cette façon, l'enfant pourra dire qui joue un rôle important dans sa vie. On risque moins de surestimer l'apport d'une personne ou d'en oublier une autre. Toute intervention familiale devra prendre en considération la définition que l'enfant a donnée de sa famille.

Gardons en tête qu'il y a plus de ressemblances que de différences entre les familles lesbiennes et les familles traditionnelles. Comme les autres familles, ces familles se présentent le plus souvent en consultation pour des difficultés ayant trait à l'intimité, la confiance, la séparation-individuation, la compétition, etc.

Les mères lesbiennes ont par contre quelques tâches spéciales à affronter mais souvent en étant privées de modèles leur montrant comment y parvenir. Le thérapeute pourra avoir un rôle de guide lorsque la mère éprouve de la difficulté à trouver son chemin. Quand l'enfant fait face à l'homophobie ou s'interroge sur sa situation, on peut aider la mère à comprendre exactement ce qu'il demande ou exprime afin d'amener celle-ci à lui répondre (Martin, 1993). Ainsi l'enfant recevra des informations quand il les demande, des stratégies quand cela peut lui servir, et du réconfort quand il en a besoin. Sa mère l'aidera ainsi à grandir fier et heureux en dépit des préjugés auxquels il pourra faire face.❖

Over the last twenty years, researchers have studied lesbian mothers and their children in response to society's concern that a mother's sexual orientation may have a negative impact on her children. Lesbian mothers have been compared to their heterosexual peers and the children of these two groups have also been compared. Even though none of these studies have demonstrated deleterious effect of mother's lesbianism on her children, some continue to argue that lesbians should not have children because it is unfair to subject children to society's prejudices vis-à-vis homosexuality. This paper reviews data on 300 lesbian mothers and their children. Based on semi-structured interviews with lesbian mothers and biographical text analysis, the author depicts how homophobia and heterosexism affect these children. She describes both children's and mothers' strategies to reduce the impact of discrimination in the community and its institutions. She finally offers practical suggestions for mental health professionals working with lesbian families.

Références

Coleman E, Strapko N, Zubrzycki MR, Broach CL. Social and Psychological Needs of Lesbian Mothers. *Canadian Journal of Human Sexuality* 1993: 2(1): 13-17.

Clunis DM, Green GD. The Lesbian Parenting Book: A guide to creating families and raising children. Seattle: Seal Press, 1995.

DiLapi EM. Lesbian Mothers and the Motherhood Hierarchy. *Journal of Homosexuality* 1989;18(1-2):101-121.

Gibbs ED. Psychosocial Development of Children Raised by Lesbian Mothers: A Review of Research. *Women & Therapy* 1988;8(1-2):65-75.

Golombok S, Spencer A, Rutter M. Children in Lesbian and Single Parent Households: Psychosexual and Psychiatric Appraisal. *J Ch Psychol & Psychiat* 1983; 24(4):551-572.

Green R. Sexual Identity of 37 children raised by homosexual or transsexual parents. *Annual Progress in Child Psychiatry & Child Development* 1979:339-350.

Green R, et al. Lesbian Mothers and Their Children: A Comparison with Solo Parent Heterosexual Mothers and Their Children. *Archives of sexual behavior* 1986;15(2):167-184.

Hoeffer B. Children's Acquisition of Sex-Role Behavior in Lesbian-Mother Families. *Am J Orthopsychiat* 1981; 51(3): 536-544.

http://abacus.oxy.edu/qrd/family/lesbian. families (consulté 24-03-98)

http://www.geocities.com/westhollywood/ heights/6502/ (consulté 24-03-98)

http://www.sfbayguardian.com/epicenter/96_ 06/062696gpkid.html (consulté 24-03-98)

http://www.armory.com/~cards/deu/schs/ trident/12-94/sexuality.melissa.html (consulté 24-03-98)

http://www.gateway-va.com/pages/special/- family/p9story. htm (consulté 24-03-98)

http://www.usnews.com/usnews/issue/16 gay.htm (consulté 24-03-98)

http://www.rnw.nl/racism/mamasen.html (consulté 24-03-98)

http://gaylesissues.tqn.com/library/weekly/aa 062097.htm (consulté 24-03-98)

http://atlanta.yahoo.com/external/voice/ news/storyid/19970903101.html_(consulté 24-03-98)

http://members.macconnect.com/users/c/cczo na/study/spm (consulté 24-03-98)

Huggins, S. A comparative study of self esteem of adolescent children of divorced lesbian mother and divorced heterosexual mothers. *Journal of Homosexuality* 1989;18(1-2): 123-135.

Igartua K. Therapy with Lesbian Couples: The issues and the Interventions. *Can J Psychiat* 1998;43(5):391-396.

Javaid GA. The children of Homosexual and Heterosexual Single Mothers. *Child Psychiatry and Human development* 1993;23(4): 235-248.

Kirkpatrick M. Clinical Implications of Lesbian Mother Studies. *Journal of Homosexuality* 1987;14:201-210.

Kirkpatrick M, Smith C, Roy R. Lesbian Mothers and their children: A comparative survey. *Am J Orthopsychiat* 1981;51 (3):545-551.

Kurdek L, Schmitt JP. Perceived Emotional Support from Family and Friends in Members of Homosexual, Married, and Heterosexual Cohabiting Couples. *Journal of Homosexuality* 1987;14(3/4):57-68.

Kweskin SL, Cook AS. Heterosexual and Homosexual mothers' self described sex-role behavior and ideal sex-role behavior in children. *Sex Role* 1982;8(9): 967-975.

Lewis K. Children of Lesbians: Their point of view. *Social Work* 1980;25(3):198-203.

Martin A. *The lesbian and gay parenting handbook: Creating and raising our families.* New York: Harper Collins Publishers; 1993.

McLaughlin H. Homophobia in Schools. In: Arnup K. (dir) *Lesbian Parenting: Living with Pride and Prejudice.* Charlottown: Gynergy Books; 1995:238-250.

Miller JA, Jacobson RB, Bigner JJ. The child's home environment for lesbian vs heterosexual mothers: A neglected area of research. *Journal of Homosexuality* 1981;7(1):49-56.

Ministère de la Santé et des Services Sociaux. *L'adaptation des services sociaux et de la santé aux réalités homosexuelles.* Québec: Gouvernement du Québec; 1997.

Mucklow BM, Phelan GK. Lesbian and traditionnal mothers' responses to adult responses to child behavior and self concept. *Psychological Reports* 1979;44(3,1): 880-882.

O'Connell A. Voices from the heart: The developmental impact of a mother's lesbianism on her adolescent children. *Smith College Studies in Social Work* 1993;63:281-299.

Osman S. My stepfather is a she. *Family Process* 1972;11:209-218.

Pagelow MD. Heterosexual and lesbian single mothers: A comparison of problems. *Journal of Homosexuality* 1980;5(3):189-204.

Patterson CJ. Families of the Lesbian Baby Boom: Parents' Division of Labor and Children's Adjustment. *Developmental Psychology* 1995;31(1):115-123.

Rafkin L. Different Mothers: Sons and Daughters of Lesbians Talk about their Lives. San Francisco: Cleis Press; 1990

Ricard N. Mères Lesbiennes et Lesbiennes Meres. *Treize* 1995;11(4):16-17.

Robinson A. Lesbiennes, conjointes et mères: les exclues du droit civil québécois. In: Demczuk I. (Dir) Des droits à reconnaître: Les lesbiennes face à la discrimination. Montreal: Les éditions du remue-ménage; 1998:21-68.

Steinhorn A. Lesbian Mothers-The invisible Minority: Role of the Mental Health Worker. *Women & Therapy* 1982:1(4):35-48.

Starr C. Lesbian/motherhood. In: Arnup K. (dir) Lesbian parenting: Living with pride and predjudice. Charlottown: Gynergy Books; 1995:179-187.

Weeks RB, Derdeyn AP, Langman M. Two cases of children of Homosexuals. *Child Psychology Human Development* 1975; 6:26-32.

L'hyperactivité avec déficit attentionnel :
en quoi les filles diffèrent-elles des garçons ?

Diane SAURIOL
Brian GREENFIELD

Dr Diane SAURIOL est pédopsychiatre, chef du Service de
pédopsychiatrie au Pavillon
Notre-Dame du Centre
Hospitalier de l'Université
de Montréal et professeure
au Département de psychiatrie
de l'Université de Montréal.
Elle possède un fellowship en
HADA de l'Université McGill.

Dr Brian GREENFIELD est pédopsychiatre et adjoint au
directeur du Département de
pédopsychiatrie de l'Hôpital
de Montréal pour Enfants où
il dirige également l'équipe
d'urgence. Il est professeur
adjoint au Département
de psychiatrie de
l'Université McGill.

Adresse : CHUM, 1560,
rue Sherbrooke Est
Montréal (Québec) H2L 4M1

L'hyperactivité avec déficit attentionnel (HADA) est un syndrome génétique dont les causes fondamentales ne sont pas encore élucidées, et qui affecte 5% des enfants et environ 2 à 3% des adultes. La classification initiale basée sur la présence de signes cliniques a permis de déterminer des sous-types (mixte, inattentif, hyperactif-impulsif [HI]). L'évolution de la neurologie et de la pharmacologie a amené depuis à analyser ces cohortes au plan de leurs fonctions cognitives, laissant entrevoir que le vocable HADA englobe peut-être plus qu'une seule et unique pathologie, et que ce syndrome est évolutif.

En HADA comme dans d'autres pathologies psychiatriques, on se demande actuellement quelle peut être l'influence du genre sur la présentation clinique. Comment expliquer le surnombre de garçons HADA dans l'enfance alors que le ratio homme : femme est presque égal à l'âge adulte? Passons-nous à côté du diagnostic chez la fille, ou le syndrome se développe-t-il plus tard chez elle? Les modifications hormonales ont-elles un impact sur la sévérité des symptômes, sur l'âge d'apparition du syndrome et son évolution? Quel peut être l'impact des différences entre filles et garçons sur le traitement? Afin de cerner le sujet, nous avons

L'hyperactivité avec déficit attentionnel affecte 5% des enfants et de 1% à 3% des adultes. En se basant sur une revue de la littérature considérant les différences selon le sexe, les auteurs discutent des facteurs pouvant expliquer une prévalence de l'HADA différente selon l'âge, le sexe et la source des échantillons cliniques ou communautaires. La question de la comorbidité est abordée dans le cas des filles et des garçons HADA, et celle de la transmission et des caractéristiques familiales relevées chez les patients HADA. Trois vignettes cliniques servent à illustrer les problématiques en fonction de l'âge. Les différences entre filles et garçons sont mises en relief tant au plan du diagnostic que du traitement.

fait un relevé des écrits les plus récents sur l'HADA et nous présentons ici les données qui émergent sur l'HADA féminine et, lorsque jugées distinctives, certaines caractéristiques de l'hyperactivité chez les garçons.

Présentation clinique

Lorsqu'on parcourt la littérature à la recherche de ce qui distinguerait les filles HADA des garçons, on reste souvent sur son appétit. De nombreuses recherches furent menées sur l'HADA mais plusieurs comportent des problèmes méthodologiques tels que leurs conclusions perdent leur crédibilité. On remarque que les échantillons cliniques sont souvent constitués de très peu de filles, que les problématiques associées sont peu évaluées et que, fréquemment, il n'y a pas de groupe contrôle comportant d'autres pathologies psychiatriques.

Au plan épidémiologique, les études cliniques (constituées de patients référés en milieu médical ou psychologique spécialisé) indiquent un ratio de 9-10 garçons: 1 fille mais les études dans la population générale (constituées d'enfants fréquentant l'école) suggèrent un ratio de 2 garçons: 1 fille, laissant supposer que les filles sont sous-diagnostiquées.

Des études plus récentes, dont certaines encore en cours, ont tenu compte de ces biais potentiels. En soumettant au lecteur les constatations de ces études, nous voulons le mettre en garde, à savoir que les différences relevées au niveau de grands groupes ne ressortent pas toujours de façon aussi tranchée sur une base individuelle.

Isabelle, 8 ans, est une enfant calme. Sa démarche est lente et sa motricité fine médiocre (calligraphie, dessin, découpage). Lorsqu'on lui donne plusieurs consignes, elle n'en effectue aucune, et cela sans mauvaise volonté apparente. Sa performance est bien meilleure lorsqu'elle est en relation duelle avec son professeur, et lorsqu'on lui demande d'effectuer une seule tâche à la fois. Elle inverse encore certaines lettres et sa lecture est laborieuse. En composition, elle éprouve des difficultés à développer un thème, un scénario. Il lui arrive d'uriner en classe et ses camarades se moquent d'elle. Elle n'aime pas l'école et semble mieux acceptée par les enfants plus jeunes ou plus vieux.

Globalement, et selon les observations des parents et des professeurs, les filles HADA de tous les âges présentent moins de problèmes attentionnels et moins d'hyperactivité que les garçons HADA du même âge. Elles présentent aussi moins de symptômes externalisés (moins de trouble des conduites, moins d'agressivité, moins de délinquance).

On note des différences qui sont à la fois fonction du sexe, de la provenance de l'échantillon et de l'âge. Ainsi en échantillonnage clinique (Faraone, 1998), chez les garçons comme chez les filles, le sous-type combiné est prépondérant (60% présentent à la fois des symptômes d'inattention et d'hyperactivité-impulsivité) et il est suivi du sous-type inattentif (30%) et HI (9%). La proportion de 9-10 garçons:1 fille est semblable d'un sous-type à l'autre. En échantillon communautaire (Baumgaertel, 1995; Wolraich, 1996; Gaub, 1997), la proportion est de 2 garçons:1 fille dans tous les sous-types, mais les filles HADA sont plus souvent du sous-type inattentif. Peu importe la source de l'échantillon et le sexe des enfants HADA, ils risquent d'être plus sévèrement atteints aux plans fonctionnel et de la comorbidité (troubles des conduites; trouble bipolaire, troubles du langage, tics), s'ils sont du sous-type mixte (Nolan, 1997; Faraone, 1998).

On sait qu'avec le vieillissement, la présentation clinique de l'HADA se modifie, et un individu peut changer de sous-type. Il semble que les symptômes liés à l'hyperactivité apparaissent à un plus jeune âge, suivis par l'apparition de symptômes d'inattention qui persisteraient à l'adolescence. Il est possible que les sous-types correspondent à des phases de développement de l'HADA (Faraone, 1998).

Hyperactivité et troubles associés

Sans égard à l'origine des échantillons, les garçons HADA présentent plus de comorbidité que leur contrepartie féminine (Nolan, 1997; Faraone, 1998). Comparativement aux individus normaux, les filles et les garçons HADA auraient cinq fois plus de comorbidité (Faraone, 1998: échantillon clinique). Le chevauchement de critères diagnostiques dans le DSM-IV pourrait toutefois faussement contribuer au nombre élevé de diagnostics associés. Ainsi en présence d'impulsivité, on peut avoir de la difficulté à en isoler la source et poser deux diagnostics (e.g. trouble de personnalité limite et HADA). Pareillement les difficultés attentionnelles sont centrales en HADA, mais aussi présentes dans les pathologies anxieuses et dépressives.

En échantillon communautaire, la moitié des filles et des garçons HADA présentent un trouble oppositionnel avec provocation contre 3% des filles contrôles. Les troubles des conduites se retrouvent chez la moitié des garçons HADA, 10% des filles HADA, et 20% des garçons contrôles. Les comportements perturbateurs sont une caractéristique bien visible de l'enfant et c'est la présence d'agressivité qui constitue l'élément clef dans la référence d'un enfant pour HADA. Ce n'est donc pas une caractéristique intrinsèque à l'HADA qui amène parents et professeurs à sonner l'alarme. Le ratio plus élevé de garçons adressés en clinique spécialisée peut dépendre de la prévalence plus forte de troubles associés impliquant des comportements perturbateurs. Cela pourrait expliquer pourquoi les filles HADA sont moins repérées, et moins référées pour évaluation et traitement.

De 20 à 30% des enfants HADA souffriraient en outre d'un trouble d'apprentissage. Certains pensent que le sous-type inattentif, tant chez les filles que les garçons, serait lié à plus de difficultés scolaires (Baumgaertel, 1995: échantillon communautaire). D'autres chercheurs (Sharp, 1997; Faraone, 1998, échantillons cliniques) n'ont pas trouvé de différence entre les sous-types d'HADA en regard des troubles d'apprentissage. Filles et garçons HADA ont des quotients intellectuels semblables, mais les filles affichent un meilleur niveau de fonctionnement. Lorsqu'on compare les HADA aux normaux selon leur capacité attentionnelle et leur hyperactivité, on observe un faible écart entre les filles et une différence marquée chez les garçons. Il est aussi plus difficile de dépister une fille HADA que de dépister un garçon HADA dans une classe. Mais selon plusieurs, ce serait la comorbidité psychiatrique plus que les difficultés cognitives qui serait décisive dans l'orientation de l'enfant vers une classe spécialisée (Barkley, 1990 ; Faraone, 1993 ; Sandoval, 1984-1985).

La dépression majeure sévère (échantillon clinique) serait aussi prévalente chez les filles que chez les garçons HADA et représenterait environ 20% des cas alors que dans la population non HADA de cet âge, elle ne constituerait que 1% des cas. Plus récemment, certains chercheurs ont observé une association entre l'HADA et le trouble bipolaire (Biederman, 1996a ; Geller, 1995 ; West, 1995 ; Wozniak, 1995, échantillons cliniques). Selon eux, la prévalence de trouble bipolaire chez les filles HADA serait identique à celle des garçons HADA, soit 10% contre 1% dans la population générale adulte.

Faraone (1997) croit qu'une minorité significative d'enfants présentant des symptômes sévères de violence, d'irritabilité extrême, de distractibilité incapacitante, de logorrhée, d'hyperactivité physique, avec une histoire familiale de trouble bipolaire afficheraient ainsi une présentation précoce de trouble bipolaire. Le tiers des filles HADA et le tiers des garçons HADA présentent des signes et symptômes anxieux distribués comme suit: 30% d'agoraphobie, 30% d'anxiété généralisée, 30% de phobie simple, 30% d'anxiété de séparation (Biederman et Newcorn, 1990, échantillon clinique).

Le tiers des enfants hyperactifs filles ou garçons ont un diagnostic d'énurésie. Il se pourrait que l'énurésie soit un marqueur développemental lié à l'HADA. Certaines études d'adultes HADA rapportent de 25 à 30% d'antécédents d'énurésie (Faraone, 1997). D'autres (Corkum, 1997) pensent que l'énurésie est liée à la comorbidité (troubles oppositionnels et anxieux) et non à l'HADA. Quant au tabagisme, à l'abus d'alcool et d'autres drogues, il semble que ces substances puissent avoir un lien dans la genèse de l'HADA d'une part, et d'autre part, que l'enfant HADA ait plus de risques d'en devenir consommateur. Chez les garçons HADA, l'on retrouve une association significative entre le tabagisme et les troubles des conduites, la dépression majeure et les troubles anxieux. Ainsi les HADA avec comorbidité encourent plus de risques de tabagisme (Milberger, 1997). Il pourrait en être de même chez les filles (Faraone, 1998). Biederman (1997) note quant à lui une transition plus rapide chez les enfants HADA entre l'état d'abus et l'état de dépendance aux substances que dans la population contrôle, sans égard au sexe (Faraone, 1998).

Les filles et les garçons HADA ont significativement plus de dysfonctions sociales que les groupes contrôles. Ces observations sont tirées de mesures de comportement scolaire, d'activités parascolaires, d'activités avec les pairs, la fratrie et les parents. Le niveau de dysfonction sociale serait comparable entre les garçons et les filles HADA mais il serait pire dans les types combinés et inattentifs (Green, 1997; Faraone, 1998).

Impact des conditions familiales adverses

On note les similitudes suivantes entre les familles des filles et des garçons HADA. D'abord il y aurait plus de conflits que dans les familles contrôles et moins de cohésion entre les membres de la famille. Cela ne veut pas dire que le climat familial mène à l'HADA, mais qu'il est plus difficile d'interagir avec un enfant HADA, ou encore que certains parents eux-mêmes atteints d'HADA aient de moins bonnes capacités parentales et relationnelles. Les caractéristiques personnelles de l'enfant comme celles de ses parents se traduisent dans la relation et ont un impact important sur la cellule familiale. On retrouverait aussi plus de psychopathologie maternelle que dans les familles contrôles, et celle-ci serait plus fortement associée à l'HADA que la psychopathologie paternelle.

Enfin le nombre de conditions adverses (faible niveau socio-économique, père antisocial, famille de plus de trois enfants, pathologie psychiatrique chez la mère, discorde conjugale, placement en milieu d'accueil) permet de prédire un mauvais niveau de fonctionnement psychosocial. Le conflit familial aurait un impact plus pernicieux sur le fonctionnement psychosocial que l'exposition à la psychopathologie parentale.

L'impact des conditions familiales adverses se déclinerait différemment chez les garçons et les filles HADA à deux niveaux. Les conditions familiales adverses chez les hommes HADA se refléteraient négativement sur les fonctions intellectuelles exécutives (régulation de soi, séquenciation, flexibilité, inhibition de la réponse, planification, organisation) et sur le quotient intellectuel. Cette vulnérabilité plus grande du garçon HADA indique peut-être que les voies cognitives chez les filles diffèrent de celles des garçons (Milberger, 1997). En présence de facteurs d'adversité psychosociaux dans leur famille, les filles HADA auraient plus tendance que les garçons à développer des traits de comorbidité psychiatrique (troubles de l'humeur, troubles anxieux, troubles des conduites).

Transmission familiale de l'HADA

Peu importe que le cas index[1] HADA soit une fille ou un garçon, un parent du premier degré aura 1 chance sur 4 d'avoir le syndrome. Quel que soit le sous-type d'hyperactivité des cas index, on retrouve toute la panoplie des sous-types dans les familles, les sous-types mixte et inattentif étant les plus fréquents.

La distribution de la comorbidité dans les familles de filles et de garçons HADA serait la même. Les parents du premier degré d'individus HADA auraient une plus grande vulnérabilité à la co-morbidité, aux dysfonctions neuropsychologiques et aux dysfonctions psychosociales que les familles contrôles. Cette vulnérabilité individuelle serait plus particulièrement liée à la présence d'HADA chez ce membre de la famille. Ainsi il se peut qu'un apparenté du premier degré, s'il ne souffre pas lui-même d'HADA, ne présente pas de risque supplémentaire de psychopathologie ou de trouble fonctionnel par rapport à la population générale (Seidman, 1997; Faraone, 1998).

Il semble que le trouble des conduites lié à l'hyperactivité constitue un sous-groupe particulier d'HADA. Les études chez les filles comme chez les garçons HADA démontrent un haut taux familial de troubles des conduites uniquement dans les familles où le patient cumule HADA et trouble des conduites (Faraone, 1997). Sans cette combinaison, la prévalence des troubles des conduites chez les familiers d'un HADA est la même que celle de la population générale. De façon semblable aux troubles des conduites, on ne retrouverait de bipolarité dans les familles d'HADA que si le cas index cumule les deux diagnostics (Wozniak, 1995b; Biederman, 1996a; Faraone, 1996-1997).

On observe plus de troubles de la lignée dépressive dans les familles de filles et de garçons HADA que dans les familles de contrôles, et ce indépendamment de la présence de trouble dépressif chez le cas index HADA (Bathia et al, 1991; Biederman et al, 1990a; Faraone et al, 1996). Il y a aussi plus de troubles anxieux parmi les familiers de patients HADA (Biederman, 1990a, 1992; Faraone, 1991a, 1996: 25% plus particulièrement de phobie sociale, d'anxiété généralisée et d'anxiété de séparation).

Il semble aussi que la prévalence de troubles des conduites, de troubles anxieux et de troubles dépressifs dans la fratrie des

---

[1] Ce terme identifie l'individu ou le groupe chez qui on étudie la pathologie.

HADA augmente de façon significative avec le temps. C'est le suivi longitudinal de ces cohortes de frères et de soeurs jusqu'à l'âge adulte qui permettra d'observer s'ils présentaient une vulnérabilité non encore exprimée à la psychopathologie. Ces observations mettent en lumière l'importance d'évaluer la fratrie de nos patients HADA afin de dépister les problématiques psychiatriques, neuropsychologiques ou psychosociales. De plus il faut rester vigilant quant à la possibilité de leur émergence future. Une étude similaire est en cours sur la fratrie d'un groupe de filles HADA par la même équipe (Faraone et coll.) mais les résultats ne sont pas encore publiés.

L'adolescente HADA

Nicole, 15 ans, se rebiffe contre ses parents parce qu'ils sont trop sur son dos, ou parce qu'ils ne l'aident pas assez. L'atmosphère familiale est tendue, ses parents se demandent si elle parviendra à compléter sa scolarité car elle n'étudie qu'à la dernière minute, ne remet pas ses travaux à temps et refuse d'admettre son manque de planification. Impolie, irritable et colérique, elle semble irresponsable et ne pas reconnaître le danger: elle oublie souvent de prendre ses contraceptifs oraux et elle a commencé à faire de l'auto-stop. Elle se fait facilement des amis car elle est très vive, mais elle les perd rapidement à cause de son manque de tact.

Nous nous intéressons de plus en plus à l'apparition, la persistance ou la modification de dysfonctions cognitives et fonctionnelles chez l'HADA au cours de son développement, en particulier durant l'adolescence et à l'âge adulte. Certains auteurs suggèrent que l'adolescence apporterait son lot de risques supplémentaires chez la fille HADA, et ce en se référant à des assises biologiques.

Pour comprendre ce processus, nous devons mettre en lien les données rapportées par certains auteurs. D'abord Zametkin (1993) a démontré que le métabolisme du glucose et la circulation sanguine étaient abaissés dans les zones pré-frontale et orbito-frontale chez l'HADA. Ceci indique une baisse de l'activité cérébrale dans des zones qui seraient responsables du processus d'inhibition de la réponse. Russell Barkley, s'inspirant de Jacob Bronowski, émet l'hypothèse que le processus d'inhibition de la réponse permet : 1. de créer un espace temporel essentiel pour séparer l'émotion de l'information dans notre évaluation des événements, donc de discerner l'objectif du subjectif; 2. de créer la notion du passé et de l'avenir et donc de dégager une notion de temps; 3. d'utiliser de façon optimale le langage réflexif (internalisé) pour contrôler son comportement, suivre des règles et résoudre des problèmes. Ces attributs seraient déficients chez l'HADA, tant chez la fille que chez le garçon.

Zametkin (1990) a établi que les filles normales à l'adolescence subissent, contrairement aux garçons, une diminution du métabolisme du cerveau. Cette diminution a été inversement corrélée aux stades de la puberté selon Tanner (Ernst, 1994, cité par Arnold, 1996). De plus Conners (Arnold, 1996) a noté que les filles normales ont un temps de réaction plus long que les garçons, sauf entre les âges de 13 et 16 ans. Se pourrait-il donc qu'une fille HADA qui verra son métabolisme cérébral diminuer à l'adolescence devienne plus impulsive, avec les conséquences néfastes que ceci peut avoir à cette période de sa vie?

Comparativement aux sujets contrôles normaux, les femmes HADA débutent leur activité sexuelle plus jeunes que les filles normales, alors que les garçons HADA l'amorcent plus tardivement que les garçons normaux. Les adolescentes présentent un plus haut taux de grossesse et d'abus de substances que les filles normales. Les grossesses à l'adolescence présentent souvent plus de complications médicales et obstétricales. Le tabac, l'alcool, les drogues ont un impact négatif sur le développement du foetus. Ces facteurs de stress viennent s'ajouter à la prédisposition génétique de l'enfant à l'HADA. En tant que mères, ces adolescentes seront plus inattentives, plus impulsives et prodigueront des soins de façon plus inconsistante (Arnold, 1996). L'abus de substances constitue aussi une entrave au développement des habiletés parentales. La carence maternelle partielle et le niveau inconstant de discipline ont des effets pervers sur l'enfant.

La femme adulte HADA

Manon, 35 ans, a cessé de travailler depuis la naissance de son deuxième enfant car elle n'arrivait plus à fonctionner ni au travail ni à la maison. C'est aujourd'hui jour de ménage pendant que les moussaillons sont en classe. Alors qu'elle fait leur lit, Manon se dit qu'elle devrait laver cette blouse en soie qui traîne depuis trois semaines. Tant qu'à faire, pourquoi ne pas démarrer une lessive? Elle descend au lavoir du sous-sol, laissant le lit en plan. On sonne à la porte, elle va ouvrir sans fermer l'eau du robinet, car elle compte redescendre aussitôt. Après avoir répondu au postier, elle se dirige vers la cuisine et décide de faire le gâteau du souper qu'elle met au four. Elle observe que la porte de l'armoire a besoin d'être rajustée, descend au sous-sol prendre un tournevis et fait face à l'inondation. Avec le temps qu'elle prendra pour éponger l'eau, son gâteau va brûler. Cette journée ressemble à bien d'autres. Le mari de Manon se montre souvent irrité lorsqu'il revient le soir dans une maison désorganisée. Comment se fait-il que Manon ne parvienne pas à entretenir sa maison alors qu'elle n'a rien d'autre à faire?

Il semble que chez l'adulte, la proportion de femmes et d'hommes HADA soit semblable, alors que les garçons HADA dépassent largement en nombre les filles HADA dans l'enfance. Nous retiendrons principalement deux causes possibles à cet état de fait. Primo, les femmes consultent plus tard parce qu'elles deviennent symptomatiques plus tard dans leur développement (la diminution du métabolisme cérébral intervient-elle ici?) Donc, le rythme de développement et la chronologie d'apparition des symptômes pourraient différer chez l'homme et chez la femme, et se modifier entre l'enfance et l'âge adulte. Une question surgit: faut-il maintenir chez la fille l'exigence diagnostique d'une symptomatologie présente dans l'enfance, alors qu'elle peut à ce moment passer inaperçue et ne devenir plus apparente qu'à l'adolescence? Il n'y a encore pas de réponse à cette question.

Secundo, on observe que les femmes adultes consultent pour elles-mêmes plus facilement que les hommes et sont souvent plus compliantes au traitement. Il est possible que les femmes reconnaissent ou admettent plus facilement leurs symptômes et recherchent plus facilement de l'aide.

Investigation et traitement

L'HADA est un diagnostic clinique basé sur la présence d'une constellation de signes et de symptômes déjà présents dans la petite enfance, en tenant compte de leur chronicité et des altérations fonctionnelles qui peuvent en résulter. Sous ce phénotype clinique se cachent probablement des causes diverses que nous laissent entrevoir les tests neuropsychologiques (e.g. faible mémoire de rappel, trouble de l'interférence, difficulté à encoder l'information visuelle ou auditive, etc.). Mais peu importe ce raffinement diagnostique, il semble qu'à ce jour le traitement soit le même, tant au plan pharmacologique qu'au niveau comportemental, chez les filles et les garçons qui en sont atteints. Les difficultés attentionnelles d'étiologies diverses répondent souvent aux psychostimulants tandis que les difficultés d'organisation, de gestion du temps, de résolution de problèmes, d'estime de soi et d'habiletés sociales s'appréhendent par des apprentissages cognitivo-comportementaux. Il n'y a donc habituellement pas lieu de procéder à des examens complémentaires en l'absence de comorbidités associées (troubles d'apprentissage, par exemple).

Il sera par contre judicieux de procéder à un diagnostic différentiel en présence d'un problème attentionnel pur ou nettement prépondérant afin de déterminer s'il ne s'agit pas plutôt d'absences épileptiques ou d'un problème auditif ou visuel central, ou encore de troubles d'apprentissage. En cas d'épilepsie, une médication anticonvulsive sera prescrite alors que dans les trois autres cas, des modalités particulières d'apprentissage pourront être suggérées (e.g. ajout d'un système auditif FM, etc.)

Il semble important de repérer chez l'enfant HADA la présence de diagnostics associés et d'identifier les conditions adverses au plan familial afin de tenter d'y remédier. Greene (1997) croit que de mauvaises habiletés sociales chez le garçon HADA constituent un facteur de risque significatif d'évolution vers un trouble des conduites et vers l'abus de substances. Les données relatives aux filles n'étaient pas encore publiées par ce groupe lors de la rédaction de cet article. Le plan de traitement de tels enfants devrait inclure une aide au développement des habiletés sociales (car avoir ou non un bon ami est prédictif du niveau futur d'adaptation sociale [Betsy Hoza: The Buddy System]). Le parentage concerté de ces enfants difficiles est à soutenir. Il est également important de suivre ces enfants au cours de leur développement vers l'âge adulte, tout comme il apparaît important de s'enquérir de l'état de la fratrie. La symptomatologie se modifie avec le développement. La prévalence des comorbidités augmentant avec l'âge, il faut rester vigilant quant à leur émergence future. La période de l'adolescence constitue une période à risque plus élevé chez la fille tant au plan des diagnostics et du niveau de fonctionnement personnel qu'au plan des risques qu'elle peut faire courir au foetus. Les habiletés parentales des femmes et des hommes HADA peuvent avoir besoin d'être supportées. La prévention primaire et secondaire face à la toxicomanie s'impose.

En fonction de l'arsenal pharmacologique dont on dispose aujourd'hui, il semblerait que la réponse au traitement soit la même chez la femme et chez l'homme et qu'il ne faille pas traiter différemment (Arnold, 1996; Scharp, 1997). Sans égard au sexe, il semble que les psychostimulants soient moins efficaces à réduire l'agitation motrice chez les ADHD agressifs (troubles oppositionnels, troubles des conduites) (Tannock, 1998). De même ils seraient moins efficaces à améliorer la mémoire de travail chez les HADA anxieux. Ce dernier sous-groupe serait aussi plus à risque de développer des effets secondaires à la médication psychostimulante (Tannock, 1998). Dans le groupe étudié par Faraone (1998), 70% des filles ont reçu du counseling, 50% avaient reçu une combinaison de counseling et de pharmacothérapie, et 4% avaient eu besoin d'une hospitalisation. Ces mesures sont semblables à celles observées chez un groupe comparable de garçons HADA. Lorsque diagnostiquées, les filles recevraient donc le même type de traitement que les garçons.

Par ailleurs dans d'autres disciplines telle l'oncologie, on commence à reconnaître l'importance sur le pronostic d'administrer la chimiothérapie au malade selon ses propres rythmes biologiques, lesquels correspondent à des moments de la journée ou du mois où l'organisme libère ses propres substances endogènes (chronobiologie). Ces molécules interagiraient avec les médicaments absorbés pour en modifier l'effet. L'avenir nous dira s'il est préférable dans le cas de l'hyperactivité d'administrer la médication à un moment plus opportun chez la fillette prépubère, chez l'adolescente selon son cycle menstruel, ou encore chez la femme enceinte ou post-ménopausée.

En conclusion, il semble que:

♦ Les symptômes de l'HADA sont les mêmes chez les filles et les garçons mais qu'ils peuvent différer en intensité et se modifier avec l'âge. La présentation mixte est prévalente et apparaît la plus sévère et la plus comorbide dans l'enfance. L'adolescence constitue une période à risque élevé pour la fille HADA qui pourrait présenter une symptomatologie impulsive exacerbée et plus de comorbidité. Le ratio hommes:femmes élevé dans l'enfance se normalise chez l'adulte HADA.

♦ C'est l'agressivité qui guide la référence en clinique spécialisée. Les troubles des conduites sont plus fréquents chez les garçons HADA, et l'association troubles des conduites et HADA constituerait un sous-type particulier d'HADA avec une histoire familiale de personnalité antisociale.

◆ Les filles HADA présentent un moindre écart d'inattention et d'hyperactivité relativement aux filles normales que celui retrouvé chez les garçons. Une fille HADA sera donc plus difficile à distinguer d'une fille normale, alors qu'un garçon HADA se démarquera plus facilement d'un garçon normal. Les filles HADA en milieu scolaire sont plus souvent du sous-type inattentif et donc moins dérangeantes et moins remarquées.

◆ En présence de facteurs d'adversité psychosociale, les filles HADA développent plus de comorbidité psychiatrique, et les garçons HADA, plus de dysfonctions intellectuelles exécutives. Ceci est à considérer tant en prévention qu'au plan du traitement: choisira-t-on une psychothérapie, un programme de développement des habiletés sociales ; visera-t-on la gestion du stress, l'organisation du travail ou la gestion du temps?

◆ L'HADA avec comorbidité est associée à un risque élevé de tabagisme en bas âge et de toxicomanie à l'adolescence, et l'HADA sans comorbidité, à un risque de toxicomanie en début d'âge adulte.

Avec le développement des neurosciences, il est possible que ce que nous reconnaissons sous le vocable HADA soit rapporté dans l'avenir à des fonctions cognitives exécutives définies de façon plus spécifique. Ce raffinement diagnostique n'aura cependant d'utilité clinique que si nos outils pharmacologiques et cognitivo-comportementaux deviennent plus spécifiques et leur action mieux connue.❖

ADHD (Attention Deficit with Hyperactivity Disorder) affects 5% of children and 1% to 3% of adults. Why is it that boys are overrepresented in childhood and that the male - female ratio normalizes by adulthood? Do we miss the diagnosis in girls? The authors review the recent literature on the subject of gender differences in ADHD and discuss diagnosis, comorbidity and treatment at different ages. In their results, the authors note that whereas hyperactivity appears to be more common in the younger age groups, inattention predominates with increasing age. Both genders suffer from the same triad of symptoms (hyperactivity, attention deficit and impulsivity) but these may differ in intensity. The higher prevalence of boys in specialized clinics may be due to conduct disorders which are more disturbing and visible. Impulsivity may manifest as a problem for females during adolescence and is perhaps correlated with a decreased cerebral blood flow, unique to this gender during puberty. ADHD girls found in community samples are predominantly of the inattentive subtype and potentially less disturbing and thus less frequently referred for treatment. Families of ADHD boys and girls are similar in that they display the same range of ADHD subtypes and distribution of comorbidity as found in the ADHD patients themselves. These families have more ADHD, comorbidities, and environmental risk factors than the general population. Whereas adverse family conditions lead to a deterioration in the boys'executive functioning and IQ, they lead to increased psychiatric comorbidity in girls (e.g. affective, anxiety and conduct disorders). ADHD girls become sexually active at an earlier age than non-ADHD girls, whereas ADHD boys become sexually active at a later age than non-ADHD boys. Pregnancy rates and substance abuse rates are higher in ADHD teenage girls than normal adolescent girls. Additionally, children born to these teens suffer a greater incidence of genetic abnormalities linked to a greater number of medical and obstetrical complications of pregnancy in adolescents, and to the mother's substance use, impulsivity and diminished parental abilities. Treatment is the same for individuals of both genders suffering from ADHD with equivalent comorbidity.

Références

Arnold EL. Sex Differences in ADHD: NIMH Conference Summary (Nov 16-17 1994) *J Abn Ch Psychol* 1996;24(5):1996.

Barkley RA. Hyperactive Girls and Boys: Stimuant drug effects on mother-child interactions. *J Ch Psychol and Psychiat* 1989;30:379-390.

Baumgaertel, Wolraich, et al. Comparaison of diagnostic criteria for ADHD in a German elementary school sample. *J Am Acad Child Adolesc Psychiat* 1995;34:629-638

Biederman, Milberger. Family-environment Risk Factors for Attention-Deficit Hyperactivity Disorder. A test for Rutter's Indicators of Adversity. *Arch Gen Psychiat* 1995;52:464-470.

Biederman, Wilens, Faraone, et al. *Substance use disorder (SUD) in children with attention deficit hyperactivity disorder* (ADHD). Scientific proceedings of the 44th annual meeting, AACAP, 1997.

Biederman J, Faraone S, et al. *Results of large case controlled study of girls with ADHD.* Scientific proceedings of the 44th annual meeting, AACAP, 1997.

Biederman J, Wilens & al (1997) Is ADHD a Risk Factor for Psychoactive Substance Use Disorders? Findings From a Four-Year Prospective Follow-up Study. *J Am Acad Adolesc Psychiat* 1997;36(1):21-29.

Corkum, Beig, Moldofsky, Tannock. *Comorbidity: the potential link between attention-deficit/hyperactivity disorder (ADHD) and sleep problems.* Scientific proceedings of the 44th annual meeting, AACAP, 1997.

Faraone S, Biederman J, & al. Genetic heterogeneity in attention deficit hyperactivity disorderm gender, psychiatric comorbidity and maternal ADHD. *J Abnormal Psychol* 1995;104:334-345

Faraone S, Biederman J, et al. A prospective 4 year follow-up study of children at risk for ADHD: Psychiatric, Neurological, and psychosocial outcome. *J Am Acad child Adolesc Psychiat* 1996;35(11):1449-1459.

Faraone S, Biederman J. et al. Attention deficit disorder and conduct disorder: longitudinal evidence for a familial subtype. *Psychol Med* 1997;27(2):291-300.

Faraone S, Biederman J. *Familial transmission of attention-deficit/ hyperactivity disorder and comorbid disorders.* Scientific proceedings of the 44th annual meeting, AACAP, 1997.

Faraone S, Biederman J. et al. Psychiatric, Neuropsychological, and Psychosocial Features of DSM-1V subtypes of Attention-Deficit/Hyperactivity disorder: Results from a clinically referred Sample. *J Am Acad Ch Adolesc Psychiat*

1998;37(2) :185-193.

Gaub Miranda BA, Carlson CL. Behavioral Characteristics of DSM-1V ADHD subtypes in a school-based population. *J Abn Child Psychol* 1997 ;25:103-111.

Gaub Miranda BA, Carlson CL. Gender Differences in ADHD: A meta-Analysis and Critical Review (18 studies meeting inclusion criteria). *J Am Acad Ch Adolesc Psychiat* 1997 ; 36:8.

Greene, Biederman, Faraone. Adolescent Outcome of Boys With Attention-Deficit/Hyperactivity disoerder ans Social Disability: Results From a 4 year Longitudinal Follow-up Study. *J Couns and Clin Psychol* 1997;65(5):758-767.

Greene *Social impairment in girls with attention/deficit/hyperactivity disorder.* Scientific proceedings of the 44th annual meeting, AACAP, 1997.

Lahey BB, Pracentin JC, McBurnett K, et al. Psychopathology in the parent of children with conduct disorder and hyperactivity. *J Am Acad Ch Adolesc Psychiat* 1988;27:163-170

Lahey BB, Applegate B, MCBurne M, et al. DSM-1V field trials for ADHD in children and adolescents. *Am J. Psychiat* 1994;151:1673-1685

Milberger. *Impact of adversity on functioning and comorbidity in girls with ADHD.* Scientific proceedings of the 44th annual meeting, AACAP, 1997.

Milberger, Biederman J, Faraone S, et al. *Associations between ADHD and psychoactive substance use disorders: findings from high risk siblings of ADHD children.* Scientific proceedings of the 44th annual meeting, AACAP, 1997.

Milberger, Biederman, Faraone, Jones. *Nicotine and ADHD: New findings in probands and their high-risk siblings.* Scientific proceedings of the 44th annual meeting, AACAP, 1997.

Mitsis, Mckay, Shulz, et al. *Parent-teacher concordance on structured interview for disruptive behavior disorders.* Scientific proceedings of the 44th annual meeting, AACAP, 1997.

Nolan, Gadow, Sprafkin, Volpe. *Developmental changes and gender differences in inattention and hyperactivity-impulsivity.* Scientific proceedings of the 44th annual meeting AACAP, 1997.

Pelham WE, Walter J, et al. Comparative effects of methylphenidate on ADD girls and ADD boys. *J Am Acad Ch Adolesc Psychiat* 1989;28:773-776.

Seidman, Biederman J, Faraone S, et al. Toward defining a neurolopsychology of children and deficit-hyperactivity disorder: performance of children and adolescents from a large clinically referred sample. *J Couns Clin Psychol* 1997;65(1):150-160.

Seidman, Biederman J, Faraone S, et al. A pilot study of neuropsychological function in girls with ADHD. *J Am Acad Ch Adolesc Psychiat* 1997;36(3):366-373.

Seidman, Biederman J, Faraone S, et al. *Neuropsychological findings in ADHD children: findings from a sample of high-risk siblings.* Scientific proceedings of the 44th annual meeting, AACAP, 1997.

Sharp, Walter, Marsh, Rapoport, Castellanos. *Comparison between girls and boys with ADHD: a controlled study.* Scientific proceedings of the 44th annual meeting, AACAP, 1997.

Tannock R. Attention Deficit Hyperactivity Disorder: Advances in Cognitive, Neurobiological, and Genetic Research. *J Ch Psychol Psychiat* 1998;39(1)65-99.

Welner Z, et al. A controlled study of siblings of hyperactive children. *J Nerv Ment Dis* 1997;165:110-117.

Wolraich H, et al, Comparison of diagnostic criteria dor attention-deficit hyperactivity disorder in a county-wide sample. *J Am Acad Ch Adolesc Psychiat* 1996;35:319-324.

Zametkin AJ, Nordahl TE, Cohen RM, et al. Cerebral glucose metabolism in adults with hyperactivity of childhood onset. *New England J Med* 1990; 323:1361-1366.

Zametkin AJ, Liebenauer, et al. Brain metabolism in teenagers with attention deficit hyperactivity disorder. *Arch Gen Psychiat* 1993;50(5):333-340.

237

La violence dans les relations amoureuses entre adolescents : *une expérience d'intervention auprès de jeunes mères*

CHANTAL HAMEL
JOSETTE CÔTÉ

Chantal HAMEL a un baccalauréat en psychologie de l'UQAM et elle a complété sa scolarité de maîtrise en travail social à l'Université de Montréal. Elle est formatrice en violence sur les relations amoureuses des jeunes et auteure du guide de formation du ROCAJQ *«Une belle claque d'amour».*

Josette COTÉ a un baccalauréat en droit et Barreau du Québec et est intervenante au Bureau de consultation jeunesse Villeray et animatrice du groupe d'intervention avec les jeunes mères.

Adresse :
410, de Lagauchetière est
Montréal (Québec) H2L 2M5

L a violence dans les relations amoureuses entre adolescents est un phénomène courant auquel chercheurs et praticiens s'intéressent de plus en plus. Des activités de prévention et d'intervention ont été développées et plusieurs intervenants expérimentent diverses approches avec les jeunes pour aborder ce problème. Cet article rend compte d'une intervention effectuée au sein d'un groupe de jeunes mères fréquentant un organisme jeunesse. Nous ferons en premier lieu un tour d'horizon de la problématique de la violence dans les relations amoureuses entre jeunes que nous compléterons en présentant les modalités d'intervention offertes actuellement. L'expérience d'intervention réalisée auprès d'un groupe de mères sera décrite en commentant son déroulement et les résultats obtenus. Nous dégagerons en dernier lieu certains constats émergeant de cette intervention.

La problématique

Des études auprès des jeunes révèlent qu'un couple d'adolescents sur cinq connaît des problèmes de violence dans ses relations intimes et que deux tiers des adolescents ont été témoins directement de

La violence dans les relations amoureuses des jeunes est un sujet qui intéresse de plus en plus les praticiens et les chercheurs, alors qu'elle touche en moyenne un couple d'adolescents sur cinq. Les auteures présentent les résultats d'une intervention portant sur cette problématique, effectuée auprès d'un groupe de jeunes mères au Bureau de consultation jeunesse Villeray. Elles décrivent d'abord l'ampleur du phénomène, la dynamique de la violence et ses conséquences puis elles discutent les modèles causals de même que les motifs et causes sous-jacents à la violence tels que les perçoivent les jeunes eux-mêmes. Elles font ensuite état des deux rencontres tenues avec le groupe de jeunes mères, la première ayant pour thème le contrôle, et la seconde, l'espace de négociation dans le couple. Des constats relatifs à la problématique et à l'intervention émergeant de cette expérience sont finalement présentés.

violence ou en ont entendu parler (Lavoie et al., 1993; Robitaille, 1991; Sugarman et Hotaling, 1989; Litch Mercer, 1988). Plus spécifiquement et selon les populations à l'étude et les instruments utilisés, on retrouve de 17% à 35% de violence psychologique dans les couples adolescents (Litch Mercer, 1988; O'Keefe, Brockopp et Chew, 1986), de 11% à 27% de violence physique (Litch Mercer, 1988; O'Keefe et al., 1986; Henton et al., 1983), de 20% à 33% de violence sexuelle (Litch Mercer, 1988; Tessier, 1985; Ageton, 1983).

Chez les jeunes, les formes de violence psychologique, physique et sexuelle peuvent être les mêmes que celles retrouvées chez les adultes. Les commentaires désobligeants sur l'apparence physique et les rumeurs sont très fréquents à l'adolescence (Robitaille et Lavoie, 1992). Ces dernières portent sur des faits intimes que l'on révèle sur l'autre personne après la séparation et qui peuvent être vrais, exagérés ou faux. Dans une revue de la littérature, Sugarman et Hotaling (1989) remarquent que les actes graves de violence physique sont moins fréquents (étouffer, menacer ou utiliser une arme) que les actes mineurs (pousser, donner une claque). Il faut noter que ces derniers peuvent aussi instaurer un climat de contrôle et de peur. Quant à la violence sexuelle, les données indiquent que les jeunes hommes utilisent la consommation d'alcool et de drogues, les arguments et pressions continus plutôt que la force et les menaces pour avoir une relation sexuelle avec une fille (DeKeseredy et Kelly, 1993). Nous pensons que la dénonciation de certaines formes de violence physique et sexuelle a pu amener les jeunes à utiliser des moyens plus subtils pour arriver à obtenir des faveurs sexuelles.

Même si les jeunes filles manifestent elles aussi des comportements violents, elles sont davantage victimes que les garçons, principalement quand les formes de violence deviennent plus fréquentes tout en s'aggravant (Santé et Bien-être social Canada, 1995; DeKeseredy, 1988). En ce qui concerne le fait d'être mère, il semble que les recherches sur la violence dans les relations amoureuses n'explorent pas encore cette dimension de manière spécifique. Les études menées auprès des femmes adultes indiquent que la grossesse constitue un des éléments déclencheurs de la violence au sein des couples (Fédération de ressources d'hébergement pour femmes violentées et en difficulté du Québec, 1992).

__La dynamique de la violence et ses conséquences__ Il peut être difficile pour les jeunes d'identifier les comportements violents et de poser des actions pour y remédier. Premièrement, plusieurs comportements violents psychologiquement tels que le contrôle sur l'apparence vestimentaire et les sorties apparaissent lors de situations où se manifeste de la jalousie. Alors que la jalousie constitue souvent la porte d'entrée à un ensemble de comportements violents, de 25% à 33% des jeunes perçoivent cette attitude comme une preuve d'amour (Sugarman et Hotaling, 1989; Henton et al., 1984). En second lieu, les adolescents, tout comme les adultes, peuvent vivre des relations marquées par le cycle et l'escalade de la violence. Le cycle de la violence se caractérise par des périodes de tension, d'agression, d'invalidation et de rémission (Prud'homme, 1990). L'escalade signifie que le cycle se répète de plus en plus souvent alors que les formes de violence vont en s'intensifiant.

Plusieurs conséquences négatives apparaissent lorsque l'on vit une relation empreinte de violence (Billette et al., 1994; Prud'homme, 1990). L'adolescente prise dans une telle relation est ambivalente face à ce qui lui arrive et à ce qu'elle ressent. Elle déteste un garçon qui est violent et aime celui qu'elle a connu au début de la relation et qui est encore très gentil parfois en offrant pardon et cadeaux. Elle pense qu'elle doit changer des comportements qui semblent provoquer la violence et/ou elle croit que lui va changer car il le lui a promis. Elle a peur de laisser son ami par suite des menaces d'agression ou de suicide si elle le quitte. Elle se sent impuissante car la relation ne s'améliore pas mais, au contraire, s'aggrave. Parallèlement, elle s'aime de moins en moins, perd confiance en elle et en ses capacités de s'en sortir, ressent des émotions telles que la peine, la honte, la colère, la culpabilité, l'anxiété. Ces émotions peuvent se manifester par des crises de larmes fréquentes, des cauchemars, des problèmes psychosomatiques, une variation dans les comportements habituels à l'école, avec la famille et les ami-e-s et une consommation d'alcool ou de drogues qui augmente.

De son côté, il arrive que l'agresseur regrette, éprouve de la honte ou se sente coupable à la suite de l'agression, mais très souvent, ces sentiments disparaissent, une fois la crise passée. Parallèlement, il a tendance à minimiser, justifier et même nier ses actes violents tout en rejetant la responsabilité sur son amie. Par contre, lorsqu'il franchit l'étape de s'octroyer la responsabilité de ses gestes, son estime de soi et le respect qu'il a de lui-même s'en trouvent affectés. En général, on retrouve ces éléments inhérents à la dynamique de la violence conjugale lorsque les jeunes se fréquentent depuis un certain temps et que le niveau d'intimité dans le couple est plus grand.

Les causes de la violence

Lavoie et Robitaille (1991) présentent trois grands modèles causals expliquant la violence dans les relations amoureuses. Ils mentionnent d'abord le modèle intergénérationnel qui ne peut à lui seul expliquer le phénomène. Avoir été témoin de violence conjugale augmente les probabilités de violence dans son propre couple, mais plusieurs jeunes témoins ne deviennent pas pour autant agresseurs ou victimes. De plus, les relations entre la mère et le père sont tributaires de valeurs véhiculées au sein d'un cadre social plus large que la famille. Ces auteurs font ensuite référence aux facteurs individuels tels que la personnalité délinquante, la folie, une faible estime de soi, une mauvaise perception des événements. Pour une grande part, ce modèle, en mettant l'accent sur les caractéristiques individuelles, a contribué à masquer la dimension sociale du problème.

Un dernier modèle relève de facteurs sociaux tels que le processus de socialisation, différent pour les garçons et les filles, générant du sexisme et des attentes disproportionnées envers l'autre. Les vidéos, musiques, publicités, bandes dessinées, revues ou films pornographiques, romans «roses» fortement consommés par les jeunes privilégient des attitudes et comportements très stéréotypés pour chacun des sexes. La plupart du temps, les garçons endossent un rôle actif, dominateur et agressif tandis que les filles jouent un rôle de passivité, de douceur et de séduction. Enfin, Lavoie et Robitaille (1991) mentionnent les facteurs précipitants tels que l'alcool, la drogue, le stress et la grossesse. Ces facteurs ne causent pas directement la violence mais ils enlèvent l'inhibition ou fournissent des excuses à de tels agissements.

Le modèle des facteurs sociaux a suscité une nouvelle analyse de la violence dans les relations amoureuses, en la présentant comme une prise de contrôle d'une personne sur une autre, en l'occurrence de l'homme sur la femme (Prud'homme, 1990). Cette conception vient en opposition avec la conception traditionnelle de perte de contrôle, supportée par le modèle des facteurs individuels (personnalité délinquante et folie). Comme le dit Lovell (1995, cité dans Christen, 1998, p.99) *si le maître et l'esclave sont interdépendants, ils ne sont pas égaux*; la violence dans les relations amoureuses s'inscrit dans les rapports de domination entre les hommes et les femmes qui sont le fruit d'une longue tradition historique. Il est intéressant de voir que les jeunes disent que les garçons agressent pour dominer et intimider l'autre et que les filles le font pour des raisons d'autodéfense et de vengeance (Gagné, 1993). Le modèle des facteurs sociaux a fait ressortir les valeurs et préjugés qui faisaient en sorte de blâmer la femme pour la violence subie tout en diminuant la responsabilité de l'homme. Deux études non généralisables, dont une montréalaise, montrent que les garçons sont plus tolérants que les filles à la violence dans le couple et ont plus tendance à blâmer les filles pour la violence (Hird, 1994; Litch Mercer, 1988). Ce modèle inclut aussi l'influence du groupe de pairs qui est très importante chez les jeunes. DeKeseredy (1988) révèle que le groupe d'amis peut appuyer ou encourager les comportements violents chez des jeunes adultes agresseurs. L'importance accordée par les amies et reconnue socialement au fait d'avoir un amoureux peut encourager la victime à demeurer dans une relation violente (Litch Mercer, 1988).

Croire que la victime participe à sa victimisation peut mener au piège de tenir la victime responsable de la violence qui est exercée par l'autre. Cela suppose aussi que chacun part égal au sein de la relation de couple, ce qui n'est pas le cas. Découlant du modèle des facteurs sociaux et de la dynamique de la violence, plusieurs éléments interagissent et contribuent au fait que la victime reste dans une relation violente. Mentionnons les principales catégories : facteurs reliés à la dynamique de la violence (alternance des périodes de tensions et d'amour, victime qui se croit responsable, peur des représailles), à ses impacts (perte de confiance en soi), à la perception du rôle de chacun dans le couple (désir de réussir à vaincre la violence pour vivre une relation idyllique, désir d'aider l'ami à s'en sortir), à la famille (apprentissage de ce modèle de relation, victime d'abus), facteurs personnels (peur de la solitude) et sociaux (socialisation contribuant à l'acceptation de comportements abusifs chez le partenaire ou vision de l'amour romantique qui finit par tout vaincre) (Hamel, 1997). Enfin, certains facteurs sont liés à la période de l'adolescence, telle la pression à se conformer aux normes du groupe de pairs et celle d'avoir des relations amoureuses à cette période de la vie.

La perception des jeunes sur les motifs et les causes de la violence Chez les jeunes, la jalousie, la colère, l'alcool et des avances sexuelles refusées sont les motifs cités pour expliquer la violence dans le couple (Gagné, 1993; Sugarman et Hotaling, 1989). Les jeunes ayant participé aux ateliers de prise de parole *Une belle claque d'amour* expliquent la violence par des raisons comme : il est stressé, il a bu, il est fou, il a de la misère à communiquer, il a été battu quand il était jeune, etc. (Hamel, 1997). Il existe une difficulté à différencier les éléments qui augmentent les risques d'utiliser de la violence dans une relation amoureuse de ceux qui peuvent l'expliquer. Ces jeunes relient davantage la violence dans les relations amoureuses à un problème de communication plutôt qu'à un problème de répartition du pouvoir au sein du couple. Ils lient aussi ce problème à la banalisation de la violence dans la société et non aux autres formes de violence que subissent les femmes depuis longtemps (viol, discrimination sociale, mutilation des organes génitaux, etc.). Finalement, quelques jeunes voient la violence au sein du couple comme étant une prise de contrôle sur l'autre, rejoignant en cela le modèle des facteurs sociaux. De façon générale, les témoignages des jeunes démontrent qu'il est nécessaire de continuer les activités de sensibilisation sur cette problématique.

Portrait sommaire des modalités d'intervention existantes

Alors qu'il existe de plus en plus de programmes de prévention, les ressources d'intervention spécifiques pour les jeunes aux prises avec de la violence dans leurs relations amoureuses semblent moins nombreuses. Lavoie, Mercier et Piché (1991) ont recensé vingt et un programmes de prévention. Au Québec, le programme *VIRAJ* a été développé pour prévenir ce phénomène chez les jeunes (Lavoie et al., 1993). Il est destiné aux élèves de troisième et quatrième année du secondaire mais peut être adapté à d'autres groupes d'âge.

Au Québec, quelques interventions de groupe pour adolescents agresseurs dans leur famille, à l'école et dans leurs relations amoureuses sont offertes au sein d'organismes pour hommes violents ou pour les jeunes (Hamel, 1997). Elles ont comme objectif l'arrêt des comportements violents. Leurs approches varient et intègrent des éléments des approches féministe, behaviorale et psychanalytique. La plupart du temps, les adolescents s'y engagent sur une base volontaire. Quelques interventions de groupe pour les filles victimes ont été effectuées (Hamel, 1995; Entraide Jeunesse Québec, 1992), dont une de nature préventive (Guérin, 1997). L'une d'entre elles, effectuée dans une école, était un groupe de type structuré comportant des objectifs, des thèmes et des activités prédéterminés pouvant être modifiés selon les besoins et les réactions du groupe. Elle était principalement basée sur les interventions de groupe auprès des femmes victimes de violence conjugale. La seconde, effectuée dans un organisme communautaire jeunesse, était de type groupe d'entraide. Les objectifs étaient similaires: offrir un lieu de soutien et de parole pour exprimer ce que l'on vit et développer des habiletés afin d'abaisser le seuil de tolérance à la violence. L'intervention de nature préventive auprès de jeunes filles placées en centre de réadaptation visait la sensibilisation et la conscientisation à la violence au cours des fréquentations.

D'autre part, il est possible que le sujet de la violence dans les relations amoureuses soit abordé dans le cadre de l'intervention individuelle ou d'une intervention de groupe développée pour répondre à d'autres besoins. C'est le cas du groupe d'intervention auprès de jeunes mères au Bureau de consultation jeunesse (BCJ) Villeray. Nous allons présenter l'intervention effectuée sur ce sujet avec les participantes de ce groupe en situant d'abord l'émergence du problème puis en décrivant les rencontres et les résultats obtenus.

L'expérience d'intervention auprès de jeunes mères

Le groupe de jeunes mères se veut un lieu d'échange et d'entraide. Les objectifs sont de briser l'isolement, d'améliorer les conditions de vie, de développer les habiletés parentales et de favoriser l'expression d'une sexualité responsable. L'approche utilisée vise à créer un espace pour que les mères expriment leur vision et leurs besoins tout en participant au développement et à l'organisation du groupe. Il s'agit d'un groupe ouvert où de nouvelles mères peuvent continuellement être intégrées.

L'émergence du problème Le thème de la violence dans les
au sein du groupe relations amoureuses s'est manifesté lors d'une consultation auprès des jeunes mères visant à établir leur profil socio-économique. Fidèle à l'idéologie de l'organisme axée sur la promotion de l'autonomie des jeunes, cet exercice s'est effectué avec et par les jeunes. Le but consistait à ouvrir la discussion sur l'image qu'elles avaient d'elles-mêmes et de les encourager à témoigner de leur propre vécu et de celui des jeunes de leur entourage. La grille servant à réaliser le profil comportait une section sur les relations amoureuses, avec une question spécifique sur la violence.

Une fois les concepts de violence bien expliqués (violences verbale, psychologique et physique), il a été facile aux jeunes mères de faire le lien entre leur vécu et ces concepts. Au cours de la discussion, en général sous forme d'interrogations quant à la violence subie, elles mentionnaient divers faits issus de leur relation avec le père de l'enfant tels que : *«moi, quand il ne voulait pas que je sorte et m'enfermait ?»*, *«moi, quand il me disait constamment que j'étais nulle?»*, *«quand il ne voulait pas que je vois mes amies ?»* Toutes exprimaient des faits pouvant être reliés à une forme ou une autre de violence et s'entendaient pour dire que plusieurs filles de leur entourage vivaient cette même réalité. Ainsi, à travers l'ensemble des préoccupations, c'est la violence dans les relations amoureuses qui a émergé de façon significative et qui, de ce fait, a retenu l'attention des intervenants.

Devant ce constat, l'équipe n'a eu d'autre choix que de revoir ses objectifs d'intervention, notamment celui sur la sexualité préventive. Aborder cette question sans tenir compte du contexte de violence dans lequel évoluent les mères devenait inadéquat. Compte tenu de son ampleur, l'approche allait devoir tenir compte de cette réalité qui n'avait pas été nommée jusqu'à maintenant.

L'intervention[1]

Le Bureau de consultation jeunesse Villeray (BCJ) a défini l'orientation des rencontres en se basant sur la perspective féministe, issu du modèle des facteurs sociaux, qui correspond aux principes d'intervention en vigueur au sein de l'organisme. Les documents consultés, soit le guide de formation Une belle claque d'amour du ROCAJQ (Hamel, 1997) et le guide d'animation VIRAJ (Lavoie et al., 1993) offraient une définition de la violence qui correspond à l'analyse du BCJ, où l'on place le contrôle au coeur des situations de violence.

C'est donc sous l'angle de la prise de contrôle, par opposition à la perte de contrôle, que la démarche avec les jeunes mères a été entreprise. Les outils de prévention ont été adaptés afin d'être le plus près possible de leur réalité, et cela, dans un contexte d'intervention de groupe. Les objectifs étaient de poursuivre la prise de conscience collective entamée lors de l'atelier sur le profil socio-économique, de situer cette violence dans un contexte social et de discuter des moyens possibles d'agir sur cette réalité. L'équipe d'intervention a planifié une première rencontre, avec la possibilité d'en effectuer d'autres en fonction des réactions et du contenu apportés par les participantes. À ce jour, deux rencontres d'une durée de deux heures ont eu lieu, animées par deux intervenantes et un intervenant. Dix jeunes mères âgées de 16 à 22 ans ont participé à chacune des rencontres, et certaines d'entre elles ont assisté aux deux rencontres. Pour la majorité, le père de l'enfant est celui qui est violent ou qui l'a été dans le passé. La moitié des participantes vivent une relation amoureuse avec le père de l'enfant, d'autres continuent à avoir des contacts avec lui, alors que d'autres vivent seules tout en ayant connu une succession de relations.

Première rencontre : La discussion de groupe fut
le contrôle amorcée à l'aide du vidéo *Comment mettre des ailes sur un ange*

(Welsh, 1996), document qui se veut l'aboutissement d'une réflexion sur la notion de contrôle. Cet outil, porteur d'une série de symboles, est particulièrement intéressant pour le travail avec les jeunes puisqu'il fait appel à l'imaginaire. Les animatrices invitaient les jeunes à donner leurs interprétations des symboles présents dans le film.

Cet exercice a permis d'aborder la question du contrôle à partir de situations quotidiennes variées inspirées par le vidéo. Certains préjugés face à la violence ont pu être ouvertement discutés. Par exemple, lorsqu'une participante a affirmé que la violence de son conjoint pouvait se justifier par son origine culturelle, les autres participantes ont vivement réagi en rétorquant que leur compagnon était de culture différente et qu'il était aussi violent. Elles ont pu réaliser que cette réalité transcende toutes les cultures et s'inscrit plutôt dans la difficulté des rapports hommes/femmes. Même si le vidéo ouvrait la porte aux formes de contrôle utilisées autant par les filles que par les garçons, le fait que ces jeunes mères puissent avoir des attitudes et des comportements violents n'est pas ressorti durant les échanges. Ce n'est pas une réalité qui correspond à leur vécu.

En terme de résultats, plusieurs participantes ont été en mesure d'identifier les attitudes de contrôle de leur conjoint et de reconnaître la violence de ces attitudes. Certaines ont soulevé la possibilité de vivre une relation autrement, en demandant par exemple *«Ca existe-tu, des gars corrects ?»* et *«si ça existe, on dirait qu'ils ne sont pas pour nous autres»*. D'autres ont exposé leur stratégie pour éviter la confrontation : *«Je vois mes amies en cachette»* et *«Je ne lui dis pas qu'il y aura des garçons à telle soirée»*. Certaines d'entre elles trouvaient normale la situation de violence. D'autres se demandaient comment l'atténuer un peu en trouvant les moyens pour y mettre fin et pour changer les comportements de leur partenaire; elles disaient que cette responsabilité relevait d'elles. L'équipe d'intervention décida alors d'orienter la deuxième rencontre sur l'espace de négociation dans le couple.

Deuxième rencontre: s'approprier un espace de négociation Pour la deuxième rencontre, en s'inspirant des situations relatées par les participantes et du guide d'animation VIRAJ, les intervenantes ont créé deux saynètes qui présentent une situation du quotidien suscitant du contrôle de la part du conjoint. L'objectif était d'aborder des thèmes comme l'espace de négociation, les conséquences des réponses d'affirmation ou de soumission apportées dans ces circonstances, les peurs et le respect. Les saynètes servaient de base à un échange où chacune était invitée à raconter sa propre réaction vis-à-vis d'une expérience similaire à celle décrite dans la scène.

En termes de résultats, cette activité a favorisé la discussion sur des aspects quotidiens de la violence. Les participantes se sont reconnues dans les scènes: *«Moi aussi, mon chum ne me laisse pas décider de nos sorties»*, *«Moi aussi mon chum passe son temps à mépriser mes amies»*, *«Moi aussi, il me fait du chantage et je ne peux pas faire autrement que de faire ce qu'il veut»*, *«J'ai peur qu'il se fâche et que ça soit pire si je ne lui donne pas raison»*. De plus, les participantes ont dégagé différentes visions de ce que pourrait être une relation amoureuse harmonieuse et respectueuse ainsi que des réponses possibles face à des situations de contrôle et de violence telles que *«Je peux lui dire d'aller se promener et sortir quand même voir mon amie»*, *«Je peux arrêter de toujours attendre après lui pour faire quelque chose»*, *«Si on ne s'affirme pas, ça va continuer et on dirait que ça va de pire en pire»*, *«Faut qu'on arrête de vivre ça mais c'est dur parce qu'on l'aime et on dirait que face à face, on plie tout l'temps»*.

De façon générale, les participantes ont pris conscience qu'elles ne sont pas seules à vivre cette violence. Cela leur a permis de briser le silence et de tisser des liens de solidarité à propos d'un aspect intime de leur vie. Elles parlent maintenant entre elles de leurs relations amoureuses et ont des échanges informels à chaque rencontre sur les stratégies qu'elles ont déployées dans un conflit survenu avec leur amoureux. L'une d'entre elle a porté plainte contre son conjoint. D'autres continuent d'assister aux rencontres du groupe et s'encouragent entre elles à y revenir, malgré l'opposition du conjoint.

Les intervenantes comptent encourager les participantes à organiser d'autres rencontres sur le sujet en construisant et jouant elles-mêmes les saynètes. Ceci permettra d'approfondir certains aspects comme l'espace de négociation, la place de chacun dans le couple et le sentiment de responsabilité, tout en maintenant une action de sensibilisation pour les nouvelles participantes du groupe. De plus, il est maintenant possible d'intervenir plus fréquemment parce que les mères parlent de situations de violence survenant dans leurs relations amoureuses lors d'échanges informels entre elles.

Constats émergeant de l'intervention

Certaines constatations ont émergé de l'expérience d'intervention sur la violence dans les relations amoureuses avec les jeunes mères. Le premier groupe de constats a trait à la problématique: il s'agit du sentiment de responsabilité, de la considération de ses propres besoins et du rôle de l'abuseur en tant que père. Le second groupe a trait à l'intervention: il s'agit du rôle de l'intervenant masculin et des comportements aidants auprès des jeunes mères.

Le sentiment de responsabilité, la capacité de répondre à ses besoins et la place du père dans les échanges

Malgré les retombées positives chez les participantes, il semble que parler de leur situation et rechercher des solutions au problème engendrent aussi chez elles un sentiment de responsabilité. Celles qui ne sont plus dans une relation empreinte de violence se jugent sévèrement d'avoir enduré ça si longtemps, tandis que les autres se sentent mal de ne pas vivre une belle relation amoureuse. Ainsi, les participantes ressentent une certaine culpabilité entraînée par l'écart perçu entre ce qu'elles réussissent à faire et ce qu'elles voudraient faire. Les intervenants ont travaillé à faire ressortir la subtilité des comportements utilisés par le partenaire pour maintenir la dépendance et le contrôle. Ceci a permis aux jeunes mères de constater qu'elles n'ont pas toujours le choix et qu'en fait, elles sont souvent limitées par un ami qui s'arrange pour qu'elles n'aient pas le choix, en faisant du chantage ou en étant fermé à la négociation dans le couple. Voulant *«réussir leur couple»*, elles persistent à s'attribuer la responsabilité de changer le conjoint ou de trouver des solutions de rechange.

D'autre part, les intervenants constatent que les mères du groupe ont tendance à répondre aux besoins de leur partenaire avant de répondre à leurs propres besoins. Elles veulent une relation de qualité et pensent que c'est à elles de tout faire pour y parvenir. Elles donnent la priorité au bien-être du partenaire avant le leur en déniant la violence subie. Il s'avère nécessaire de travailler au niveau de leur estime de soi en leur envoyant des messages pour renforcer leurs attitudes à s'occuper d'elles et à ne pas oublier leurs besoins au profit de ceux de leur ami.

En ce qui concerne le père comme abuseur, les participantes ont peu abordé le fait que l'ami violent soit aussi le père de leurs enfants. La discussion était centrée sur leurs rapports avec ce dernier en tant que conjoint ou ami de coeur et non sur le fait d'avoir un enfant avec lui et sur le rôle de chacun dans cette situation. À travers les échanges, les intervenants ont pu toutefois constater que pour certaines d'entre elles, être mère leur a permis de quitter plus facilement leur ami. L'enfant devenait leur centre d'intérêt, remplaçant en cela leur amoureux. D'autres restent avec le père car celui-ci procure à la famille une meilleure situation économique ou parce qu'elles se croient incapables de se trouver un nouvel ami, justement parce qu'elles ont un enfant. L'attachement, la peur du changement et de la solitude, et la croyance que les gars corrects ne sont pas pour elles sont d'autres éléments qui influencent la décision de rester avec leur ami.

La question des enfants n'a pas été abordée lors des rencontres et les mères en ont parlé de manière informelle seulement. C'est souvent lorsque le bien-être de l'enfant est menacé que les mères justifient les actes qu'elles ont posés ou qu'elles envisagent de poser à l'encontre de la violence, tels que quitter le conjoint ou porter plainte. Le bien-être de l'enfant est menacé lorsque la mère est agressée devant l'enfant, lorsqu'elle est enceinte ou lorsque l'enfant est agressé. À l'inverse, d'autres pardonnent parce qu'il est un bon père et qu'il n'y a pas de violence lorsque les enfants sont présents. Compte tenu que les mères du groupe ont tendance à s'oublier au profit du conjoint et que cela conduit à l'acceptation de la violence, il était essentiel de les centrer sur elles-mêmes, sur leur vécu de femme, avant d'aborder la relation mère-enfant.

Les interventions aidantes et le rôle de l'intervenant masculin

L'équipe d'animation a observé que certaines interventions semblent avoir été aidantes auprès des participantes. Dans un premier temps, le lien établi entre les concepts de violence et le vécu quotidien des participantes a permis à ces dernières de prendre conscience de la violence. Également, cela leur a permis de parler des conséquences et sentiments qui en découlent. Une fois ce lien établi, les intervenantes questionnaient l'expression de tels attitudes et comportements violents de la part de leur amoureux. Cela normalisait les sentiments de colère, de tristesse et d'ambivalence qu'elles pouvaient ressentir et remettait en question le sens habituel donné à ces agissements. À partir des saynètes, les participantes ont pu trouver des réponses différentes et plus affirmatives aux situations de contrôle subies. Cela leur a permis de travailler sur l'appropriation d'un espace de négociation dans le couple.

D'autre part, la présence de l'intervenant masculin a permis d'aborder concrètement d'autres modèles de relations amoureuses. Il est intéressant de constater que les participantes le testaient souvent avec des questions comme «*Si ta femme sort, est-ce que t'es jaloux?*» ou «*Qui fait le ménage chez vous ?*» et l'utilisaient comme point de comparaison avec leur propre conjoint. À partir de ses réponses et de son intervention en général, les participantes ont pu voir qu'il y a des garçons qui pensent différemment de leur conjoint, qui rejettent la violence dans les relations amoureuses et qui sont prêts à vivre des relations respectueuses et égalitaires. Par contre, l'équipe d'animation pense qu'il est plus difficile pour les participantes de parler de sexualité et de violence sexuelle en présence de l'intervenant masculin. Il est probable que ces aspects seront abordés avec une équipe d'animation composée de femmes seulement.

Sommairement, il importe de donner aux jeunes mères un lieu de support afin qu'elles puissent 1) identifier les formes de violence qu'elles subissent et reconnaître la gravité des conséquences, surtout au niveau de l'application du contrôle dans leurs relations quotidiennes avec leur amoureux; 2) s'exprimer sur les sentiments rattachés à ce vécu et 3) trouver les moyens d'y mettre un terme en travaillant sur leur estime et leur affirmation de soi.

Conclusion

Les recherches nous permettent de constater que la violence dans les relations amoureuses est présente au sein des couples de jeunes. Même si certains aspects de la problématique ne sont pas encore documentés dans la littérature, les intervenants jeunesse se rendent compte de l'importance du problème et des conséquences qui y sont rattachées. L'émergence des programmes de prévention et, dans une moindre mesure, des programmes d'intervention témoigne de cette préoccupation. Au Bureau de consultation jeunesse Villeray, les jeunes mères ont révélé leur intérêt à parler de ce sujet et à trouver des solutions pour modifier leur situation. Cette expérience d'intervention démontre l'importance de relier le vécu quotidien de la personne victime aux différents concepts de violence, de prendre position en envoyant un message clair à l'effet que la violence est inacceptable, de faire comprendre que l'agresseur est responsable des gestes posés, quoi qu'il en dise, de démystifier le sentiment de responsabilité en rapport avec les rôles de chacun dans le couple et les gestes posés de part et d'autre, et enfin d'inciter la personne victime à prendre soin d'elle et de renforcer sa valeur personnelle. Il est aussi nécessaire de faire naître l'espoir chez la victime de s'en sortir et de vivre par la suite d'autres relations sans violence.❖

Violence in dating relationships between adolescents is a new subject of interest for clinicians and researchers. Twenty per cent of young couples are concerned by this situation. This article presents an intervention specifically designed to address this problem in a group of young mothers at the Bureau de consultation jeunesse Villeray. First the authors review the problem's frequency, the dynamics of violence and its consequences. They also look at causes and adolescents' perceptions of this problem. They discuss two group sessions, one focusing on the control and the other, on the negociation process in the young couple with resulting changes in the dynamics. Some elements resulting from this experience are also presented.

Note

1 L'intervention a été développée par France Doyon, Josette Côté, Sophie Vézina et Alerte Avril du Bureau de consultation jeunesse.

Références

Ageton SS. *Sexual assault among adolescents*. Toronto: Lexington Books, 1983.

Billette V, Cooper N, Gosselin A, Miville-Deschênes C, Rock Leclerc S. *VIRAJ : Programme de prévention de la violence dans les relations amoureuses des jeunes*. Session de perfectionnement du personnel scolaire. Gouvernement du Québec, ministère de l'Éducation, 1994.

Christen M. De la participation des victimes à leur victimisation. *Thérapie familiale* 1997 ; 18(2): 99-107.

DeKeseredy WS. Woman abuse in dating relationships: the role of male peer support. Toronto: Canadian Scholars' Press, 1988.

DeKeseredy W, Kelly K. The incidence and prevalence of woman abuse in canadian university and college dating relationships. *Canadian Journal of Sociology/Cahiers canadiens de sociologie* 1993; 18(2): 138-159.

Entraide Jeunesse Québec. Le trèfle à quatre feuilles. Document non publié, Québec: Entraide Jeunesse Québec, 1992.

Fédération de ressources d'hébergement pour femmes violentées et en difficulté du Québec. *La violence enfante la violence*, Montréal: Éditions Fédératon de ressources d'hébergement pour femmes violentées et en difficulté du Québec, 1992.

Gagné MH. *Perception de la fréquence et des causes de la violence dans les relations* amoureuses des adolescent(e)s. Mémoire de maîtrise, Université Laval, 1993.

Guérin O. Expérimentation d'un programme de prévention auprès d'une clientèle féminine en difficulté d'adaptation. Essai de maîtrise, Université Laval, 1997.

Hamel C. Une belle claque d'amour. Guide de formation sur la violence dans les relations amoureuses des jeunes. À l'intention des intervenants et des intervenantes jeunesse. Montréal: Regroupement des organismes communautaires jeunesse autonome du Québec (ROCAJQ), 1997.

Hamel C. Contrer les effets de la violence dans les relations amoureuses des adolescentes: un projet-pilote. Communication présentée au 63e Congrès annuel de l'Association canadienne-française pour l'avancement des sciences, Chicoutimi, Qc, 1995.

Henton J, Cate R, Koval J, Lloyd S, Christopher S. Romance and violence in dating relationships. Journal of Family Issues 1983; 4(3): 467-482.

Hird MJ. Adolescent dating violence: an empirical study. Intervention 1994; 100: 60-69.

Lavoie F, Robitaille L. La violence dans les relations intimes des jeunes. Formation destinée aux bénévoles de services d'écoute téléphonique. Québec: Université Laval, GREMF (Groupe de recherche multidisciplinaire féministe), 1991.

Lavoie F, Mercier N, Piché C. Recension des programmes de prévention de la violence dans les relations amoureuses des jeunes. Apprentissage et Socialisation 1991; 14(3): 179-192.

Lavoie F, Vézina L, Gosselin A, Robitaille L. VIRAJ : Programme de prévention de la violence dans les relations amoureuses des jeunes. Animation en classe. Gouvernement du Québec, ministère de l'Éducation, 1993.

Litch Mercer S. Not a pretty picture: an exploratory study of violence against women in high school relationships. Resources for Feminsit Research/Documentation sur la recherche 1988; 17: 15-23.

O'Keefe NK, Brockopp K, Chew E. Teen dating violence. Social Work 1986; 31(6): 465-468.

Prud'homme D. La violence conjugale... c'est quoi au juste? Regroupement provincial des maisons d'hébergement et de transition pour les femmes victimes de violence conjugale, 1990.

Robitaille L. Les relations de couples des jeunes et la violence dans ce contexte: Étude exploratoire. Mémoire de maîtrise, Université Laval, 1991.

Robitaille L, Lavoie F. Le point de vue des adolescent-e-s sur les relations amoureuses : étude qualitative. Revue québécoise de psychologie 1992; 13(3): 65-89.

Santé et Bien-être social Canada. La violence dans les fréquentations. Renseignement du Centre national d'information sur la violence dans la famille, Santé et Bien-être social Canada, 1995.

Sugarman DB, Hotaling GT. Dating violence: prevalence, context, and risk markers. In: Pirog-Good MA., Stets JE. (eds.) Violence in dating relationship: emerging social issues. New York: Praeger, 1989: 3-30.

Tessier M. Adolescence et sexualité: les enjeux de la prévention. Santé mentale au Québec 1984; 9(2): 64-73, 1984.

Welsh C. Comment les ailes sont attachées au dos des anges. Vidéo. Office national du film du Canada, 1996.

Léon Spilliaert, *Petites filles en bas blanc*, 1912

Différences et similitudes entre les sexes :
qu'en disent les recherches ?

Louise **COSSETTE**

L a question des différences psychologiques entre les sexes a suscité au cours des siècles un intérêt considérable. D'Aristote à John Stuart Mill et Sigmund Freud, on a abondamment écrit sur le sujet. Mais ce n'est que très récemment que des chercheurs et chercheures ont entrepris une véritable investigation scientifique de la différenciation psychologique des sexes. Nous en ferons ici un bref survol en nous arrêtant à deux des grandes questions qui ont marqué le domaine au cours des dernières décennies: la question de l'ampleur des différences psychologiques entre les sexes et celle de leur origine.

Si ces questions ont retenu autant d'attention c'est, bien sûr, à cause de leur caractère fondamental mais aussi à cause de l'importance de leurs implications sociales, politiques et personnelles. Par exemple, doit-on assigner aux femmes et aux hommes des rôles différents? Est-il justifié de confier aux hommes la majorité des postes décisionnels et aux femmes le soin et l'éducation des enfants? Et, à propos d'éducation, comment doit-on éduquer nos filles et nos garçons? Quel impact les rôles sexuels traditionnels ont-ils sur la santé mentale des hommes et des femmes? Les implications ne sont pas banales d'où, sans doute, les vives controverses qui ont marqué et continuent de marquer tout ce champ de recherche.

Différences sexuelles et différences individuelles

Lorsque l'on examine l'ensemble des très nombreux travaux réalisés au cours des dernières décennies sur les comportements et les caractéristiques psychologiques des femmes et des hommes, ce

L'auteure a un doctorat en psychologie et elle enseigne au Département de psychologie de l'Université du Québec à Montréal.

P.R.I.S.M.E., été 1998, vol. 8, no 2, 255-260

qui frappe d'emblée, c'est moins l'ampleur des différences entre les sexes que l'importance des différences individuelles. Les différences psychologiques entre les sexes sont loin d'être aussi nombreuses et aussi marquées qu'on se plaît souvent à le croire. En outre, lorsqu'il y a différence, les variations à l'intérieur des groupes sexuels sont généralement plus marquées que les différences inter-groupes, ce qui a amené nombre de chercheures et chercheurs à conclure que la variable sexe est un mauvais prédicteur des comportements individuels (Favreau, 1993; Hyde et Ashby Plant, 1995; Plomin et Foch, 1981).

L'importance des variations individuelles s'accompagne d'un autre phénomène: les divergences de résultats. Il arrive souvent que les résultats d'une recherche s'opposent carrément à ceux d'une autre étude, ce qui rend bien difficile la tâche des pauvres chercheurs. Mais, malgré l'ampleur des variations individuelles et les divergences de résultats, il existe entre les sexes quelques différences bien documentées. Nous mentionnerons les plus importantes, et les plus étudiées. Les hommes et les garçons se montrent, en général, plus agressifs que les femmes et les filles, bien que, dans certains contextes, celles-ci le soient tout autant (Bettencourt et Miller, 1996; Björkqvist et Niemelä, 1992; Fedigan, 1982; Frodi, Macaulay et Thome, 1977; Hyde, 1984). Les garçons et les hommes réussissent mieux certaines tâches visuo-spatiales et mathématiques alors que les filles et les femmes obtiennent de meilleurs résultats dans certaines tâches verbales (Caplan et Caplan, 1994; Caplan, MacPherson et Tobin, 1985; Hyde, 1981; Hyde, Fennema et Lamon, 1990; Hyde et Linn, 1988). Ces différences n'apparaissent toutefois pas dans toutes les populations et chez tous les groupes d'âges. On trouve aussi quelques différences sexuelles dans l'expression des émotions et le niveau d'activité motrice, de même que dans la façon dont les hommes et les femmes se perçoivent et perçoivent leurs compétences (Brody et Hall, 1993; Eaton et Enns, 1986; Lips, 1997). Enfin, des différences sexuelles apparaissent dans l'incidence de certaines psychopathologies, notamment, la dépression, les troubles de l'alimentation, la toxicomanie, l'alcoolisme et certains troubles de la personnalité (Kessler et al., 1994).

Mais, compte tenu de l'ampleur des différences individuelles, même les différences bien documentées sont relativement modestes. Dans la plupart des cas, lorsqu'une différence sexuelle est statistiquement significative, le facteur sexe n'expliquerait que de 1% à 5% de la variance totale dans la population. Il y a quelques exceptions. Par exemple, en ce qui a trait à la pratique de la masturbation, plus fréquente chez les hommes et l'une des différences sexuelles les plus marquées, le facteur sexe expliquerait près de 20% de la variance pour l'ensemble de la population (Oliver et Hyde, 1993). Ce pourcentage varie, toutefois, selon l'âge: il est plus faible chez les populations plus jeunes, ce qui laisse supposer, outre l'impact possible de l'âge, un effet de cohorte. D'ailleurs, les études réalisées depuis les dernières décennies montrent que, dans l'ensemble, les différences entre les sexes se sont atténuées au cours des années. Il faut, enfin, souligner que la majorité des données dont nous disposons proviennent de sociétés occidentales, surtout des États-Unis, et de populations blanches, de niveau socio-économique moyen, ce qui en limite, évidemment, la généralisation.

À propos de l'origine des différences psychologiques entre les sexes

L'absence de différences psychologiques marquées entre les sexes peut surprendre lorsque l'on constate que, malgré quelques changements, les rôles sociaux dévolus aux femmes et aux hommes demeurent bien différents. Par exemple, le soin et l'éducation des enfants reviennent encore largement aux femmes et, bien que la majorité d'entre elles, du moins dans les sociétés occidentales, occupent maintenant un emploi rémunéré, il existe encore d'importantes différences dans le type d'emploi qu'occupent les hommes et les femmes. De même, si dans la plupart des sociétés occidentales l'on tend de plus en plus à offrir aux filles et aux garçons une éducation semblable, on trouve encore des différences dans les modèles qui leur sont proposés ainsi que dans les pratiques éducatives des parents et des enseignants et enseignantes à leur endroit (Block, 1983; Lips, 1997; Lytton et Romney, 1991; Pomerleau, Bolduc, Malcuit et Cossette, 1990). Mais, ici encore, les différences individuelles sont considérables. En ce qui a trait aux pratiques éducatives des parents, par exemple, certaines sont fortement stéréotypées, d'autres le sont très peu, ce qui pourrait, en partie, expliquer les variations notées dans les comportements des enfants.

Ces considérations laissent croire que l'environnement dans lequel évoluent les hommes et les femmes jouerait un rôle important dans la différenciation psychologique des sexes. Pourtant, on a eu plutôt tendance dans le passé à attribuer ces différences à des facteurs biologiques: les organes reproducteurs, les structures cérébrales, les hormones, les gènes, etc.. Ainsi, selon les conceptions traditionnelles, les femmes, ayant la capacité de procréer, possèdent naturellement et davantage que les hommes toutes les qualités requises pour accomplir leur rôle de mère: sensibilité et attention aux besoins des autres, empathie et altruisme (Shields, 1984). Les recherches empiriques n'ont pu confirmer de telles assertions (Caplan et Caplan, 1994; Eisenberg et Fabes, 1998; Lips, 1997). La capacité de procréer n'aurait donc pas sur la psyché humaine l'impact déterminant qu'on lui a prêté, et qu'on lui prête encore parfois.

Par ailleurs, beaucoup soutiennent encore que la présence de niveaux élevés d'androgènes et, plus particulièrement, de testostérone chez les hommes expliquerait leur plus grande agressivité. Pourtant, les études réalisées jusqu'à maintenant présentent des résultats si équivoques qu'il n'est pas possible de conclure que l'agressivité chez l'humain est d'abord fonction du niveau de testostérone (Adams, 1992; Benton, 1992; Fedigan, 1982). Et, encore ici, la seule présence de différences individuelles marquées à l'intérieur des groupes sexuels - certains hommes sont très peu agressifs et certaines femmes le sont beaucoup - indique bien que d'autres facteurs sont en jeu. D'ailleurs, toute la question des rapports entre hormones et comportements s'avère beaucoup plus complexe que ne le laissaient entrevoir les premiers travaux. Par exemple, bien que l'on ait surtout insisté sur l'influence des hormones sur les comportements, de nombreuses études ont montré que la production des hormones sexuelles est elle-même influencée par une multitude de facteurs. On sait, entre autres, que la production hormonale peut varier selon les niveaux de stress. Aussi, perdre un match de tennis ou son statut de dominant ou, encore, être privé d'activité sexuelle peut entraîner une chute du niveau de testostérone. Outre ces variations intra-individuelles, diverses études ont montré, une fois de plus, d'importantes variations inter-individuelles dans les niveaux de testostérone sanguin. Enfin, les relations entre les niveaux d'agressivité et les niveaux de testostérone sanguin semblent elles-mêmes varier d'un individu à l'autre (voir, entre autres, Benton, 1992; Ehrhardt, 1985; Fedigan, 1982).

Une autre question qui a récemment soulevé bien des passions est celle de l'origine des différences dans les habiletés intellectuelles des hommes et des femmes. Il faut rappeler à ce propos qu'il était encore largement admis dans la communauté scientifique, il y a moins d'un siècle, que les capacités intellectuelles des femmes étaient nettement inférieures à celles des hommes (Shields, 1975). On a bien fini par se raviser pour admettre que les écarts notés auparavant étaient liés à la faible scolarisation des femmes plutôt qu'à un problème dans la constitution et le fonctionnement de leur cerveau. Les quelques différences observées récemment dans les habiletés visuo-spatiales, mathématiques et verbales des femmes et des hommes ont relancé tout le débat sur le fonctionnement de leur cerveau. Toutefois, malgré les efforts déployés au cours des dernières années, les chercheures et chercheurs ne sont pas parvenus à identifier de différences sexuelles claires à ce niveau. Par exemple, les travaux sur la latéralisation cérébrale, dont on a fait grand bruit, n'ont pas produit de résultats concluants (Efron, 1990).

Tout cela n'empêche pas la publication de nombreux ouvrages, souvent fort populaires d'ailleurs, qui nous expliquent que si les hommes et les femmes se comportent différemment, c'est que leurs cerveaux fonctionnent de façon différente. Quoiqu'il en soit, l'hypothèse voulant que les différences psychologiques entre les sexes relèvent de différences dans les structures et le fonctionnement du cerveau comporte un sérieux problème. Comme l'ont montré de nombreux travaux, les structures et le fonctionnement du cerveau et de tout le système nerveux dépendent tout autant des apprentissages et des expériences antérieures que des gènes. À ce propos, une étude récente de Breedlove (1997) a montré que la taille de certains neurones de la moelle épinière chez des rats mâles dépend de leurs activités sexuelles. On sait aussi qu'il existe des différences importantes dans la configuration des circonvolutions corticales de jumeaux monozygotes (Auroux, 1998).

Il ne faut tout de même pas en conclure que les facteurs biologiques, ou plus proprement génétiques, n'interviennent pas dans la différenciation psychologique des sexes, même si leur rôle n'est pas aussi déterminant que ce que l'on a longtemps cru. En fait, il en est des différences psychologiques entre les sexes comme des autres phénomènes psychologiques: les recherches tendent de plus en plus à montrer qu'il n'existe pas de déterminisme génétique rigide (voir, entre autres, Rutter et Plomin, 1998, dans un numéro spécial de *La Recherche* consacré à cette question). En outre, la multiplicité des interactions entre facteurs génétiques et environnementaux rend fort difficile l'évaluation de leurs impacts respectifs. Mais, les travaux se poursuivent et nous parviendrons sans doute à mieux saisir toute la complexité du processus de différenciation psychologique des sexes.❖

Références

Adams D. Biology does not make men more aggressive. In : Björkvist K, Niemelä P. (eds.) *Of mice and women: Aspects of female aggression*. San Diego, CA: Academic Press, 1992 :17-25.

Auroux M. Deux jumeaux ont-ils le même cerveau? *La Recherche* 1998;311 : 77-79.

Benton D. Hormones and human aggression. In K. BjÖrkvist & P. Niemelä (Eds.). *Of mice and women: Aspects of female aggression*. San Diego, CA: Academic Press, 1992:37-48.

Bettencourt BA, Miller N. (1996). Gender differences in aggression as a function of provocation: A meta-analysis, *Psychological Bulletin* 1992; 119(3), 422-447.

Björkqvist K, Niemelä P. *Of mice and women: Aspects of female aggression*. San Diego, CA: Academic Press, 1992.

Block J. Differential premises arising from differential socialization of the sexes: Some conjectures. *Child Development* 1983; 54, 1335-1354.

Breedlove M. Sex on the brain. *Nature* 1997;389, 6653, p.801.

Brody LR, Hall JA. Gender and emotions. In : Lewis M, Haviland JM. (eds.) *Handbook of emotions*. New York, NY: Guilford Press, 1993;447-460.

Caplan PJ, Caplan JB. *Thinking critically about research on sex and gender*. New York, NY: Harper Collins, 1994.

Caplan PJ, MacPherson GM, Tobin PG. Do sex-related differences in spatial abilities exist? A multilevel critique with new data. *American Psychologist* 1985; 40(7) : 786-799.

Eaton WO, Enns LR. Sex differences in motor motor activity level. *Psychological Bulletin* 1986; 100(1) : 19-28.

Efron R. The decline and fall of hemispheric specialization. Hillsdale, NJ: Erlbaum, 1990.

Ehrhardt AA. The psychobiology of gender. In : Rossi AS. (ed.) *Gender and the life course*. New York, NY: Aldine, 1985.

Eisenberg N, Fabes RA. Prosocial development. In : Damon W.(Series ed.), Eisenberg N. (Vol. ed.), *Handbook of child psychology: Vol. 3. Social, emotional, and personality development*. New York, NY: Wiley, 1998.

Favreau OE. Do the Ns justify the means? Null hypothesis testing applied to sex and other differences. *Canadian Psychology* 1993; 34(1) : 64-78.

Fedigan LM. *Primate paradigms: Sex roles and social bonds*. Montréal: Eden Press, 1982.

Frodi A, Macaulay J, Thome PR. Are women always less aggressive than men? A review of the experimental literature. *Psychological Bulletin* 1977; 84 : 634-660.

Hyde JS. How large are gender differences in aggression? A developmental meta-analysis. *Developmental Psychology* 1984; 20, 722-736.

Hyde JS. How large are cognitive gender differences? A meta-analysis using w2 and d. *American Psychologist* 1981;36 : 892-901.

Hyde JS, Ashby Plant E. Magnitude of psychological gender differences: Another side to the story. *American Psychologist* 1995; 50(3) : 159-161.

Hyde JS, Fennema E, Lamon SJ. Gender differences in mathematics performance: A meta-analysis. *Psychological Bulletin* 1990; 107(2) : 139-155.

Hyde JS, Linn MC. Gender differences in verbal ability: A meta-analysis. *Psychological Bulletin*, 1988;104(1) : 53-69.

Kessler RC, McGonagle KA, Zhao S, Nelson CP, Hugues M, Eshleman S, Wittchen HU, Kendler KS. Lifetime and 12-month prevalence of DSM-III-R psychiatric disorders in the United States: Results from the National Comorbidity Survey. *Archives of General Psychiatry* 1994; 51 : 8-19.

Lips HM. Sex and gender: An introduction. Mountain View, CA: Mayfield, 1997.

Lytton H, Romney DM.Parents' differential socialization of boys and girls: A meta-analysis. *Psychological Bulletin* 1991; 109(2), 267-296.

Oliver MB, Hyde JS. Gender differences in sexuality: A meta-analysis. *Psychological Bulletin* 1993; 114(1), 29-51.

Plomin R, Foch T. Sex differences and individual differences. *Child Developpement* 1981; 52 : 383-385.

Pomerleau A, Bolduc D, Malcuit G, Cossette L. Pink or blue: Environmental gender stereotypes in the first two years of life. *Sex Roles* 1990; 22(5/6) :359-367.

Rutter M, Plomin R. Petit catalogue des idées reçues. *La Recherche* 1998; 311 : 54-56.

Shields SA. "To pet, coddle, and 'do for'"; Caretaking and the concept of maternal instinct. In : M. Lewin (ed.) *In the shadow of the past: Psychology portrays the sexes*. New York, NY: Columbia University Press, 1984 :256-273.

Shields SA. Functionalism, Darwinism, and the psychology of women: A study of social myth. *American Psychologist* 1975; 30 : 739-754.

Giorgio de Chirico, *L'incertitude du poète*, 1913.

In memoriam

C'est avec un immense regret que nous avons appris la mort de Danielle Laporte, décédée en mai dernier à la suite d'une longue lutte contre la maladie.

En plus de poursuivre pendant de nombreuses années une carrière remarquable en qualité de psychologue au Département de psychiatrie de l'hôpital Sainte-Justine, Danielle a fait partie du noyau de collaborateurs qui ont participé à la naissance de la revue en 1990. Elle a eu l'idée de la Chronique Inter-Services qu'elle a animée avec Nicole Gendron de 1990 à 1992 et qui visait à faire connaître des initiatives nouvelles et inspirantes et à mettre en relief l'action d'intervenants de tous les milieux.

Auteure prolifique, elle savait partager ses connaissances dans une écriture vivante et toujours proche de ses lecteurs. Plusieurs de ses livres ont été publiés par les soins du Service des publications de l'Hôpital Sainte-Justine; mentionnons notamment les trois ouvrages de la série «Du côté des enfants» ainsi que les Guides destinés aux parents et traitant de l'estime de soi chez les enfants et les adolescents. Soulignons, enfin, que Danielle a poursuivi son travail de vulgarisation au cours de toutes ces années en donnant d'innombrables conférences et en collaborant régulièrement aux revues Magazine Enfants Québec et Coup de pouce.

Nous offrons à sa famille et à ses proches nos plus sincères condoléances.

La Rédaction

Le brouillage des genres

Quel plaisir périlleux que d'écrire un texte impressionniste pour une revue à saveur scientifique ! L'exercice exige un certain culot, vous en conviendrez. Ou alors serait-ce que ceux qui m'ont invitée ont fait preuve d'audace ?

Qu'importe, c'est une occasion que je ne pouvais rater. Et je ne me contenterai pas d'étaler un chapelet de statistiques ou de citer une myriade de recherches qui témoignent des hauts et des bas de la vie des filles et des garçons. Non. Je vais plutôt tenter de vous entraîner sur un terrain tout en nuances: celui des changements sociaux qui ont eu des répercussions formidables dans la vie quotidienne des hommes et des femmes.

Il n'y a pas si longtemps, le fait d'être né fille ou garçon faisait toute une différence dans l'accueil du nouveau-né. Le Québec de la première moitié de ce siècle était profondément traditionnel et religieux. Il a été documenté par exemple que la venue d'un garçon comme premier enfant répondait au désir de bien des familles puisqu'il offrait une valeur monnayable supérieure à celle d'une fille. Ainsi, il représentait une main-d'œuvre supplémentaire pour les durs travaux de la ferme, alors que le bébé fille promettait des bras de plus pour cuisiner, coudre, prendre soin des nombreux petits frères et sœurs. Encore de nos jours le nombre effarant d'enfants chinoises abandonnées et confiées à l'adoption internationale rappelle durement le handicap d'être née fille.

L'auteure est présidente du Conseil du statut de la femme du Québec.

P.R.I.S.M.E., été 1998, vol. 8, no 2, 264-269

Le fait d'étudier à cette époque n'allait pas de soi comme maintenant - sauf pour les mieux nantis et particulièrement les hommes. Pourquoi les femmes devaient-elles s'instruire alors que leur destin était tracé d'avance ? Les hommes occupaient donc tout le champ respectable des professions libérales, alors que les quelques femmes qui avaient accès aux études supérieures se cantonnaient dans des occupations prolongeant leurs rôles de mère et d'épouse (garde-malade et maîtresse d'école, comme on disait à l'époque).

Puis est arrivée «la libération de la femme», dans la foulée d'événements marquants. De ce nombre la pilule, qui a permis un plus grand contrôle de la fertilité (fini, les bébés à la chaîne) et un profond bouleversement de la sexualité (je doute que ma grand-mère qui a mis au monde dix enfants ait connu une vie sexuelle très épanouissante...). La présence «obligée» des femmes dans les usines au moment de la Deuxième Guerre - les hommes étant mobilisés au front – est progressivement devenue un choix pour de nombreuses femmes qui ont pris d'assaut le marché du travail. Non seulement sont-elles devenues de vraies citoyennes en obtenant le droit de vote, mais elles ont réclamé de siéger comme députée puis d'occuper divers postes de pouvoir. Le mouvement des femmes a pris forme, ici et partout dans le monde, et il s'est structuré autour de grandes revendications de droits fondamentaux : l'accès aux études, l'autonomie économique, la conciliation travail-famille, le respect de l'intégrité du corps. Réclamés haut et fort sur la scène publique, tous ces changements ont profondément bousculé la sphère privée.

Une des convictions profondes du mouvement féministe est l'importance de la socialisation qui expliquerait les écarts entre les hommes et les femmes. Il y a bien sûr des différences indéniables entre les deux sexes, la plus importante étant sans doute la maternité souvent perçue comme le fondement des rôles parentaux et sociaux distincts. C'est d'ailleurs à partir principalement de cette différence que s'est construite toute une série de valeurs, de comportements et de stéréotypes établis selon le sexe. Ce réflexe identitaire s'appuie sur un système binaire qui a la vie dure: la femme, reine du foyer et l'homme pourvoyeur; l'une, douce et passive, investie par l'émotion, l'autre, volontaire et actif, tourné vers le rationnel. Comme si les deux genres conduisaient à une dualité masculine et féminine, un monde polarisé entre le rose pour elle et le bleu pour lui.

Ce n'est pas la différence ontologique entre les hommes et les femmes qui pose problème. Plutôt, c'est son corollaire communément et commodément admis - d'en avoir tiré des rapports d'inégalité ancrés dans des rôles figés - qui offusque les féministes. Et même si cette binarité tend à s'effriter grâce à la lutte des femmes, on doit reconnaître que les racines du mal sont profondément enfouies et qu'elles ont encore des ramifications. Ne croit-on pas encore qu'une femme qui exerce le pouvoir de manière volontaire est agressive, alors qu'on pensera de son collègue qu'il fait preuve d'une fermeté de bon aloi ? Et pourquoi les jeunes hommes expriment-ils leur désarroi par la délinquance et les filles par l'anorexie ? Pourquoi des femmes sont-elles encore congédiées de nos jours parce qu'elles sont enceintes ?

Bref, le mouvement féministe a contesté la conception de l'inné et de l'acquis. Simone de Beauvoir l'a exprimée de manière remarquée par sa célèbre phrase : «*On ne naît pas femme, on le devient*». Évidemment, avec le recul, on constate que de dé-par-tager ces deux concepts n'est pas chose simple et que la recherche scientifique n'a pas fini de nous en apprendre. Qu'est-ce qui tient au milieu familial ? Quelle place occupent les multiples autres influences qui échappent au milieu familial mais qui interviennent dans le développement de l'être humain ? Bien des mères et des pères, profondément convaincus de l'importance d'exposer leurs enfants à des modèles non traditionnels, ont tenté sans trop de succès d'offrir des camions de pompier à leurs filles et des poupées à leurs garçons. Je connais des mères féministes qui sont un tantinet déçues devant l'envie de leurs petites filles de robes à frou-frou et de vernis à ongles rose ! D'autres sont aussi surprises de voir le penchant qu'ont leurs garçons pour les jeux de guerre. Des enseignants et des enseignantes constatent avec un certain désarroi que les garçons se précipitent sur l'ordinateur alors que les filles ne témoignent qu'un vague intérêt pour cette machine.

Il reste que la fonction liée à la fécondité a bel et bien emprisonné les femmes dans des attentes et des rôles bien précis - soit dit en passant, cette catégorisation implicite a aussi piégé les hommes. Ainsi, on présume que les femmes sont disponibles sexuellement et en plus qu'elles possèdent par l'opération du Saint-Esprit une indéniable fibre maternelle. Comme si le maternage coulait de source avec le fait de donner naissance à un enfant. N'a-t-on pas tendance à chercher du côté de la mère pour comprendre le dérapage des enfants ? Les théories à ce sujet sont légion, notre ami Freud y ayant mis du sien également ! Ce n'est que depuis peu que l'on s'intéresse au rôle du père dans l'éducation des enfants (quand ce n'est pas à son absence tout court). On peut se demander dans quel genre de famille et même de société nous vivrions aujourd'hui si le rapport affectif avec les enfants avait été assumé autant par les hommes que par les femmes.

On peut également démontrer la dévalorisation du rôle maternel et, par ricochet, celui des femmes. Comment se fait-il que les éducatrices en garderie soient moins bien payées que les gardiens de zoo ? Je suis loin d'être la première à poser cette question. C'est que les emplois occupés majoritairement par les femmes, et qui sont en quelque sorte le prolongement de leur rôle «naturel» (infirmière ou secrétaire par exemple) ne sont pas des plus valorisés.

La psychiatrie n'a pas échappé à cette vision étroite de la réalité des femmes. Combien d'entre elles ont été marquées par une étiquette psychiatrique alors que leurs problèmes résultaient d'agressions sexuelles ? Combien ont été jugées dépressives alors qu'elles vivaient avec un mari violent ? Combien courent entre le travail, la garderie, le souper, le comité d'école et passent par la moulinette des jugements implacables de la psychiatrie alors qu'elles sont tout simplement seules et débordées ? On sait par exemple que les taux de détresse psychologique et de dépression sont supérieurs chez les femmes. Elles font aussi une utilisation des soins de santé différente de celle des hommes: elles consultent davantage et semblent plus sensibles aux symptômes alors qu'elles consomment plus de médicaments, en particulier les psychotropes. L'explication de ces différences réside tout autant, peut-être même davantage du côté des conditions de vie et des facteurs sociaux que de la nature biologique ou psychologique. En effet, la pauvreté, les conflits entre les rôles de mère et de travailleuse, la monoparentalité sont des facteurs que nous ne pouvons ignorer et qui peuvent rendre les femmes plus vulnérables aux problèmes de santé mentale. Même si, à cet égard, elles ne vivent en général pas plus de problèmes aigus que les hommes, les manifestations de détresse sont différentes chez elles.

C'est le cas pour les jeunes femmes dont le taux de détresse est plus élevé que chez les garçons. De plus, les comportements des filles sont davantage intériorisés (phobies, anxiété, troubles alimentaires notamment) alors que ceux des garçons sont davantage extériorisés (hyperactivité, agressivité ou encore troubles de comportement). Dans cette même veine, on commence à documenter le fait que les filles ont tendance à se blâmer pour leurs échecs scolaires, alors que les garçons les justifient par des motifs extérieurs. Évidemment, il est plus tentant d'agir sur les comportements visibles mais il faut faire attention de ne pas occulter la souffrance silencieuse des filles.

Malgré cette réalité un peu sombre, je suis profondément convaincue qu'une chose au moins est véritablement en train de changer. L'époque où le destin d'une femme était désespérément prévisible s'estompe tout doucement. Les portes sont beaucoup plus ouvertes pour les filles qui peuvent maintenant s'imaginer avocate, médecin, pompière ou informaticienne. Elles peuvent aussi être des amoureuses et des mères de famille. Même chose du côté des hommes qui échappent de plus en plus à la rigidité des catégories fondées sur le sexe. Car la révolution des rôles leur procure des bénéfices aussi. Ils ont davantage l'occasion d'être des pères différents, pour ne pas dire meilleurs, de ce que leurs propres pères ont été. Sans compter qu'ils ont plus de chances de mieux doser leurs énergies, notamment en installant un meilleur équilibre entre le travail et la vie familiale.

Évidemment, tout changement, même salutaire, entraîne son lot d'incertitudes. Bien des couples ont vu se creuser le fossé de leurs incompréhensions mutuelles. Si l'identité féminine a été ébranlée, celle des hommes l'a été tout autant, sinon plus. En cette fin de siècle bousculée par le brouillage des genres, on peut se demander comment accepter les différences sans tomber dans les travers du passé. Comment vivre sa vie de femme? Comme un calque de la vie des hommes? En se repliant dans le maternage? C'est probablement quelque part entre les deux extrêmes que se trouve la position la plus confortable.

Tout cela n'est pas si simple. Il reste que le flottement identitaire, même angoissant, est tout de même préférable à une seule voie étroite toute tracée d'avance. Pour les femmes, comme pour les hommes.❖

Ma vie en rose

« Ma vie en rose», premier film d'un jeune réalisateur belge, Alain Berliner, est un film à voir absolument.

C'est l'histoire d'un jeune garçon, Ludovic âgé de 8 ans, dernier d'une famille de 4 enfants, qui est convaincu depuis toujours qu'il est une fille et qu'il grandira pour devenir une femme et avoir des enfants. Sa famille, surtout sa mère, est très tolérante face à ses comportements. On lui permet de se maquiller, de s'habiller en fille, de jouer avec des poupées. Il refuse de se faire couper les cheveux, qu'il porte assez longs.

Puis promotion pour le père, déménagement de la famille, et l'histoire se complique. Le monde de Ludovic bascule. A l'école, on se moque de lui, de ses intérêts pour les poupées. Le voisinage ne comprend pas les comportements de l'enfant et la famille est vite isolée. Le drame survient dans cette famille : Ludovic devra devenir un petit garçon à tout prix.

C'est un film très touchant, sans excès, ni personnages caricaturés, d'une intensité dramatique très juste. On vit avec Ludovic toute sa perplexité, son désarroi, sa tristesse et finalement son désespoir. L'on s'identifie également à cette mère et à ce père, souffrants, qui réagissent différemment face aux événements qui se bousculent, et qui s'éloigneront temporairement l'un de l'autre. La mère si complice deviendra, sous le poids du stress, plus distante et incapable de saisir le désarroi de son fils. Le père pour sa part se rapprochera de Ludovic et sentira, sans le juger, que son dernier fils est différent et il l'acceptera.

Film bouleversant qui ne laissera personne indifférent. Je suis convaincue que vous n'oublierez pas le regard troublant, questionnant de Ludovic. Je ne peux me retenir de mentionner que le seul personnage du film qui m'est apparu mal représenté est celui de la psychologue: j'ai perçu un manque d'empathie, et regretté les explications simplistes de la symptomatologie de Ludovic, et le retrait thérapeutique prématuré face à la résistance de l'enfant.

Lorsqu'un enfant nous est amené en consultation pour un trouble d'identité, on doit bien sûr tenter de créer un lien thérapeutique avec l'enfant, respecter son rythme, mais il me semble essentiel dans cette démarche que la famille soit aidée. Les parents, les frères et sœurs souffrent à différents niveaux et nos interventions doivent viser à soulager, supporter et conseiller les personnes significatives auprès de l'enfant.

J'aimerais ajouter que le réalisateur a utilisé une technique intéressante pour nous faire voir le monde fantasmatique, les rêves de Ludovic. Tout au long du film apparaît un personnage féminin d'une émission de télévision, personnage auquel s'identifie le jeune garçon qui chante et danse comme ce personnage et qui a les mêmes rêves que lui.

Intéressante également est l'utilisation de la couleur. Premier déménagement, premier village : tout est beau, rose, bleu, blanc. Puis la marginalisation, l'isolement, la perte d'emploi du père, et la famille sera contrainte à un autre déménagement. Deuxième village : tout est gris, noir, blanc et triste. Chacun y vivra sa peine, sa colère mais c'est dans ce village que l'on se retrouvera.

Le film a également le mérite de ne pas être moralisateur et le réalisateur a choisi de nous permettre d'imaginer la fin du film et l'évolution de Ludovic.

Un excellent film.

Johanne Boivin
Psychiatre
Hôpital Sainte-Justine

La représentation de la femme thérapeute au cinéma

Judy VOGEL
Marcella EVAN-GRENIER

L'histoire du cinéma et l'histoire de la psychiatrie et de la psychanalyse ont en commun plusieurs traits. Ces deux domaines de
l'activité humaine qui se sont immédiatement montrés curieux et
ouverts l'un envers l'autre ont connu des débuts modestes dans les
années 1900. De même, dès leurs premières manifestations, ils ont
tous deux été considérés comme dangereux, immoraux et pouvant
corrompre les âmes innocentes. Les pionniers qui ont oeuvré dans
ces deux sphères furent en général des étrangers en marge du
milieu ou des gens appartenant à des groupes minoritaires. Après
un «Âge d'Or» de respectabilité, d'accomplissement intellectuel et
de popularité, l'un et l'autre commencèrent à décliner sous les
pressions de systèmes concurrents.

Il n'est donc pas surprenant que l'étude de l'esprit humain
ait été un thème souvent exploité par le cinéma et que, de son
côté, la psychiatrie se soit toujours intéressée à l'analyse de films
populaires, et moins populaires aussi bien. Irving Schneider a
beaucoup écrit sur la théorie et la pratique de la psychiatrie telle
qu'elle a été dépeinte dans les films. C'est ainsi qu'il propose une
typologie comprenant trois profils de thérapeutes représentés dans
les films et qu'il a baptisés comme suit: Dr Maboul (*Dr Dippy*), Dr
Malfaisant (*Dr Evil*) et Dr Merveilleux (*Dr Marvellous*). Dr Maboul
reflète la croyance que les thérapeutes sont aussi sinon plus fous
que leurs patients. Dr Malfaisant se caractérise par sa capacité à

Dr Judy Vogel est psychiatre et psychanalyste, et elle est directeure de la clinique externe de
pédopsychiatrie à l'Institut de psychiatrie communautaire et familiale de l'hôpital Sir Mortimer B.
Davis. Marcella Evan-Grenier est psychologue et psychanalyste en pratique privée.

contrôler la pensée, et fréquemment au moyen de médicaments ou d'électrochocs, et à utiliser son patient à des fins personnelles, souvent d'ailleurs criminelles. Dr Merveilleux se présente, pour sa part, comme un être compatissant, engagé, consciencieux, altruiste, modeste et profondément humain.

Schneider voit ces stéréotypes comme autant de tentatives pour contenir l'angoisse soulevée par une figure d'autorité, laquelle est perçue comme ayant le pouvoir de lire dans la pensée et de la contrôler. Schneider croyait au départ que ces stéréotypes s'appliquaient aussi bien aux thérapeutes masculins que féminins. Au cours des récentes années, plusieurs auteurs se sont arrêtés à la manière dont les femmes thérapeutes étaient représentées au cinéma et ils ont relevé certaines différences dans les caractéristiques et les rôles qui leur étaient donnés comparativement à leurs collègues masculins.

Selon Gabbard et Gabbard (1987), la plupart des femmes thérapeutes tombent dans les mêmes catégories que les psychiatres représentés dans les films en général, même si on ne les a jamais montrées sous un jour aussi idéal que leurs collègues masculins durant l'époque dorée qu'a connue la psychiatrie dans les films entre 1957 et 1963. Les femmes thérapeutes étaient dépeintes dans différents films comme incompétentes ou malfaisantes, mais aussi à l'occasion, comme merveilleuses bien que, dans ce dernier cas, il s'agissait habituellement d'une thérapeute engagée dans le traitement d'une autre femme.

Il existe cependant un autre stéréotype du thérapeute mais qui ne décrit, celui-là, que la femme thérapeute. Il s'agit d'un type qui traverse cinquante ans du cinéma américain et qui semble relativement intouché par les changements survenus dans la représentation des thérapeutes au cours de cette même période.

Cette image stéréotypée de la femme thérapeute se concentre sur trois aspects, soit la personnalité sous-jacente de la thérapeute, la manière dont elle conduit une thérapie, en particulier avec un patient masculin, et enfin, la place qu'elle occupe dans son cercle professionnel, en particulier vis-à-vis de son propre analyste et de ses superviseurs, tous invariablement masculins.

Il semble que même les thérapeutes féminins les mieux intentionnées représentées au cinéma souffrent d'une forme particulière de trouble psychiatrique, lequel se manifeste par des difficultés qui les empêchent de jouir de leur féminité et d'avoir une vie personnelle satisfaisante. Les symptômes de ce désordre ont été décrits par Gabbard et Gabbard dans leur livre *Psychiatry and the Cinema* et incluent les suivants:

1. une incapacité à soutenir une relation stable avec un homme

2. l'absence de plaisir dans ce que nous appellerions le «rôle domestique féminin normal» et d'épanouissement de sa propre féminité

3. l'utilisation de défenses obsessives-compulsives, en particulier l'isolation des affects

4. une vie entièrement consacrée à la pratique de la thérapie, ce choix de nature pathologique se substituant au manque de liens intimes dans sa vie et au rôle d'éducatrice de ses enfants.

Le traitement de ses troubles de personnalité, si l'on s'en remet aux mythes exposés dans ces films, consistera à tomber amoureuse d'un de ses patients, ce qui se présente souvent à première vue comme un choix inapproprié mais dont la valeur réelle est intuitivement perçue – tel que son cœur le pressent - par la femme analyste. Bien des choses sont remises en place une fois qu'elle a succombé à cet amour contre-transférentiel. *«Elle développe une conscience de son déni par rapport à son rôle domestique. Elle devient plus dépendante des hommes et accepte de tenir un rôle subordonné à celui de l'homme dans sa vie. Elle se met à prendre soin de son apparence extérieure. Elle accepte et intègre les composantes affectives et sexuelles liées à sa personne. Finalement, elle peut aussi décider qu'elle n'a plus besoin de son travail puisqu'elle a trouvé une pleine satisfaction dans sa vie avec un homme».*

Tous ces traits se retrouvent dans deux films mettant en scène une femme thérapeute, Dr Constance Peterson dans *Spellbound* (1945) et Dr Susan Lowenstein dans Le Prince des marées (version originale: *Prince of Tides*, 1995). En dépit des changements considérables qu'a connus notre société au cours des cinquante dernières années, dont une transformation du rôle des femmes, il existe des ressemblances frappantes dans les représentations de ces deux femmes thérapeutes.

Dans *Spellbound*, Dr Constance Peterson est une psychanalyste qui travaille avec des collègues masculins dans un hôpital psychiatrique d'orientation essentiellement psychodynamique. Extrêmement peu féminine dans son apparence avec ses cheveux sévèrement tirés en arrière, ses lunettes aux verres épais et ses habitudes de fumeuse, Dr Peterson tente dans ses travaux de recherche de comprendre le rapport entre les problèmes affectifs et les difficultés amoureuses. Il est clair qu'elle n'a jamais été en amour. L'un de ses prétendants éconduits reconnaît même qu'il est préférable, en raison de ses limites comme femme, qu'elle soit thérapeute.

L'histoire commence avec l'annonce de l'arrivée prochaine d'un nouveau directeur - Dr Edwards. A peine installé à l'hôpital, on apprend que le soi-disant Dr Edwards souffre d'amnésie. Il ne se souvient plus de son passé, alors qu'il est soupçonné de meurtre par la police, et qu'il croit lui-même avoir tué le vrai Dr Edwards. L'ayant rencontré à peine quelques instants, Dr Peterson est tombée amoureuse de lui, reconnaissant «avec son coeur» qu'il est innocent. Tout au long du film, elle utilisera ses connaissances de la psychanalyse pour le guérir, l'aidant à retrouver son passé et son identité, et ainsi prouver son innocence.

Même si elle avoue, d'ailleurs faiblement, que *l'amour n'a rien à voir avec ça»*, il est clair que l'amour a tout à faire avec ça. C'est ainsi qu'elle propose à son patient de le cacher et qu'elle cherche refuge avec lui dans la maison de son ancien analyste, Dr Alex Bruloff, qui tente de la prévenir des dangers de s'engager émotivement avec un patient. Bien que Bruloff ait été l'analyste de Peterson, il est clair qu'ils n'ont jamais dépassé le stade d'une relation Père-Fille. Il essaie de l'avertir que son jugement professionnel se trouve altéré par son «intuition féminine» l'assurant que son patient est innocent, mais il est évident que la sympathie du réalisateur et des spectateurs penche du côté de la femme amoureuse.

Ce film nous laisse avec un certain nombre d'idées sur ce qu'est cette thérapie et sur les thérapies en général. Mais plus important encore, nous sommes amenés à croire que le soudain engouement ou l'infatuation du Dr Peterson pour son patient est bénéfique à tous les deux, et qu'il ne s'agit pas d'une réaction contre-transférentielle mais bien d'un véritable amour. On suggère aussi qu'un thérapeute en amour avec son patient est plus efficace et motivé qu'un autre qui ne l'est pas, que la supervision est totalement impuissante à aider un thérapeute à faire face aux sentiments soulevés par un patient, et que les considérations éthiques sur les questions de distance et de frontières ne sont d'aucune pertinence ici et ne font qu'interférer avec la capacité du thérapeute à interagir spontanément et affectivement avec son patient.

Finalement, Dr Peterson parvient à aider son patient à recouvrer la mémoire et l'innocence du Dr Edwards est établie aux yeux de tous. Dans le même temps et du fait de sa relation amoureuse, Constance Peterson a découvert sa féminité et n'a plus besoin désormais de se cacher derrière son masque professionnel de psychanalyste.

❂❂❂

Cinquante ans après *Spellbound*, la représentation de la femme thérapeute semble avoir très peu changé. Dans *Le Prince des marées*, après une tentative de suicide commise par sa soeur, Tom Wingo se rend à New York consulter la psychiatre de sa soeur, Dr Susan Lowenstein. Lui se présente comme un homme malheureux, détaché de son passé et coupé de ses émotions, et elle, comme une professionnelle fébrile et affairée. A mesure que l'histoire se déroule, nous apprenons que Dr Lowenstein a connu un mariage malheureux et vit éloignée de son fils. En d'autres mots, sa carrière est florissante mais sa vie sexuelle et affective est en ruines.

Graduellement Tom retrouve ses souvenirs et, grâce à l'aide de son médecin, il reprend des forces et regagne la santé. Inévitablement Dr Lowenstein et Tom tombent amoureux l'un de l'autre et c'est maintenant lui qui «enseigne» à sa thérapeute et la soigne de son mal affectif et des privations sexuelles qu'elle a vécues. Ayant aussi développé une relation avec son fils, il lui apprend comment être une mère pour lui. A la fin du film, Susan Lowenstein est devenue une femme vulnérable et consciente de sa féminité, bien loin de l'image initiale projetée d'elle dans son rôle de thérapeute, et Tom apparaît rétabli et en contact avec ses émotions. Ce portrait est fidèle à la description donnée par Gabbard de la femme professionnelle sexuellement réprimée dont la vie émotionnelle est en lambeaux. Elle devient amoureuse, est guérie par son patient et perd finalement intérêt dans sa carrière qui était essentiellement une défense érigée contre la pauvreté de ses liens interpersonnels.

Ce type d'amour et de passage à l'acte contre-transférentiels est très fréquent dans le cinéma américain. Il est aussi courant entre les thérapeutes masculins et leurs patientes. Cependant, la quantité de films mettant en scène des femmes thérapeutes qui s'engagent dans une aventure sentimentale avec un de leurs patients dépasse de loin le nombre de films montrant le cas opposé. Dans toute l'histoire du cinéma hollywoodien, aucun film n'a jamais suggéré qu'une carrière d'analyste réussie et une vie personnelle satisfaisante pouvaient coexister chez une même femme.

De façon à comprendre ces représentations tendancieuses de femmes thérapeutes telles que projetées au cinéma, nous pensons qu'il faut partir de l'idée que les stéréotypes prêtés aux thérapeutes dans les films se sont développés à cause de l'angoisse largement répandue à propos du pouvoir que le thérapeute détient dans la vie de son patient. Au-delà des images de Dr Maboul, Dr Malfaisant et Dr Merveilleux, nous avons vu apparaître un stéréotype qui ne s'applique qu'aux femmes thérapeutes. Il semble que le pouvoir féminin soit particulièrement menaçant, en particulier pour les hommes. Encore ici, les Gabbard énoncent qu'*une femme dans le rôle d'analyste peut semer la terreur au coeur même de la psyché masculine*. La relation de dépendance qui se développe entre patient et thérapeute est très menaçante et risque de ramener à la relation primitive mère-enfant et faire resurgir des besoins que l'homme ou la femme a tenté de surmonter sa vie durant. En dévalorisant les femmes thérapeutes et en les montrant comme des femmes incomplètes et malheureuses qui ont seulement besoin du «bon homme» pour les amener à se sentir complètes, en d'autres mots, pour les guérir de leur psychopathologie, les créateurs de film et les spectateurs se rassurent sur le pouvoir féminin qui n'est alors plus à craindre.

Nous croyons que la raison pour laquelle les hommes et les femmes approuvent et aiment voir de telles représentations de femmes thérapeutes - qui s'inscrivent directement en faux contre la réalité – tient aux sentiments d'envie extrêmement puissante éveillés par une femme qui est reconnue comme indépendante et créative sur les plans intellectuel et sexuel. Une telle femme rappelle la mère omnipotente de la première enfance dont chacun a été complètement dépendant. Mélanie Klein (1946) a décrit l'envie suscitée par une figure maternelle pleine de bontés, perçue comme autonome mais aussi frustrante à certains moments. Le conflit réside entre le besoin et la dépendance liés à une telle mère, et le désir de la détruire parce qu'elle a ce que l'enfant n'a pas. Chasseguet-Smirgel (1983) et McDougall (1972) ont poursuivi en élaborant les défis auxquels l'enfant doit faire face en reconnaissant les différences entre lui ou elle et cette mère omnipotente, différences qui tiennent au sexe et à la génération.

La réaction la plus efficace devant ce conflit est de cliver les deux aspects de la femme - sa fonction maternante et sa créativité sexuelle, puisqu'il est intolérable qu'elle possède les deux. C'est ce qui arrive dans Le *Prince des marées* et dans *Spellbound*, où la thérapeute intellectuelle et maternante dans son bureau est séparée de la femme sexuée qui apparaît à l'extérieur. Deux lieux différents permettent de présenter deux aspects distincts de la femme. Soin et maternage sont clivés de la créativité génitale et mis ainsi à l'abri de l'envie destructrice. Lorsque la femme thérapeute découvre sa sexualité, elle le fait grâce à un homme. Cependant et presque simultanément, son intérêt et sa compétence professionnels s'évanouissent, car elle n'a plus besoin d'être une professionnelle maintenant qu'elle a découvert sa véritable féminité.

La reconnaissance de la créativité féminine coïncide pour les hommes avec la prise de conscience qu'il existe des choses qu'ils ne pourront jamais avoir. Pour essuyer ce dur coup à leur estime de soi et se protéger contre la dépression et l'envie, ils se réfugient dans la fantaisie qu'ils contrôlent la sexualité féminine et donnent aux femme accès à leur sexualité. Pour les femmes, la situation est plus compliquée. Leur envie à l'égard d'une femme/mère toute-puissante est tout aussi forte, et leur besoin de nier les différences sexuelles et ce qu'elles ne peuvent avoir est aussi puissant que chez l'homme. Cependant, les femmes sont plus fondamentalement identifiées à leur mère par leurs caractéristiques physiques et leur fonction sexuelle. Détruire la mère signifierait pour la femme se détruire elle-même. Notre hypothèse est qu'une collusion s'installe et que les femmes s'attachent au bouclier externe et au contrôle offerts par l'homme en se rapportant à la croyance que leur sexualité leur sera révélée par lui. Ceci intervient comme un filet de sécurité contre leurs pulsions destructrices à l'égard de leur propre sexualité et de leur créativité qui leur rappellent celles de la mère toute-puissante. Les femmes se rallient aussi à la fantaisie voulant que les hommes puissent faire tout ce que font les femmes, opposant ainsi un déni à la réalité fondamentale de la différences entre les sexes et au fait qu'il y a des réalités dont les deux sexes sont à jamais exclus.

Ces deux films peuvent selon nous être vus à deux niveaux: sur le plan manifeste, ils présentent une histoire susceptible de réconforter les deux sexes et d'apaiser le sentiment d'envie chez les uns et les autres. Aucune femme ne peut tout avoir. Le patient est aimé inconditionnellement par son thérapeute féminin et recouvre la santé; celui-ci, en retour, l'aime et lui donne accès à ses émotions et à sa sexualité. En conséquence, la thérapeute perd intérêt pour les sphères «masculines» que sont la vie intellectuelle et la carrière professionnelle.

A un niveau ou sur un plan latent, le film raconte une autre histoire, et elle, plus réaliste et utilisable. Le patient est guéri mais pour quelle raison? La thérapeute, avec son soutien inconditionnel, permet à l'homme de retrouver ses souvenirs et d'avoir accès à ses émotions depuis longtemps enfouies. Elle lui offre aussi une relation avec un homme qui est important pour elle. Dr Constance Peterson amène son patient chez son analyste et Dr Susan Lowenstein offre à Tom une relation avec son fils dans laquelle il peut engager un lien père-fils dont il avait été privé dans sa propre vie. Même si ceci peut être vu comme une incapacité chez la femme à s'organiser par elle-même, à un niveau plus profond, il y va de la reconnaissance du besoin chez l'homme d'avoir un lien significatif avec un autre homme auquel il peut s'identifier, et donc un lieu pour consolider sa masculinité. Seulement ensuite pourra-t-il vraiment expérimenter une relation d'intimité avec une femme sans crainte de fusion.

En tant que thérapeutes, il est important d'offrir à nos patients, aussi bien masculins que féminins, des objets avec lesquels ils peuvent s'identifier. Avec une femme thérapeute, un homme aura certainement l'occasion de réexpérimenter sa relation avec sa mère, ce qui permettra à des conflits préoedipiens et des problèmes ayant trait à la dépendance de refaire surface. Il doit cependant dépasser ce stade et pouvoir développer des identifications masculines. Puisque nous ne pouvons nous transformer en hommes, pas plus que leur offrir - comme dans les films - nos hommes, nous devons permettre à nos patients d'utiliser nos identifications masculines tout en nous sentant confortables avec celles-ci. De même, nous devons reconnaître, dans le cours de la thérapie, l'importance pour nos patients de nous utiliser en tant que représentants du sexe opposé, en sachant faire face à l'expérience de voir notre identité sexuelle déformée ou déniée. Ceci n'est pas toujours facile à reconnaître ou à tolérer. Freud, comme on l'a démontré, a éprouvé de grandes difficultés dans «le cas Dora» à reconnaître que sa patiente se reliait à lui comme à une mère. Une partie de la difficulté vient de ce que cette expérience nous oblige à faire face à une réalité dont nous sommes à jamais exclues - la sexualité masculine et les liens entre hommes. Ceci requiert donc que nous fassions le deuil de nos propres fantaisies exigeant d'avoir et d'être tout. Ce n'est que lorsqu'un patient - masculin et féminin - a réussi à développer de solides identifications avec les deux sexes qu'il peut parvenir au sentiment d'avoir un self unique et séparé. Ce sentiment pave la route de l'intimité puisque la peur de la fusion et de la confusion entre soi et l'autre peut ainsi être dissipée. Si, en tant que femmes, nous avons de la difficulté à jouer le rôle de père, nous risquons de garder le petit garçon avec la mère pour toujours. Nous attaquons son besoin de différenciation et sa sexualité en les dévalorisant et en étiquetant ses tentatives comme autant d'efforts puérils, et par ceci, nous ne faisons qu'apaiser notre propre envie de ce que nous ne pourrons jamais avoir.

On doit donc réaliser que ces films servent une fonction réparatrice qui permet de contenir des angoisses profondes chez les hommes et les femmes. Ils mettent en scène une fantaisie, à savoir que les limites sexuelles et professionnelles n'existent pas, et puisque ces limites sont si difficiles à accepter, nous adhérons volontiers à ces scénarios. Il reste que, sous ces apparences, ces films proposent aussi des solutions à des problèmes de croissance et de développement humain et nous aident finalement à résoudre les conflits auxquels nous devons tous faire face au cours de notre vie.❖

Traduit par *D. Marchand*

Références

Chasseguet-Smirgel J. Perversion and the universal law. *Int Review Psychoan* 1983;10:293.

Gabbard G, Gabbard K. *Psychiatry and the Cinema*. Chicago: University of Chicago Press, 1987.

Klein M. Notes on some schizoid mechanisms. *Int J Psychoan* 1946:27.

McDougall J. Primal scene and sexual perversion. *Int J Psychoan* 1972;53:371.

Livres lus

Changer de sexe. Colette CHILAND. Paris: Editions Odile Jacob, 1997, 283 pages.

Je viens de terminer la lecture de ce dernier livre de Colette Chiland qui est enraciné dans sa longue expérience de thérapeute et appuyé sur une grande connaissance des études et des recherches portant sur le transsexualisme. La grande culture de madame Chiland dans plusieurs domaines des sciences de l'homme (anthropologie, sociologie, psychologie), la générosité de ses références et les réflexions qu'elle livre sur chaque auteur viennent enrichir ses propres données.

Changer de sexe comprend onze chapitres traitant de tous les thèmes associés au phénomène du transsexualisme. Au chapitre premier, l'auteure rapporte les travaux pionniers de Money et des Hampson sur les hermaphrodites et l'importance du sexe désigné à la naissance. Elle fait le récit fort intéressant de la genèse du terme *genre*, (et les termes parents: *identité de genre, rôle de genre,* etc.) proposé par Money, utilisé par les sociologues et les féministes dans une autre optique et remis en question par Gilbert Herdt, collaborateur anthropologue de Stoller. Ce terme soulève toute la question de la *genralité*, expression que l'on retrouve de plus en plus chez les sexologues québécois même si, pour la population générale, le «*genre*» demeure une attitude, un pli de personnalité. Chiland propose et préfère le terme *sexué* pour préciser ce que certains nomment la genralité et pour mieux distinguer l'identité sexuée de l'*identité de genre* puisque le *sexué* réfère à la *sexuation*. Elle cite une définition éclairante du linguiste anglais Corbett: *Le genre est une classe de noms qui gouverne des accords grammaticaux et non une catégorie d'êtres humains.* Pour Chiland, le sexuel fait référence à la conjonction des sexes, à l'érotisme, dans notre langage.

À l'encontre de Money et Green, elle insiste pour parler de l'*orientation sexuelle* comme d'une réalité psychique différente de l'*identité sexuée*. Elle discute les propos de Freud sur le sexe, la sexualité. Elle fait allusion au cas classique de l'assignation sexuelle comme fille d'un garçon dont le pénis fut brûlé lors de la circoncision, mais elle ne soulève pas le devenir de «cette fille» qui, depuis l'âge de 14 ans, est redevenue un homme et est aujourd'hui marié (voir l'analyse qu'en font Diamond et Sigmundson, 1997). Même si les personnes transsexuelles ne veulent pas d'une troisième voie, qu'elles veulent tout de l'identité de l'homme ou tout de l'identité de la femme, Chiland se demande s'il ne serait pas avantageux qu'il y ait une troisième catégorie du sexué (un troisième sexe?) pour loger tous ceux qui ne s'installent pas dans la polarité homme - femme.

Au chapitre deux qui porte directement sur le transsexualisme ou la demande de changer de sexe, Chiland fait un court résumé du terme *transsexualisme* et elle relate les efforts des pionniers dans ce domaine. Le *transvestisme* se distingue du transsexualisme et désigne une condition bien particulière: celle d'un travestisme associé à l'érotisme. Certaines de ces personnes veulent devenir des femmes à part entière parce que se travestir ne suffit plus à calmer leur anxiété. Elles seront «transsexualisées» dans certains centres hospitaliers, mais souvent de guerre lasse, à cause de leur insistance. Chiland cite et critique les principaux auteurs actuels dans le domaine des recherches et de la clinique sur le transsexualisme et elle souligne sa préférence pour de «fins cliniciens» comme Person et Ovesey. Elle nous montre que ce qui fait la différence entre une personne qui n'est que malheureuse d'être d'un sexe et les personnes transsexuelles, c'est le voeu (qui ne peut être qu'un souhait rêvé?) de changer de sexe chez les transsexuels. Chiland souligne bien comment la réassignation sexuelle vient soulager ces personnes et non leur appartenance à l'autre sexe, puisqu'elles n'arrivent jamais à vraiment appartenir à l'autre sexe.

Au chapitre trois, *Le changement de sexe ailleurs et autrefois*, Chiland fait un retour sur l'histoire et explore les conflits d'identité sexuelle dans d'autres cultures. Elle note par exemple que, contrairement à ce qui était autrefois possible pour les Chamanes, le transsexualisme devient dans notre culture un problème individuel à l'intérieur duquel aucune trajectoire n'est prévue par un statut ou un rôle social. Elle évoque le cas des Hijras aux Indes et des «liminaux» en Polynésie. La plupart du temps dans ces cultures, le passage vers l'autre sexe était une décision de la société et non de l'individu, avec souvent un statut valorisant pour ceux que la société désignait ainsi. Le transsexuel insiste par contre sur le fait qu'il est de l'autre sexe, du fait d'une erreur de la nature et non par une volonté sociale et, en conséquence, il se bat pour obtenir le plein statut social et corporel de l'autre sexe.

Le chapitre quatre reprend deux thèmes que Chiland avait déjà traités antérieurement (1988 et 1995), à savoir l'*essence du masculin et du féminin*. A ces deux thèmes qu'elle traite davantage sous une forme interrogative, la réponse est négative: il n'existe selon elle aucune essence du masculin et du féminin. Chiland n'accepte pas le discours des transsexuels sur leur féminité «naturelle» ou leur masculinité «naturelle» alors que tout ce sexué en eux est tellement stéréotypé. Sans l'affirmer clairement, elle prétend qu'il n'y a pas d'âme féminine ou masculine, qu'il n'y a pas d'esprit masculin ou féminin, que ces traits ne sont que des caractéristiques sexuelles primaires ou secondaires du corps et ce qui reste de la différence entre les sexes n'est que le résultat des facteurs culturels. D'ailleurs lorsqu'elle aborde les différences entre les garçons et les filles (p. 67-70), elle n'accepte pas le *biological force* de Stoller, l'enracinement des comportements sexués dans le cerveau sexué et comme séquelles de l'héritage phylogénétique.

Au chapitre cinq, Chiland s'intéresse au conflit d'identité sexuelle chez l'enfant. Elle parle des enfants *à la Stoller* avec tous les symptômes qu'il décrit comme étant un phénomène plutôt rare. Par ailleurs elle montre que souvent, par sa complicité, c'est la mère qui encourage le féminin chez son garçon, favorisant ainsi le conflit d'identité sexuelle. Ces mères refusent que leur garçon devienne homosexuel mais elles acceptent qu'il soit féminin, comme si *comme elle, ça va*.

Chiland présente avec éloquence et critique fort judicieusement les différents travaux cliniques et de recherche conduits avec des enfants présentant des conflits d'identité sexuelle. Par exemple, elle souligne que les dessins de ces enfants (des femmes en robes de princesse et à fanfreluches) ne sont que des représentations de la femme idéalisée que n'est pas leur mère. Ce n'est pas à leur mère qu'ils s'identifient mais à une construction interne de la femme qui comporte une grande part d'idéalisation. S'identifier à la mère idéalisée protégerait le garçon en l'empêchant de s'identifier à la mère maléfique. Chez les enfants qu'elle a traités, Chiland a toujours retrouvé ce même clivage des imagos féminines. À la question: est-ce échapper à la tendresse étouffante de la mère que de devenir femme soi-même... mais une femme idéalisée et non comme la mère, Chiland répond en s'opposant aux explications de Stoller, à savoir que le garçon a une identification première à la mère et qu'il lui est difficile par la suite de se désidentifier d'elle pour conquérir une identité virile. Son hypothèse sur le devenir de ces enfants: le garçon transsexuel «*à la Stoller*» ne devient pas transsexuel à l'âge adulte mais a une plus grande probabilité de devenir homosexuel. Elle doute de plus que l'enfant vive une symbiose heureuse avec la mère: c'est la mère qui ressentirait cela, soutient-elle, car si la symbiose est heureuse, elle l'est pour la mère mais sûrement pas pour l'enfant.

Pour Chiland la formule de Stoller: *trop de mère, trop peu de père*, n'est pas très appropriée. Stoller disait aussi que la fille qui refuse son sexe avait trop de père et pas assez de mère, c'est-à-dire que cette fille avait un père compagnon de jeu au lieu d'un père oedipien, objet de désir. Chiland n'est pas d'accord avec ces affirmations. Elle a plutôt l'impression que les filles qui veulent être des garçons seraient plutôt des homosexuelles qui refusent de l'être parce que ce n'est pas normal. Chiland épouse en cela la thèse d'Ovesey et Person sur le transsexualisme chez la femme. Elle rapporte et critique ensuite les études catamnestiques, surtout celle de Green. Quant au traitement de ces enfants, les effets mèneraient plutôt à l'homosexualité que vers la transsexualité chez l'adulte. Chiland insiste finalement sur la nécessité de mettre des limites aux comportements de l'enfant qui doit accepter (et nous ajoutons, qui doit être content et fier) d'être de son sexe, et seulement de son sexe, même si éventuellement en tant qu'adulte, il s'identifiera s'il le désire à certaines personnes de l'autre sexe.

Le chapitre six porte sur les adolescents et particulièrement sur le changement du corps à la puberté qui peut devenir insupportable pour certains. Chiland parle du choc de la puberté chez un enfant qui a un malaise dans son identité sexuelle, choc qui serait encore plus dramatique chez la fille, en soulignant que ce que vivent surtout ces adolescents, c'est l'impossibilité de rêver, comme ils le faisaient dans l'enfance, à la transformation magique de leur sexe. Elle s'étonne aussi de la position de Richard Green qui voulait donner des hormones à des enfants de 12 ans, avant la pousse de la pilosité, pour faciliter leur passage vers l'autre sexe et elle discute l'âge approprié selon les lois ou les coutumes de différents pays. L'important pour Chiland reste le traitement par la voie de la psychothérapie (et non par hormonothérapie) à condition (et elle n'oublie pas de le noter) que les thérapeutes connaissent bien les troubles de l'identité sexuée et leur traitement.

Au chapitre sept, Chiland présente un large éventail de tous les problèmes de l'identité sexuelle et du désir ou du souhait de changer de sexe. Elle le fait de façon originale, et son écriture simple et vivante nous épargne ces néologismes hermétiques dont semblent d'ordinaire si friands les analystes. Elle propose de mettre de l'ordre dans les termes et dans les diagnostics en s'appuyant toujours sur son expérience clinique pleine d'humanité. Elle ne cache pas sa préférence pour certains chercheurs, v.g. Ovesey et Person, Susan Coates, Susan Bradley, et sa difficulté à apprécier certains autres dont Green et des médecins trop... zélés.

Pour expliquer la genèse des misères de l'identité sexuelle, l'hypothèse la plus plausible, selon Chiland, est que, quels que soient les facteurs phénotypiques (joliesse du bébé, délicatesse ou robustesse des formes) ou biologiques éventuels (syndrome génétique ou hormonal), ces garçons ou ces filles auraient vécu pendant leur enfance une situation répétitive traumatisante dont ils attribueraient l'origine à l'appartenance à leur sexe et qu'ils tenteraient de surmonter en rêvant d'appartenir à l'autre sexe. Ils et elles seraient des malheureux du sexe. Le terme *transsexualisme* primaire devrait selon elle succéder à celui de *transsexualisme* vrai (et celui que nous préférons: *authentique transsexualité*).

Au chapitre huit, Chiland nous livre ses données et ses critiques à propos des demandes de femmes qui désirent changer de sexe. Selon elle, ce n'est pas l'envie du pénis qui motive la demande de ces femmes. L'envie du pénis s'inscrit dans une continuité narcissique selon laquelle la fille veut les avantages narcissiques, sociaux, objectaux que la possession du pénis donne au garçon. Leur demande de réassignation sexuelle est d'un autre ordre: elle renvoie au refus total du sexe d'assignation, parce qu'occuper une position de femme serait en soi intolérable. Chiland pose la question suivante: Est-ce l'horreur d'être femme ou le merveilleux d'être homme qui explique cet intolérable? Difficile de répondre. Le refus des seins ne serait pas relié à l'horreur de l'érotisme qu'ils suscitent mais à l'horreur qu'inspire le fait qu'ils soient un signe d'appartenance. La mastectomie est la première opération demandée et c'est aussi celle qui donne le plus grand soulagement. Chiland se range ici aussi du côté d'Ovesey et Person: ce n'est ni la composante identitaire (elles ne savent pas trop comment expliquer leur masculinité), ni la composante travestie mais bien la composante homosexuelle qui prime derrière la demande de ces femmes. Chiland décrit par contre très bien la solidité psychologique de ces «nouveaux hommes» (les transsexuelles femelles) par rapport à la fragilité psycho-sexuelle des «nouvelles femmes» (les transsexuelles mâles).

Le chapitre neuf porte sur les effets du changement. Chiland examine de manière exhaustive tous les thèmes (groupe contrôle, parentalité, etc.) et elle effectue une excellente revue des études catamnestiques qu'elle enrichit de son expérience personnelle. Elle note que les femmes chercheures (peu nombreuses en ce domaine) ressentent différemment le problème du transsexualisme. J'aurais aimé qu'elle élabore davantage à propos de cette affirmation qui pique la curiosité du lecteur mais le laisse malheureusement sur sa faim.

Chiland s'intéresse au chapitre dix aux problèmes légaux et aux changements d'état civil dans différents pays, notamment en France. Elle souligne que plusieurs législations exigent que l'évaluateur assure le législateur que le demandeur ne puisse pas revenir sur sa décision puisque celle-ci, tout comme son passage corporel vers l'autre sexe, est irréversible. Chiland précise enfin que ses observations ne lui permettent pas d'affirmer qu'il s'agit chez la personne transsexuelle d'une conviction inébranlable d'être un membre de l'autre sexe, comme le demande la loi de certains pays; ses observations l'amènent plutôt à penser qu'il s'agirait d'une volonté forcenée et acharnée à vivre comme un membre de l'autre sexe.

Au chapitre onze, Chiland présente sa conception de la psychothérapie comme traitement des personnes transsexuelles. Elle soutient que la chirurgie n'est pas un traitement mais un palliatif qui ne résoud aucunement le problème de fond. Que les transsexuels rejettent leur sexe et leur corps sexué, cela leur appartient, souligne-t-elle, mais elle s'insurge contre leurs déclarations qu'ils désirent et obtiennent leur vrai corps à propos d'un corps mutilé que leur offre la chirurgie. La remarque de Chiland est pertinente: dire que la chirurgie existe rend la plupart de ces personnes inaccessibles à la thérapie. Elle cite et critique de façon fort intéressante les différentes études de thérapie avec des personnes transsexuelles, entre autres les travaux de Barlow et de Lothstein. Une règle d'or pour maintenir la motivation de ces personnes en thérapie: de l'empathie et une saine gratification.

En conclusion, Chiland présente une longue réflexion sur le transsexualisme dans notre culture. Le transsexuel formule une double demande: celle d'occuper la place de l'autre sexe dans le registre des échanges symboliques mais aussi celle d'attester cette appartenance symbolique à l'autre sexe par une marque dans son corps. Cela semble contradictoire: ou bien le symbolique est important, et alors pourquoi marquer dans le corps son appartenance à l'autre sexe, ou bien le corps importe, et laissons de côté le symbolique, la déclaration sociale d'appartenir à l'autre sexe. Selon elle, le transsexuel dénie la réalité biologique tout en voulant obtenir de la biologie une preuve de la vérité de son discours. Elle considère que le couple parental (et non seulement la mère) est à l'origine du transsexualisme de l'enfant. Ce sont souvent des parents qui n'ont plus de relations sexuelles, non par manque de désir mais parce que la sexualité leur apparaît destructrice, surtout à cause du pénis qui est vécu comme un instrument destructeur. Chez les transsexuels des deux sexes, Chiland soutient que le non-dépassement d'une scène primitive terrifiante serait très marqué: représentation du pénis comme bien plus dangereux que le vagin, idéalisation d'une image féminine hors d'atteinte du pénis, celle qui habite dans une robe longue qui tourne et tourne et qui ainsi empêche le pénis de la rejoindre. Les transsexuels mâles (les nouvelles femmes) ou les transsexuels femelles (les nouveaux hommes) expulsent toute trace de féminité en eux mais, ces derniers, pour la retrouver dans une partenaire qui ne peut craindre la pénétration.

Quelques remarques

Il est toujours difficile et parfois même injuste de résumer un travail qui contient autant de nuances. Le travail de Chiland est remarquable tant par l'ensemble des connaissances qu'elle livre que par sa manière originale de les présenter. J'aimerais quand même me permettre certaines remarques.

1. Les Québécois qui sont des gens soucieux des racines de leur être et de leur appartenance à une culture (leur identité culturelle) vont sans doute frissonner devant certaines des réflexions de Chiland sur les racines de l'identité sexuée et sexuelle. Selon elle, presque tout se joue sur les plans social, interpersonnel, culturel ou dans la relation première avec les parents. Sans s'enfermer dans un biologisme asséchant ou encore dans un ethnocentrisme racial, on peut se demander comment expliquer, si ce n'est par une certaine «force biologique», les morphologies rondes des femmes ou angulaires des hommes, les tonalités de la voix sexuée, les facilités à la communion chez les femmes et à l'agence chez les hommes et

l'impact de ces traits sur la reconnaissance et l'attraction entre les sexes. À mon avis, ce sont là toutes des racines de ce qui deviendra l'identité sexuelle, cette organisation cognitivo-affective que se construit toute personne et qui fonde son être et son appartenance à un sexe. Ainsi des gestalts corporelles viennent faciliter des tendances culturelles. Dans l'explication du phénomène complexe du transsexualisme, Chiland s'intéresse peu au jeu des formes rondes et des formes angulaires dans les schèmes du désir sexuel chez l'homme et chez la femme, et si elle fait avec justesse l'analyse de l'identification au même, elle n'écrit rien sur l'éros puissant impliqué dans la quête du contact avec le différent pour se nourrir de cette différence. En conséquence, l'identification sexuelle semble plus préoccupante pour elle que l'identité sexuelle. Pourtant, tous les ingrédients et les racines de l'identité sexuelle se retrouvent aussi chez les personnes transsexuelles, bien qu'à des degrés divers et souvent dans des ensembles très individualisés.

2. Même si Chiland distingue au chapitre sept les motivations que présentent ces patients, dans la discussion de leur problématique, elle rassemble dans une même dynamique l'ensemble des personnes qui demandent un changement de sexe. Elle établit certaines différences liées au sexe biologique, au moment de l'apparition de leur conflit, ou à l'authenticité de leurs propos. Nous avons rencontré des centaines de personnes qui demandaient un changement de sexe (voir Bureau, 1981) et parmi elles, nous avons identifié pas moins de quatorze types de motivations différentes et six formes de conflits d'identité sexuelle. Un seul de ces types de demande était motivé par un désir d'ajuster le corps sexué à l'identité sexuelle et correspondait ainsi à l'authentique transsexualité. Chiland considère qu'aucune des personnes qui demandent un changement de sexe ne peut être exempte de pathologie. Traiter toutes ces personnes comme s'il s'agissait d'une seule et même dynamique, à quelques nuances près sur l'origine ou sur la présence de traces d'homosexualité ou de travestisme, alors qu'il y a tellement de facteurs et de variables en cause dans leur identité sexuelle, risque de masquer les particularités de ces identités sexuelles en souffrance qui diffèrent des difficultés propres aux identités homosexuelles, pédophiles, fétichistes ou autres. Chiland accorde tellement d'importance à l'érotisme (au sexuel, comme elle l'appelle) qu'elle trouve suspecte toute allusion à une dysphorie de l'identité chez ces personnes: la souffrance d'être et d'appartenir à un sexe alors que le corps atteste que l'on appartient à l'autre sexe. Chiland revient à quelques reprises sur cet enjeu du pénis dangereux dont

les transsexuels mâles voudraient se débarrasser; le transsexualisme authentique est une question d'identité, d'être et d'appartenir à un sexe, qui dépasse largement le fait d'avoir ou de ne pas avoir un pénis. Il aurait été intéressant qu'elle propose ses données sur la vie érotique des personnes transsexuées, sur les possibilités par exemple de la réponse orgasmique des «nouveaux hommes», considérant le développement de leur clitoris en micropénis par thérapie hormonale, et du multi-orgasme des «nouvelles femmes» qui justifie les observations rapportées sur la capacité de l'homme d'éprouver plusieurs orgasmes dans une même rencontre sexuelle.

3. On sent par moment chez Chiland une forme de distance, une hésitation à accepter ces personnes et à les considérer avec sérieux dans leurs déclarations et leurs demandes. On retrouve à certains endroits une sorte d'impérialisme du corps utilisé comme critère de l'identité et de la direction du développement sexué et sexuel. Le corps comme critère d'identité pourrait aussi être affirmé chez les personnes homosexuelles qui oublient que leur corps naturel appelle celui de l'autre sexe. Chiland parle de l'acceptation sociale de la chirurgie (corriger le corps) comme d'une entrave à la démarche psychothérapeutique de la personne transsexuelle. L'acceptation sociale empêcherait les personnes transsexuelles de chercher la solution à leur problème par le recours à une psychothérapie. Il s'agit d'un constat tout à fait juste mais qui pourrait tout aussi bien s'appliquer aux personnes homosexuelles. L'acceptation sociale de l'homosexualité et la pression exercée par la rectitude politique (sous prétexte de prévenir la discrimination ou l'acharnement thérapeutique) viennent justifier leur orientation sexuelle, ce qui rend obsolète la psychothérapie visant à la changer. Cela s'applique d'ailleurs à bien d'autres orientations sexuelles comme le sado-masochisme, le travestisme.

J'aimerais finalement attirer l'attention du lecteur sur cette belle réflexion de madame Chiland: *«L'acceptation de la finitude est une condition de la sérénité, elle ne peut résulter que d'un cheminement individuel et volontaire... Aucun de nous ne peut parvenir à la sérénité sans renoncer à l'impossible de ses rêves, sans accepter sa finitude ontologique, sexuée et temporelle.»* (p. 247) Chacun de nous dans sa lutte pour augmenter sa vitalité aurait avantage à méditer cet énoncé plein d'humanité et si proche d'une lecture existentielle du transsexualisme, à laquelle nous adhérons.

En somme, le livre de Colette Chiland deviendra sûrement un classique parmi les travaux de langue française visant une plus profonde compréhension des conflits d'identité sexuelle.❖

Jules Bureau
sexologue et psychologue
professeur au Département de Sexologie
Université du Québec à Montréal

Références:

Bureau J. Identita sessuale e transsessualismo: tipologia dei candidati alla conversione sessualo. In: Passini W. (sous la dir.) *Sessualita e medecina.* Milan: G. Feltrinelli, 1981:569-606.
Chiland C. De l'essence du masculin: réflexions à partir du transsexualisme. *Adolescence* 1988;6(1):75-87.
Chiland C. De l'essence du féminin.

Psychologie clinique et projective 1995;2:143-160.
Diamond M, Sigmundson K. Sex reassignment at birth. *Archives of Pediatric and Adolescent Medecine* 1997;151:298-304. Un résumé de cet article se retrouve sur le Wed à l'adresse suivante: http://www.nytimes.com/yr/mo/day/news/national/gender-surgery-sci.html.

❖❖❖

Lesbian Motherhood: An exploration of Canadian Lesbian Families. Fiona NELSON. Toronto: University of Toronto Press, 1997, 159 pages.

L'homosexualité, bien qu'elle ne soit plus officiellement jugée pathologique ni immorale, constitue toujours de nos jours, même dans les milieux les plus ouverts d'esprit, une source de préjugés et elle conduit souvent à une marginalisation sociale. Dans un tel contexte, la participation des homosexuels à la reproduction, à l'établissement de nouvelles familles et à l'éducation des enfants peut contribuer à une meilleure intégration et acceptation sociales tout en élargissant la notion même de famille. Le choix reproductif et la parentalité homosexuelle revêtent donc une importance sociale qui dépasse les intérêts personnels des membres de cette minorité.

La reproduction a changé, affirme Fiona Nelson, sociologue albertaine, à l'ouverture de son exposé: la contraception, les nouvelles technologies de reproduction et une nouvelle idéologie du choix reproductif ont rendu la reproduction plus «*consciemment manipulable*», selon les termes mêmes de l'auteure. La maternité lesbienne, la famille lesbienne constituent, pour Nelson, une des manifestations socio-culturelles de l'idéologie du choix reproductif tout en ne représentant qu'un des éléments de ce vaste casse-tête. La reproduction, la parentalité ne seraient plus, dans une telle optique, l'apanage exclusif de la famille nucléaire traditionnelle et prédominante. Maternité, paternité, famille, prendraient un sens plus large en adoptant des formes plus diversifiées, dont la monoparentalité et la parentalité homosexuelle.

Les mères lesbiennes, seules ou en couple, sur lesquelles se penche l'étude sociologique de Nelson viennent illustrer de façon très particulière les changements récents dans l'idéologie de la reproduction. Ces mères peuvent fournir, d'après l'auteure, un meilleur accès aux réponses complexes que suscitent les délicates questions soulevées par cette position idéologique. Ces questions de base portent essentiellement sur le désir d'enfanter, sur la prise de décision à cet égard et sur l'expérience de la maternité. Il s'agit donc bien d'une recherche exploratoire sur les processus qui mènent à la maternité et à la formation d'une famille dans un contexte de relations homosexuelles. (L'ouvrage ne va pas plus loin et ne tente pas d'étudier l'expérience de vie familiale chez les femmes lesbiennes ni le développement de leurs enfants, projet d'une tout autre envergure et qui dépasse les objectifs de l'étude). Mais l'auteure espère aussi, par le biais de ce travail, élargir le champ de la sociologie de la famille pour y inclure, entre autres, la famille lesbienne et, par delà, contribuer à la «*construction d'un discours maternel lesbien*» (p.7-8). Il ne suffirait pas, dit-elle, pour la mère lesbienne, de participer, en tant que mère, au discours maternel, mais encore faudrait-il développer un discours maternel lesbien nourri par les expériences spécifiques et uniques de ces mères. Il s'agit là d'une bien ambitieuse et périlleuse entreprise intellectuelle qui risque, poussée à la limite, de reproduire au niveau du discours la marginalisation encore présente dans le domaine social. Heureusement, le contenu de cet ouvrage va plutôt venir enrichir un discours plus général et inclusif sur la maternité, ses joies et ses difficultés.

Nelson a choisi une méthodologie d'entrevue ouverte pour aborder les vingt-sept mères lesbiennes (dont onze couples) rencontrées dans trois grandes villes de l'Alberta (seul un plan général, inclus en annexe, sert de guide pour l'entrevue). Après une brève description de l'étude et des participantes, le livre couvre séparément quatre grands thèmes: 1. la prise de décision; 2. l'accès à la maternité; 3. la maternité et 4. la famille lesbienne, avant de se clore sur une conclusion succincte. Le schéma de l'entrevue et une liste de ressources canadiennes pour mères lesbiennes sont inclus en appendice au livre. La bibliographie, un peu trop sommaire, est organisée de façon très pertinente en fonction des différents sujets abordés; les périodiques dans le domaine de la santé mentale et de la famille y sont particulièrement absents.

Dans son exposé, Nelson cite abondamment ses sujets, parfois aux dépens de son analyse et de ses propres réflexions qui, trop souvent, ne font que suivre ou résumer les contenus apportés dans les entrevues. En outre, l'auteure n'explique pas comment s'est opérée la sélection des cas qui sont commentés, des extraits d'entrevue présentés. Elle semble choisir à sa guise les passages jugés pertinents ou représentatifs et qui peuvent ne refléter que l'opinion d'une femme en particulier ou celle de l'auteure elle-même. C'est ainsi que, parmi les presque deux cents citations d'entrevues, certains sujets en contribuent plus d'une douzaine alors que d'autres n'en fournissent aucune. Le lecteur risque de s'interroger sur les critères de cette sélection. Il n'aurait d'ailleurs pas été trop difficile de présenter quelques résultats quantifiables sous forme de pourcentages de réponses allant dans tel ou tel sens. Le nombre réduit de sujets ne devrait pas exclure la rigueur attendue dans la description, l'évaluation et l'interprétation des résultats.

Dans le chapitre sur le désir de maternité et sur la prise de décision, l'auteure fait un rapprochement avec les données, très similaires, d'une étude antérieure portant sur des mères hétérosexuelles (p. 41). Si le processus décisionnel se ressemble, nous dit-elle, ce sont les moyens pour parvenir à une grossesse qui sont, évidemment, plus compliqués pour la future mère lesbienne. C'est donc à ce niveau que peut s'articuler la spécificité de la maternité lesbienne. Dans le chapitre suivant, Nelson décrit les différents moyens de parvenir à une grossesse et les difficultés à surmonter dans chaque cas. C'est ici que le mode de vie, les styles relationnels, les problématiques, en un mot la «sous-culture» lesbienne, se trouvent reflétés avec le plus d'acuité et de justesse. Par contre les chapitres qui suivent parlent davantage des tensions et des satisfactions qui tissent l'étoffe du vécu dans tout groupe familial humain: partage des tâches, rôles mutuels, place du parent et du beau-parent dans les familles recomposées, etc. L'orientation sexuelle des personnes qui tentent de coordonner leur vie de travail, leur vie amoureuse, leur vie sociale et leurs responsabilités parentales semble bien peu significative devant l'universalité des conflits et des dilemmes liés à l'établissement d'une vie familiale satisfaisante pour tous et chacun de ses membres.

L'étude de Nelson constitue une première dans le contexte canadien. En effet, peu d'études antérieures se sont penchées sur la formation de ce type de famille non traditionnelle que constituent les parents homosexuels. Les quelques recherches américaines, rassemblant souvent un plus grand nombre de mères et de familles lesbiennes (l'étude de Nelson ne comprend qu'une douzaine de familles) ont porté, entre autres, sur les caractéristiques maternelles, sur la qualité de la relation de couple, sur l'implication de la partenaire ou co-parent et celle du père biologique. Leurs conclusions soulignent, tout comme celles de Nelson, la primauté de la maternité sur l'orientation sexuelle. Les mères lesbiennes appartiennent tout autant, sinon plus, à la sous-culture maternelle et féminine qu'à la sous-culture lesbienne. Une mère est toujours une mère, un parent est avant tout un parent, et ceci même quand la biologie n'y est pour rien. Le désir de maternité des mères-partenaires, non biologiques ou co-parents, se manifeste de façon particulièrement poignante dans les témoignages présentés par Nelson, tout comme dans d'autres études cliniques antérieures (Kirkpatrick, 1987; Evans, 1990).

C'est essentiellement là que la spécificité de la problématique familiale homosexuelle peut être cernée: un parent, un co-parent, du même sexe que le parent biologique ou adoptif, ne peut être reconnu en tant que tel sur le plan légal et social, quels que soient son dévouement et sa contribution émotionnelle, instrumentale, financière aux charges et à la responsabilité parentales. Et c'est par ce biais même que, d'après des auteurs féministes post-modernes comme Laura Benkov, la famille fondée sur un couple homosexuel vient occuper une place centrale et non plus marginale dans la théorie de la famille. La famille formée par un couple homosexuel impose une définition de la parentalité et des liens familiaux qui devrait être basée fondamentalement sur la relation: sa qualité, sa teneur, son engagement, et non pas sur le lien biologique ou la reconnaissance légale. Elle nous oblige à poser des questions telles que: qu'est-ce qu'un *vrai parent*, qu'est-ce qui soutient une famille, une vraie famille, au-delà de sa légitimité institutionnelle?

Le concept de famille se trouve non seulement élargi et diversifié mais surtout et fondamentalement davantage axé sur ses aspects relationnels, dont l'amour et l'engagement (commitment), comme le propose Benkov. De quoi faire réfléchir dans un contexte où les familles dites traditionnelles traversent, comme on le répète, une crise et où diverses formes d'organisation et de structure familiales (monoparentales, reconstituées, adoptives, homosexuelles) représentent des proportions de plus en plus élevées des groupes familiaux actuels. Ces changements sociaux commencent à exercer une profonde influence sur les domaines d'étude et de pratique portant sur la famille, dont la thérapie familiale et la sociologie de la famille. L'ouvrage de Nelson en témoigne abondamment.❖

Angeles Toharia, Ph.D., psychologue
Service des enfants et des adolescents
Institut Allan Memorial

Références

Benkov L. Lesbian and gay parents: from margin to center. *Journal of Feminist Family Therapy* 1995;7(1-2):49-64.
Evans BK. Mothering as a lesbian issue. *Journal of Feminist Family Therapy*

1990;2(1):43-51.
Kirkpatrick M. Clinical implications of lesbian mother studies. *Journal of Homosexuality* 1987;14:201-221.

✿ ✿ ✿

Gender Identity Disorder and Psychosexual Problems in Children and Adolescents. Kenneth J. ZUCKER, Ph.D., Susan J. BRADLEY, m.d. New York: The Guilford Press, 1995, 440 pages.

L es auteurs, affiliés tous deux au Clarke Institute de Toronto, font un relevé exhaustif des recherches sur les troubles de l'identité sexuelle, depuis celle menée par Green et Money 'en 1960 jusqu'à la publication du présent ouvrage en 1995. Outre ces données intéressant les chercheurs, plusieurs chapitres du livre nous sont apparus importants et pouvant être d'une aide précieuse pour les cliniciens.

Parmi les thèmes abordés, nous retenons en particulier celui discutant des psychopathologies associées chez les enfants atteints de troubles de l'identité sexuelle. Les indications de traitement sont présentées de façon claire bien que des exemples cliniques offrant un point de vue évolutif seraient éventuellement très utiles. Les auteurs traitent de manière sensible et nuancée des aspects liés à l'homosexualité.

Le livre qui comprend treize chapitres débute par une vue d'ensemble sur le sujet et se termine par un chapitre sur l'homosexualité à l'adolescence. La liste des références s'étend sur 75 des 440 pages que comporte l'ouvrage.

Après une revue des écrits et des recherches, le chapitre deux s'attache à la phénoménologie des troubles en considérant les critères pertinents à leur évaluation. Sachant que bien des professionnels peuvent se tromper dans l'interprétation de certains comportements assimilés à une étape du développement, les auteurs font ressortir les aspects spécifiques du diagnostic, ce qui devrait favoriser la prise en charge précoce de ces cas.

Les chapitres suivants considèrent l'épidémiologie, le diagnostic et l'évaluation de ces troubles. La discussion autour des critères diagnostiques du DSM-IV illustre bien les difficultés inhérentes à la recherche de critères significatifs, en même temps qu'elle en démontre la pertinence dans la démarche d'évaluation. Les analyses statistiques qui accompagnent cette discussion intéresseront plus les lecteurs familiers avec les enjeux de la recherche.

Certains éléments ressortant du diagnostic différentiel sont éclairants et utiles à retenir: 1. les réactions transitoires, secondaires à un stress ou à une crise développementale; 2. l'adoption de vêtements de l'autre sexe utilisés comme objets fétiches qui procurent un effet apaisant sans qu'il y ait présence d'autres signes d'identification à l'autre sexe; 3. la présence de traits sur un spectre qui ne correspond pas aux critères diagnostiques, allant de la *masculinisation juvénile* (Freedman) ou un comportement de *garçon manqué* chez les filles; 4. les éléments propres à l'intersexualité.

Le protocole d'évaluation à la Clinique des troubles de l'identité sexuelle du Clarke Institute consiste en une évaluation formelle, réalisée en partie par le clinicien; les exemples abondent dans le texte. Le diagnostic peut être établi au cours de l'entrevue avec les parents en considérant les principaux points de ce protocole.

Le chapitre cinq portant sur les troubles associés rapporte une prédominance de troubles intériorisés dans ce groupe d'enfants. De nombreuses histoires de cas d'enfants d'âges différents chez qui le diagnostic est accompagné ou non de comorbidité viennent appuyer les données de recherches. Les auteurs discutent trois modèles expliquant le rapport entre les troubles de l'identité sexuelle et la psychopathologie associée; ces modèles tiennent compte de l'influence parentale et de l'ordre d'apparition des troubles.

Dans les chapitres six et sept, les auteurs passent en revue les facteurs étiologiques retenus dans les recherches axées sur une perspective biologique ou psychosociale. On rappelle la multiplicité des hypothèses théoriques émises jusqu'à présent, mais l'absence de conclusions claires quant à l'origine de ces troubles.

Le chapitre huit s'intéresse à la formulation clinique et fournit une brève description des modèles utilisés dans le cas des garçons et des filles. Le modèle du Clarke Institute repose à la fois sur des facteurs généraux et spécifiques, les premiers incluant un niveau élevé d'anxiété ou d'insécurité et une sensibilité particulière chez ces enfants aux réactions affectives des parents. Parmi les facteurs spécifiques, on relève tant chez le parent que chez l'enfant la perception que le sexe opposé est plus valorisé. Le modèle du groupe Coates (New York) met davantage l'accent sur l'anxiété de séparation plutôt que sur la capacité parentale à mettre des limites à l'enfant.

Dans le chapitre neuf portant sur le traitement, les auteurs exposent les raisons qui motivent selon eux une intervention, et parmi celles-ci, le rejet par les pairs que subissent ces enfants et le développement de troubles secondaires tels que l'anxiété de séparation et le transsexualisme à l'âge adulte. Les principales modalités de traitement, soit la thérapie behaviorale, la psychothérapie et la thérapie de groupe, sont successivement discutées. Aucun suivi à long terme n'a encore été publié à ce jour. Le groupe de Zucker souligne le travail intensif réalisé avec les parents touchant des aspects d'ordre psychodynamique et d'autres relevant de la gestion du quotidien. Les résultats de ces traitements devraient être éventuellement publiés.

Les études de suivi font l'objet d'une revue dans le chapitre dix. Ces études, peu nombreuses, montrent toutes un taux élevé d'homosexualité parmi ces patients devenus adultes. Le traitement semble apporter une amélioration de l'image de soi même s'il persiste une dysphorie de genre chez un nombre significatif de patients (20% du groupe de 45 enfants suivis par le groupe de Zucker).

Le chapitre onze s'intéresse aux défis qui attendent ces enfants au moment de leur entrée dans l'adolescence. Plusieurs souffrent de troubles de l'humeur, démontrant là encore l'importance d'intervenir précocement dans ces cas. Rares sont ceux qui demandent une réassignation de sexe mais plusieurs souffrent d'autres troubles, incluant l'abus de substances, l'anxiété et la dépression.

La question du transvestisme fétichiste est abordée dans le chapitre douze. Ces patients démontrent des difficultés à réguler leur anxiété sans toutefois présenter de troubles d'identité sexuelle comme tels. L'homosexualité est traitée brièvement dans le chapitre treize puisque les demandes de consultation mettent fréquemment en évidence cette problématique chez des patients référés pour des abus de drogues, des tentatives suicidaires ou d'autres troubles. L'étiologie et la prise en charge clinique de ces cas font l'objet d'une courte revue en fin de chapitre.

Nous recommandons ce livre à tous ceux qui s'intéressent à la clinique ou à la recherche dans ce domaine. En plus d'apporter une mine de ressources aux cliniciens qui évaluent occasionnellement des enfants atteints de ces troubles, cet ouvrage sera utile à ceux qui veulent s'informer des antécédents possibles de troubles d'identité sexuelle retrouvés chez des patients adultes suivis en clinique. Ainsi, autant les psychiatres d'adulte que les intervenants exerçant auprès des enfants ou des adolescents tireront profit de cette lecture.

Traduit par *D. M.*

Joyce Canfield
Psychiatre
Hôpital de Montréal pour enfants

❁ ❁ ❁

Orientation homosexuelle et suicide chez les adolescents

Dans ce dossier portant sur les différences fille - garçon, Richard Montoro note que les auteurs américains commencent à étudier l'orientation sexuelle présumée des adolescents qui se suicident ou qui font des tentatives de suicide. Il constate toutefois que les nombreux facteurs de stress retrouvés dans la vie des adolescents en général rend difficile l'évaluation de l'impact proprement lié à l'orientation sexuelle.

D'autre part, Strulovitch, dans l'article qu'il signe dans ce même dossier, se dit plutôt insatisfait des définitions partageant tentatives de suicide et suicide complété. Il rapporte l'étude de Remafedi et al. (1991) qui fait mention que plus d'un tiers des adolescents homosexuels ou bisexuels connus d'agences sociales avaient tenté de se suicider. Sachant que le risque de se suicider après une première tentative est plus élevé, ces adolescents seraient donc très à risque.

Il est certain que la définition même des comportements suicidaires a des conséquences au plan de l'interprétation. Néanmoins, l'une des questions que l'on peut se poser est celle de la prévalence de la maladie mentale dans ce groupe d'adolescents suivis par des agences sociales.

Le groupe de recherche de Shaffer (1995) à New York a étudié un groupe d'adolescents qui s'étaient suicidés. Cette analyse s'appuyait sur une autopsie psychologique faite auprès des parents de ces adolescents, de leur fratrie, de leurs amis et d'un membre de l'école (par exemple, un professeur). Ils ont recherché systématiquement l'impact des facteurs de l'orientation et de l'identité sexuelle, par des questions spécifiques sur le sujet. Dans leur échantillon de 120 adolescents décédés par suicide et 147 adolescents servant de groupe contrôle, seulement 3 adolescents décédés par suicide, et aucun sujet du groupe contrôle, étaient rapportés comme ayant eu des expériences homosexuelles.

Dans leur article, les auteurs présentent la description clinique de ces adolescents décédés par suicide. Malgré les limites inhérentes à ce type d'étude, ils concluent que leurs résultats ne supportent pas l'hypothèse que le suicide serait une caractéristique commune aux adolescents homosexuels. De même, leur étude ne confirme pas l'idée que lorsque le suicide se produit chez les adolescents homosexuels, il constitue une conséquence directe de la stigmatisation ou d'un manque de soutien dont souffrent ces jeunes.

En fait, les conclusions générales de cet article, auxquelles nous adhérons, sont plutôt à l'effet que certains adolescents homosexuels vivent des difficultés d'adaptation qui requièrent des approches d'intervention appropriées, et que le suicide arrive plus souvent chez des adolescents souffrant de maladie mentale. De toute évidence, la recherche sur ce sujet reste à développer mais *«il devrait être rassurant»*, comme le dit Shaffer, *«que les données rapportées dans l'étude suggèrent que l'expérience «douloureuse» de l'établissement de l'orientation homosexuelle ne conduise pas de façon disproportionnée au suicide»*.

Enfin, il nous apparaît que le questionnement sur le suicide et la sexualité devrait déborder le sujet de l'homosexualité pour envisager, entre autres, les troubles de l'identité sexuelle qui sont différents des troubles de l'orientation sexuelle. De même, chez certains adolescents aux prises avec un processus pathologique, l'émergence de la sexualité peut devenir un facteur dont il faut tenir compte dans l'évaluation du risque suicidaire.

Johanne Renaud, Patricia Garel, Claude Marquette

Shaffer D, Fisher P, Hicks RH, Parides M, Gould M. Sexual Orientation in Adolescents Who Commit Suicide. *Suicide and Life-Threatening Behavior* 1995;25(suppl.):64-71.

Stratégies d'agressivité typiques chez les garçons et les filles au cours de l'adolescence

De nombreuses études longitudinales ont démontré que l'agressivité physique chez les garçons constitue un facteur de risque subséquent de délinquance, de criminalité et d'abus de drogues et d'alcool. Par comparaison aux garçons, les travaux de recherche sur les difficultés d'adaptation développementales liées à l'agressivité chez les filles sont plus rares. Malgré ce fait, les études sur l'agressivité physique des filles confirment néanmoins son potentiel en tant que facteur de risque pour toute une gamme de conséquences négatives à l'adolescence et à l'âge adulte.

Or, certains chercheurs s'entendent pour dire que ces recherches ne tiennent pas compte des formes d'agressivité plus typiques chez les filles, soit l'agressivité dite "indirecte". L'agressivité indirecte consiste à causer du tort ou à blesser quelqu'un en attaquant ses relations interpersonnelles (e.g., suggérer de l'exclure du groupe) et/ou sa réputation sociale (e.g., propager des propos diffamatoires à son sujet). Ainsi, l'acte agressif est très efficace puisque les conséquences de l'agression sont transmises indirectement via les relations sociales de la victime, et l'identité de l'agresseur demeure cachée.

L'originalité des recherches en cours dirigées par Pierrette Verlaan repose sur la capacité prédictive de l'agressivité physique et indirecte des filles et des garçons mesurée dans un contexte de transition scolaire susceptible d'amener des modifications importantes de l'environnement social. De plus, cette transition survenant à une période de changements importants sur le plan biologique, le rôle modérateur du changement pubertaire sera également évalué. Il s'agit donc d'une étude longitudinale effectuée sur une période de cinq ans, soit entre la fin du cours primaire (5e et 6e année) et la fin de l'école secondaire sur un échantillon d'environ 400 enfants et leurs familles de la ville de Saint-Jean-sur-Richelieu.

Les objectifs du programme de recherche sont :

- de documenter et distinguer l'impact des différentes formes d'agressivité privilégiées durant l'enfance sur l'ajustement psychosocial des filles et des garçons à des périodes critiques de leur développement, soit au début et à la fin de l'adolescence;

- d'évaluer les caractéristiques familiales associées à ces conditions;

- d'examiner comment ces formes d'agressivité se conjuguent avec le rôle de la puberté pour conduire à une accentuation ou une diminution de certains patrons spécifiques de difficultés d'adaptation pour les garçons et pour les filles;

- d'évaluer la persistance des patrons de difficultés d'adaptation d'un contexte social à l'autre (école primaire – école secondaire).

Les résultats à ce jour ne font que rendre plus impérieux le besoin que les recherches comparant le développement des garçons et des filles définissent l'agressivité de façon plus large, en incluant des comportements agressifs plus typiques des filles. Pour mieux cerner les difficultés d'adaptation des filles et des garçons agressifs, il est également essentiel de recourir à une approche typologique permettant de distinguer les problèmes de type intériorisé et extériorisé.

Enfin, les études doivent maintenant s'orienter vers une analyse beaucoup plus fine des caractéristiques des garçons et des filles agressives en décrivant les trajectoires et les processus susceptibles d'influencer leur développement. Cette dernière constatation suggère une conception différente de l'agressivité selon laquelle cette caractéristique, une fois établie, peut changer en fonction de l'organisation sociale du contexte, ce qui pourrait influencer la nature des interactions sociales subséquentes. On perçoit donc la pertinence de qualifier non seulement le comportement individuel, mais également d'impliquer les changements et les réorganisations importantes de l'environnement social. Il est à noter ici qu'aucune étude jusqu'à présent n'a comparé le rôle des différentes formes d'agressivité sur l'adaptation subséquente des garçons et des filles à l'adolescence.

Profil de carrière

Après avoir œuvré pendant six ans comme éducatrice et agente d'intégration sociale auprès d'adolescentes mésadaptées et leurs familles au Centre jeunesse Vert-Pré à Huberdeau, Pierrette Verlaan a entrepris un baccalauréat puis une maîtrise à l'École de Psycho-Éducation de l'Université de Montréal. Son mémoire portait sur l'interaction sociale des enfants inhibés d'âge préscolaire dans différents contextes.

Elle fit ensuite un doctorat à l'Université Concordia sous la supervision du Professeur Alex Schwartzman du Centre de recherche en développement humain au département de psychologie de cette institution. Sa thèse portait sur les stratégies d'agressivité typiques chez les garçons et chez les filles et le fonctionnement familial à l'âge de latence. Ceci fut suivi par des études postdoctorales à l'Université Laval en psychologie du développement social sous la supervision du Professeur Michel Boivin. Tout au long de ce périple académique, elle a obtenu de nombreuses bourses d'excellence.

Pierrette Verlaan est devenue l'an dernier professeure adjointe au département d'éducation spécialisée, secteur psycho-éducation, à la Faculté d'éducation de l'Université de Sherbrooke, en étant également chercheure associée à plusieurs centres de recherche du Québec. Elle y a fondé un laboratoire sur le développement de l'adolescent.

Jean-François SAUCIER

Il était une fois... FiFi Brindacier

Masculinité et féminité : remettre en cause l'ordre établi

«Fifi était une petite fille tout à fait extraordinaire. Ce qu'il y avait de plus extraordinaire chez elle, c'était sa force. Il n'existait pas dans le monde entier un policier aussi costaud qu'elle.» (p.12)

En inaugurant cette chronique, nous avions souhaité faire une large part aux classiques de la littérature jeunesse et à ses héros immortels. Inspirée par le thème de ce numéro, je n'ai pu m'empêcher de me tourner vers une héroïne célébrée par des générations d'enfants, filles et garçons, à travers le monde. Créé au milieu du siècle par l'auteure suédoise Astrid Lindgren, le personnage de Fifi Brindacier connaît un succès immédiat qui ne se démentira pas. Cette fillette exceptionnelle venait bouleverser l'orthodoxie d'une culture littéraire où, bien souvent, les enfants étaient sages et où filles et garçons étaient tenus de respecter des rôles préétablis.

Un personnage d'enfant à mi-chemin entre réel et fantaisie

Tous les enfants, filles et garçons, peuvent s'identifier au personnage de Fifi Brindacier. Fifi vit seule avec son cheval et son singe dans sa propre maison, complètement affranchie du lien de dépendance à ses parents. Elle ne va à l'école que si elle le désire et mène son existence à sa guise. Elle est dotée d'une force physique surhumaine et rien ni personne ne peut lui résister. Elle se suffit entièrement à elle-même, possédant un trésor inépuisable de pièces d'or que lui a légué son père, capitaine au long cours, avant de partir en mer.

Mais surtout, Fifi fait preuve d'une imagination débordante, jamais à cours d'idées quand il s'agit d'inventer de nouveaux jeux. Elle explore le monde avec curiosité et fascination, apercevant un aspect extraordinaire même dans les choses les plus banales.

> *Je ne sais pas ce que vous avez envie de faire, mais moi, je ne vais sûrement pas rester là à me tourner les pouces! Vous savez, on n'a pas un instant à soi quand on est une chercheuse de choses. (...)*
>
> *Le monde entier est rempli de choses qui n'attendent que d'être trouvées.*

Grâce à ses pouvoirs, et surtout à la puissance de son imagination, Fifi transforme la vie sage et bien rangée de ses deux amis, Tommy et Annika, deux enfants obéissants et bien élevés vivant avec leurs parents dans la maison voisine. Elle les fait pénétrer dans un univers magique où chaque journée est imprévisible, riche d'une nouvelle aventure, d'une fête improvisée. Au contact de Fifi, Tommy et Annika découvrent le plaisir du jeu, comme ils ne l'avaient sans doute jamais éprouvé auparavant.

> *Le soir, une fois les deux enfants glissés au fond de leur lit, Tommy demanda à sa sœur :*
>
> *– Annika, tu ne trouves pas que c'est chouette d'avoir Fifi comme voisine?*
>
> *– Bien sûr!*
>
> *– Je ne me rappelle même plus à quoi on jouait avant l'arrivée de Fifi. Et toi, tu t'en souviens? (...)*

Identifications et bisexualité psychique

Le personnage de Fifi Brindacier se distingue par sa force physique exceptionnelle. En déployant sa puissance et en écrasant même les hommes les plus costauds, Fifi renverse le rapport de force entre les sexes et entre les générations. Toutefois, Fifi sait faire bon usage de sa force: elle la mettra au service de justes causes, que ce soit pour donner une leçon à un homme qui maltraite son cheval ou pour se débarrasser de voyous qui terrorisent le quartier.

Fifi forme avec ses deux amis inséparables, Tommy et Annika, un trio où s'entrecroisent les identifications. La petite Annika est un modèle de féminité, toujours habillée de robes ravissantes et de chaussures fines; comme il se doit, elle pleure facilement et a peur de tout. Au contact de Fifi, Annika se transforme, devient plus forte et apprend à surmonter ses peurs, sans pour autant perdre cette sensibilité qui enrichit sa personnalité. Quant à son frère Tommy, il trouve en Fifi un écho à ses désirs masculins de prouesses physiques et d'aventures extraordinaires, désirs jusque-là éteints par un entourage trop conventionnel.

Malgré ses dehors très peu féminins, Fifi a ses accès de coquetterie. Elle s'habille d'une robe longue et se maquille à l'aide de charbon et de craie rouge pour aller à la foire, dans l'espoir d'avoir l'air d'une grande dame et de charmer son entourage. Elle cherche aussi à suivre les conseils de la maîtresse qui tente de lui expliquer comment bien se tenir. Fifi ne voudrait pas déplaire à la maîtresse qu'elle aime bien, sans pour autant renoncer à son désir de devenir pirate quand elle sera grande.

Dis-moi, mademoiselle, est-ce que l'estomac d'une dame bien élevée a le droit de gargouiller? demanda Fifi en continuant de tendre l'oreille. Parce que sinon, je crois que je vais décider tout de suite de devenir pirate.

Fifi adore offrir des cadeaux à ses deux amis et ne manque pas une occasion de le faire. Il s'agit toujours d'objets délicats, soigneusement choisis. A travers ces cadeaux, l'on découvre chez Fifi une connaissance très fine des goûts des filles comme de ceux des garçons. A son amie Annika, elle offre une ombrelle, un service à thé, des bijoux, alors que pour Tommy, ce sera une petite voiture Jeep, un stylo, un calepin relié en cuir.

Au fil du récit, les trois amis finiront par se ressembler de plus en plus, à la faveur de leurs aventures partagées et de leur grand voyage dans le Pacifique. Sur l'île de Couricoura où ils débarquent et séjournent pendant quelques mois, ils découvrent leur territoire commun, marqué par l'insouciance, la liberté, la fantaisie. Il s'agit d'un véritable voyage initiatique.

> *Ils avaient navigué pendant des jours et des nuits, des semaines et des mois, avaient essuyé des tempêtes, traversé des eaux paisibles, à la lumière des étoiles ou de la lune, sous des nuages menaçants ou un soleil éclatant; bref, ils avaient navigué si longtemps que Tommy et Annika en avaient presque oublié (leur) toute petite ville.*

Peut-on vieillir sans grandir?

Tous les enfants sont confrontés à ce dilemme: comment s'approprier les attributs désirables des grands, leur puissance, leur indépendance, sans pour autant devoir renoncer aux privilèges de l'enfance, au plaisir du jeu?

De retour de leur grand voyage, Fifi et ses amis décident qu'ils ne veulent pas grandir, car les grands ne s'amusent jamais, ont un boulot ennuyeux et des cors aux pieds. Fifi présente à ses amis de minuscules cachets qui ressemblent exactement à des petits pois jaunes. Ensemble les trois amis veulent croire au pouvoir magique de ces cachets, même s'ils se doutent un peu que la magie se loge dans leur tête bien plus que dans les trois petits pois. Car en s'éloignant de leur petite ville natale et en s'émancipant de leurs parents, les enfants ne sont plus les mêmes: ils ont grandi! Et ils comprennent désormais qu'ils possèdent en eux le pouvoir de re-créer le monde à leur propre façon, en empruntant les trajets de l'imaginaire.

A la fin de ses aventures, Fifi choisit de rester seule dans sa petite villa, non pas abandonnée mais riche de ses expériences, de son monde intérieur, de son univers relationnel. Elle se retire un peu afin de mieux se laisser pénétrer par tout ce qu'elle a vécu.

> *Tommy s'approcha de la fenêtre. Mais oui! Comme les arbres avaient perdu leurs feuilles, on voyait très bien à l'intérieur de la cuisine de Fifi. Fifi était assise à la table, la tête posée sur les bras. Elle fixait d'un air rêveur la flamme vacillante d'une petite bougie. (...)*
>
> *- Si seulement elle regardait dans cette direction, nous pourrions lui faire signe, dit Tommy.*
>
> *Mais Fifi regardait fixement devant elle, avec des yeux rêveurs. Puis elle souffla la bougie.*

Nicole NADEAU

✳✳✳

Astrid LINGREN, *Fifi Brindacier, Fifi Princesse, Fifi à Couricoura*. Traduit du suédois par Alain Gnaedig, Hachette, Livre de poche Jeunesse, 1995. L'édition originale de Fifi Brindacier a paru en langue suédoise en 1945 à Stockholm.

À NOS LECTEURS EUROPÉENS

Nous vous prions de noter que la revue P R I S M E sera distribuée dans le réseau commercial de la France et de la Belgique par CASTEILLA/CHIRON à compter de novembre 1998. En Suisse, c'est la maison TRANSAT qui assumera cette distribution.

Nous vous communiquerons sous peu l'adresse du Service des publications de l'Hôpital Sainte-Justine en France où pourront être acheminées les commandes pour l'Europe.

enfances & PSY

une nouvelle revue française

La revue **enfances & PSY** a vu le jour en France en octobre 1997.

Le troisième numéro (Mars 1998) porte sur le thème **Filles, garçons** et rejoint les questions que s'est posée l'équipe de P.R.I.S.M.E..

Le numéro offre différents articles de psychanalystes, biologistes, sociologues, philosophes ainsi que des démarches et réflexions de praticiens de l'enfance.

Interactions précoces mère-enfant selon le sexe, regard sur l'«habit», rapports au savoir, irruption dans une cour de récréation, mixité des études, et d'autres articles complètent de façon intéressante le contenu présenté dans le présent dossier de P.R.I.S.M.E. sur cette même question des différences sexuelles.

La revue s'adresse aux professionnels de l'enfance et de l'adolescence et publie 4 numéros par année.

Administration et Abonnements :
Éditions Érès
11, rue des Alouettes
31520 Ramonville
France
Téléc. : 335 61 73 52 89
EMail : eres@starway.tm.FR

CHAMP D'INTÉRÊT ET OBJECTIFS DE LA REVUE

P.R.I.S.M.E. vise la promotion de la théorie, de la recherche et de la pratique clinique en psychiatrie et en santé mentale de l'enfant et de l'adolescent, incluant toutes les disciplines afférentes, par la publication en langue française de textes originaux portant sur le développement et ses troubles, sur la psychopathologie et sur les approches biopsychosociales déployées dans ce champ. L'apport grandissant de nombreuses disciplines aux progrès réalisés en pédopsychiatrie et en psychologie du développement incite la revue à encourager les contributions des membres de ces diverses spécialités.

Chaque numéro comprend un dossier sur un thème d'intérêt regroupant des textes qui cherchent à approfondir divers aspects de la question. Ce dossier est élaboré par l'équipe de rédaction ou par un groupe de professionnels particulièrement intéressés à un sujet donné qui pourra agir à titre d'éditeur invité avec le support technique de l'équipe.

Les textes doivent présenter une qualité autorisant leur publication auprès d'un public constitué principalement d'intervenants, de cliniciens, d'enseignants, d'étudiants universitaires et de chercheurs. Ils pourront prendre l'une ou l'autre des formes suivantes: revue de littérature, présentation de cas, rapport de recherche, essai théorique, synthèse ou rapport de lecture.

Les articles soumis doivent apporter une contribution originale aux connaissances empiriques, à la compré-hension théorique du sujet abordé ou au développement de la recherche clinique. Les revues de littérature passeront en revue un thème ou un champ d'intérêt en santé mentale de l'enfant et de l'adolescent ou des interventions spécialisées auprès des enfants et de leurs familles. Les présentations de cas couvriront des questions cliniques importantes ou innovatrices sur le plan du diagnostic, du traitement, de la méthodologie ou de l'approche.

Les personnes engagées dans une activité de recherche en psychiatrie de l'enfant, en psychologie du développement et dans des disciplines connexes, sont invitées à communiquer à la revue un aperçu d'une recherche en cours ou récemment achevée. Ces rapports présenteront de façon aussi concise que possible la recherche effectuée incluant la méthodologie et les tests utilisés, l'ensemble des résultats, leur discussion et les références spécifiques au domaine en question.

Par ailleurs, des présentations d'intérêt faites dans le cadre de colloques ou de journées d'études pourront être publiées. De même, les personnes ayant produit un document vidéo portant sur la santé mentale de l'enfant ou les domaines voisins sont invitées à en faire parvenir une brève description. Enfin, le courrier des lecteurs est offert comme tribune à tous ceux qui voudraient réagir à des textes déjà publiés dans la revue ou qui désireraient faire état de questions posées par la pratique dans leur milieu professionnel.

Toute personne intéressée à soumettre un texte à la revue est invitée à le faire en tenant compte des règles de présentation suivantes.

Le texte soumis doit être dactylographié à double interligne et sa longueur ne doit pas excéder 15 pages. Les tableaux, figures et illustrations seront numérotés et produits sur des pages séparées et leur emplacement dans le texte indiqué dans chaque cas. Les citations doivent être accompagnées du nom de l'auteur et de l'année de publication du texte cité, sans numérotation; de même, les références à des livres ou articles sont placées dans le texte en mentionnant le nom de l'auteur entre parenthèses.

La liste des références en fin de texte ne doit contenir que les noms des auteurs cités dans le texte; pour sa présentation, on se reportera aux exigences pour les manuscrits présentés aux revues biomédicales (Can Med Assoc J., 1992) ou aux numéros précédents de la revue.

L'auteur doit faire parvenir trois exemplaires sur papier de son texte (+ disquette 3.5 Word Perfect IBM ou Word MacIntosh) accompagné d'un résumé en français et en anglais et d'une brève note de présentation indiquant sa discipline professionnelle et ses champs d'activité. Le texte sera soumis anonymement à trois membres du comité de lecture pour arbitrage et leurs remarques seront ensuite communiquées à l'auteur.

Aux auteurs dont la langue maternelle est autre que le français, la rédaction offre un service de révision linguistique pour faciliter l'édition de leurs textes.

Adresse de la Rédaction:
La revue P.R.I.S.M.E.
Département de psychiatrie
Hôpital Sainte-Justine
3100, rue Ellendale
Montréal (Québec), H3S 1W3.

Pour toute autre information, s'adresser à Mme Denise Marchand.

Tél.: (514) 345-4931 poste 5701.
Télécopieur: (514) 345-4635.

● ● ● ● ●

Revue Canadienne de Psycho-éducation
Vol. 27, no 1, 1998

Sommaire

Santé mentale au Québec

Sommaire

Volume XXIII, Numéro 1,
Printemps 1998

Communication brève

Événements régionaux

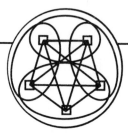

THÉRAPIE FAMILIALE   VOL XIX–1998–No 1

Sommaire

PROCUREZ-VOUS LES DOSSIERS QUI VOUS MANQUENT !

1990-91
( ) Vol. 1 no 1   Dossier paternité
( ) Vol. 1 no 2   Approches transculturelles: communauté immigrante haïtienne
( ) Vol. 1 no 3   Le sommeil et le rêve de l'enfant
( ) Vol. 1 no 4   Les silences de l'enfant

1991-92
( ) Vol. 2 no 1   Autour de la naissance
( ) Vol. 2 no 2   L'art et l'enfant
( ) Vol. 2 no 3   Adolescence: expériences d'intervention
( ) Vol. 2 no 4   L'enfant atteint de maladie physique

1992-93
( ) Vol. 3 no 1   Abus et négligence: l'enfant, sa famille et le système
( ) Vol. 3 no 2   Le point sur l'hyperactivité
( ) Vol. 3 no 3   L'école face aux différences
( ) Vol. 3 no 4   Regard critique sur le placement des jeunes enfants

1994
( ) Vol. 4 no 1   Perspectives en recherche clinique
( ) Vol. 4 no 2-3   Rupture, répétition, réparation: enjeux thérapeutiques du placement
( ) Vol. 4 no 4   Soigner et éduquer en hôpital de jour

1995
( ) Vol. 5 no 1   Approches communautaires:les temps changent... les pratiques aussi
( ) Vol. 5 no 2-3   Kaléidoscope - Portraits de familles
( ) Vol. 5 no 4   Adolescents en danger de suicide

1996
( ) Vol. 6 no 1   Parents en souffrance: répercussions sur les liens précoces
( ) Vol. 6 no 2-3   Psychothérapies. Sur les sentiers de la psyché
( ) Vol. 6 no 4   S'allier ou s'aliéner la famille

1997
( ) Vol. 7 no 1   Enfants et parents devant la Justice
( ) Vol. 7 no 2   École et santé mentale I
( ) Vol. 7 no 3-4   École et santé mentale II

1998
( ) Vol. 8 no 1   Prescrire une médication chez l'enfant.

Visitez notre site Internet:

http://brise.ere.umontreal.ca/~lecomptl/prisme.htm

Abonnez-vous pour 2 ans et
bénéficiez d'une réduction de plus de 15%!

FORMULAIRE D'ABONNEMENT

Régulier : **1998 : 45,00 \$** (3 numéros)
1998/1999 : 75,00 \$ (6 numéros)

Étudiant : 1 an 25,00 \$
(avec photocopie de la carte en cours de validité)

Étranger : 1 an 75,00 \$

❏ **Nouvel abonnement**   ❏ **Renouvellement**

Nom: _____Profession: _____

Adresse: _____

Ville : _____ Province: _____ Code postal: _____

Téléphone: (   ) _____

Anciens numéros : 19,00 \$

❏ vol 1 no 1	❏ vol 2 no 4	❏ vol 4 no 4	❏ vol 7 no 1
❏ vol 1 no 2	❏ vol 3 no 1	❏ vol 5 no 1	❏ vol 7 no 2
❏ vol 1 no 3	❏ vol 3 no 2	❏ vol 5 no 2-3	❏ vol 7 no 3-4
❏ vol 1 no 4	❏ vol 3 no 3	❏ vol 5 no 4	❏ vol 8 no 1
❏ vol 2 no 1	❏ vol 3 no 4	❏ vol 6 no 1	
❏ vol 2 no 2	❏ vol 4 no 1	❏ vol 6 no 2-3	
❏ vol 2 no 3	❏ vol 4 no 2-3	❏ vol 6 no 4	

Sous-total _____

ISSN: 1180-5501

Total : _____

Les prix sont en dollars canadiens et incluent les frais de port et les taxes

❏ Porter au compte de la carte de crédit   ❏ Visa   ❏ Master Card

numéro de la carte _____ date d'exp. _____

Signature _____

❏ *Le chèque ou le mandat doit être fait à l'ordre de:*

Hôpital Sainte-Justine

Adresse de retour : Revue P.R.I.S.M.E.,
Service des publications (6°9)
Hôpital Sainte-Justine
3175, chemin de la Côte-Ste-Catherine
Montréal (Québec) H3T 1C5

Pour information: Thérèse Savard
tél: (514) 345-4671
fax: (514) 345-4631

EUROPE

Diffusion en France et en Belgique
Casteilla / Chiron S.A.
10, rue Léon Foucault
78180 Montigny -
Le Bretonneux
FRANCE

Diffusion en Suisse
Diffusion Transat sa
4ter, rte des Jeunes
CP 1210 – 1211 Genève 26
SUISSE

Achevé d'imprimer en octobre 1998 chez

VEILLEUX
IMPRESSION À DEMANDE INC.
à Boucherville, Québec